◎大学生健康成才丛书

主编　王明旭

聚焦诚信

作　　者　党静萍　师会芳
参编人员　赵　晶　昝献峰　师　睿
　　　　　迟晨雨　吴昌睿　李　爽
　　　　　穆　鑫　沙娟娟

军事医学科学出版社
金盾出版社
·北京·

图书在版编目（CIP）数据

聚焦诚信/党静萍,师会芳.
－北京：军事医学科学出版社,2006
（大学生健康成才丛书）
ISBN 978－7－80121－829－2

Ⅰ.聚… Ⅱ.①党… ②师… Ⅲ.大学生－社会公德教育
Ⅳ.G641

中国版本图书馆 CIP 数据核字（2006）第 105820 号

出　　版：军事医学科学出版社
发　　行：金盾出版社总发行
地　　址：北京市海淀区太平路 27 号
邮　　编：100850
联系电话：发行部：（010）63801284
　　　　　　　　　63800294
　　　　　编辑部：（010）66884418；66884402 转 6315,6213,6216
传　　真：（010）63801284
网　　址：http://mmsp.bmi.ac.cn
印　　装：京南印装厂
发　　行：新华书店

开　　本：850mm×1168mm　1/32
印　　张：8.625
字　　数：209 千字
版　　次：2007 年 3 月第 1 版
印　　次：2007 年 3 月第 1 次
定　　价：17.00 元

本社图书凡有缺、损、倒、脱页者,本社发行部负责调换

内 容 提 要

　　诚信是当代大学生立足社会、立足事业、立足人生的基石。本书以大学生自身的经历为基础，以大学生自己的视角为出发点，针对一些大学生诚信缺失的八个方面，即：学术、考试、就业、贷款、网络、人际、恋爱、传销等进行较为详尽的阐述，分析了一些大学生失信行为产生的原因，在此基础上提出了如何构建大学生诚信的具体措施。该书坚持理论联系实际，具有一定的可读性、操作性和指导性。

序

　　大学生是我国社会主义现代化建设的生力军,是国家宝贵的人才资源,是民族的希望和祖国的未来,是最富有生命力和朝气蓬勃的一个社会群体。大学生属于社会新生力量的精英。他们重学习、肯思考,对未来充满理想,代表着未来的走向。因此,社会各界对他们充满了关注和期盼。

　　大学生是一个正在成长的社会群体,有着无限的前途,但也存在着成长中的困惑和问题。大学生群体不是脱离社会发展环境而孤立存在的,社会中的各种风气,社会中的祥和气氛和某些不良因素在他们身上产生各种折射和反映。大学生身上闪烁着各种光环,也存在着各种问题,包括思想政治素质、道德素质、科学文化素质和身心健康素质等各方面的问题。要促使大学生健康成长,我们既要看到大学生的优点,又要注意解决他们成长过程中的问题。只有这样,才能更好地实现科教兴国、人才强国的战略。

　　为了促进大学生健康成长,使其在成长过程中实现心理素质、道德素质、文化素质和身体素质的全面协调发展,促进良好的个性心理品质的形成,使他们成为高素质的创新人才。为了实现这个崇高目的,西安交通大学的王明旭教授与军事医学科学出版社的王国晨社长经过精心策划,由西安交通大学王明旭教授、陕西中医学院李兴民教授、滨州医学院李一鸣教授等,共同组织了一些长期从事大学生思想教育工作的教师和大学生骨干,并与校内外有关专家学者合作,根据大学生的实际情况,包括闪现在他们身上的各种光环和存在的各种问题,本着不粉饰现状,不回避问题,把优点说够,把缺点说透的原则,采取学生自己写自己,主管学生的干部和相关教师写学生的方式,编写了这套旨在促进大学生身心健康成长的丛书。

在写作过程中,他们针对困惑大学生的各种现实的难点、疑点和热点问题,以饱满的热情,以大学生喜闻乐见的语言和风格,通过各种正面和反面的案例及大量的触目惊心、震撼人们心灵的事实,对大学生存在的实际问题和思想问题进行了全面的分析和阐述。这些状况中有的令人敬佩、令人赞扬,有的令人惋惜、令人惊心动魄。大学生的心理素质、道德素质,既有阳光灿烂的一面,也有亟待改进和提高的一面。这套丛书,像一面镜子,读它不能不引起深思,不得不考虑如何改善大学生培养工作,如何使大学生的生长环境更加优化,以增强他们的亮点,消除存在于他们中间的各种问题。这套丛书对大学生应当怎样看待自己、看待社会,怎样清醒地认识自我、把握自我、丰富自我、改善自我和跨越自我提供了有益参考,鼓励他们利用顽强的意志打造自己的未来,迅速走出不能适应生活环境的各种误区。

这套丛书采用大学生自己的语言,写大学生自己的生活,从中引出问题,引出哲理,引出解决问题的方法和理论。它的语言活泼、故事生动、贴近大学生的生活实际,既看到了大学生的生机,也看到了大学生的稚嫩;既看到了大学生的理想,也看到了大学生生活经验和能力的欠缺;既看到了大学生的发展空间,也看到了大学生存在的不足。大学生是一个成长的阶层、发展的阶层,他们的幼稚,也正是他们成长为国家栋梁的一个基本生长点。

这套丛书在编写中注意理论与实践的结合;调查研究与案例剖析的结合;教育者与受教育者的结合;严肃的热点问题与轻松活泼的表现形式的结合;叙事与说理的结合;平等沟通与心理互动的结合;大学生直接参与与教师专家指导的结合;继承与创新的结合。特别是动员了一大批学生直接参与写作,直接探讨促使他们健康成才的道路和方法,这是一项很成功的经验。

本书的总编王明旭教授,为本丛书的编写付出了辛勤的劳动。他对每本书的编写提纲和主导思想,组织相关老师、专家反复进行讨论,初稿形成后,又多次组织大家提意见,反复推敲,精益求精。为完善丛书的编写,他主持相关编写人员讨论会议不下20次。我与毛磊教授也多次被邀请参加他们的讨论,与会人员的认真态度,使我们深受感动。他还利用节假日和繁忙的工作之余,通读了全部书稿,提出了许多补充修改意见。经过近2年的努力,这套丛书总算完成了,可以说整套丛书里都渗透着他的汗水。

我在阅读这套丛书时,为书中写的故事喜,为书中写的故事悲,为大学生得以施展才华而高兴,又为某些大学生误入歧途,青春过早地凋落而惋惜。这些故事深深地打动了我的心,使我深深感到这套丛书的分量,感到它的力量和启示。我想,广大的大学生、大学生教育工作者、大学生家长和关怀大学生成长的社会各界人士读了这套丛书,一定会有和我同样的感想。

西安交通大学　张　文
2007年2月20日

前　言

　　有一种心灵的开放，称为"诚"；有一种诺言的履行，叫做"信"；有一种做人的规范，被定义为"诚信"。上下五千年的文明古国，造就了礼仪之邦的美誉；上下五千年的不断探索，"诚"与"信"被我们奉为为人与为政不可移易的行为准则。

　　中国传统的伦理道德中对"诚信"的探讨，可以追溯到先秦儒家。孔子曾说："民无信不立"。墨子也曾经说过："言不信者，行不果"。千百年来，人们把诚信作为言行信条和高尚的美德加以恪守尊崇。随着社会的发展，"诚信"不断被赋予新的内涵，"诚信"的理念在一步一步地趋于完善。改革开放以来，随着市场经济的不断完善，更加要求人们诚实守信。然而，在市场经济的发展中，诚信问题一次又一次地拷问着我们的灵魂，诚信问题再一次成为我们国家思想道德建设的重中之重。

　　作为"天之骄子"、"时代精英"的大学生，他们的诚信状况又是如何？他们在我们社会诚信体制的建立中起着什么样的作用呢？

　　考试作弊、借贷不还、简历注水、私自毁约、论文抄袭等一系列问题的出现，向我们表明一些大学生的诚信道德在下降。媒体中的许多报道，无一例外地向我们传达着这样的信息：大学生出现诚信缺失现象不容忽视。

　　本文针对大学生诚信缺失的几个方面，包括择业、人际、恋爱、学术、考试、信贷、传销、网络等方面。从不同的角度，从大学生活的方方面面，深刻而细致地描述了大学生失信的各种不同的行为以及出现这些行为的原因。其中不乏择业中的迷茫、人际交往中的失落、恋爱当中的寂寞、学术剽窃的无奈、考试作弊后的忏悔与改正、信贷中的失足与失信、深陷传销所带来的悔恨，以及网络中的沉沦。

参与本书编写的都是在校大学生，他们生活在大学校园里，真真切切地感受到了大学生的喜怒哀乐；身为大学生，他们清楚地知道诚信的底线在大学生中到底陷落到了多少；身为大学生，他们了解失去诚信给大学生的心灵造成了多少伤害；身为大学生，他们也真正地了解在大学校园里，有多少学生在为"诚信"做着什么样的努力。

令人感到欣慰的是，随着社会的不断进步，诚信意识逐渐地深入人心，社会在不断地做出努力，信用体系的建立，就业协议中诚信的要求，人们对诚信的呼唤，都在证明诚信的重要以及社会诚信意识的提高。学校也在不断地努力，诚信评价体系的建立，毕业生诚信档案的尝试，思想道德教育的加强。大学生也在不断地努力，从传销当中的挣脱，诚信求职的出现。本书每一篇章都从大学生自身的角度看到了各个方面所作的积极努力，向读者展示着大学生诚信的美好明天。

在本书的编写过程中，我们也在不断地反思、不断地感到心灵的震撼，到底诚信应该如何建立，诚信社会的建立需要我们大学生作什么样的努力。作为21世纪新时代的大学生，我们是不是应该常常审视自己：是否做到了侦探一样的敏锐，去发现别人的优点？像法官一样的公正，去对待别人的纠纷？像大智者一样的诚恳，去宽容别人的错误？当我们已经被谎言占据的时候，是否想过诚信早已千疮百孔，心灵已破旧不堪？究竟是什么力量，使得诚信之花在这洁白的象牙塔中黯淡了她的光彩？

我们希望与所有的读者一起探讨，一起思考。希望此书能给一些迷惘中的大学生一个方向，给所有关注大学生成长的人们提供一个了解大学生诚信状况的桥梁，我们也期待着所有的人能看到大学生的一步步成熟。同时，让我们相信，诚信从未真正离弃我们，她就如阳光、水和空气，永远与我们同在。

本书在编写过程中,除了收集一些大学生身边的诚信与不诚信的事例外,还参考了许多这一方面的专著、论文以及网上的资料,直接或间接地借鉴、吸收了其中的有关内容和观点,我们将在书稿中的最后一部分开列一份参考文献目录,一方面是为读者提供进一步了解相关内容的途径,另一方面也是为了说明我们所阐述、介绍的有关内容、观点的来源,并以此表示我们对参考文献作者的崇高敬意和衷心感谢。

各章分工如下:前言,党静萍;第一章,赵晶;第二章,昝献峰;第三章,师睿;第四章,迟晨雨;第五章,吴昌睿;第六章,李爽;第七章,穆鑫;第八章,沙娟娟。党静萍副教授、师会芳副教授负责统稿和全书修改。

由于时间仓促,作者的水平有限,书中不足之处在所难免,希望读者予以谅解,也欢迎读者不吝赐教,为我们提出宝贵的意见。

编　者
2007 年 3 月 10 日

目　　录

第一篇　天堂的陷落——学术诚信问题

一、象牙塔的阴霾 ………………………………………（3）
二、诚信答卷令人满意 …………………………………（14）
三、学术失信究竟缘何 …………………………………（19）
四、谁来拯救陷落的天堂 ………………………………（21）

第二篇　迷失象牙塔——考试中的诚信问题

一、不合格的考卷 ………………………………………（30）
二、诚信之花何以败落 …………………………………（38）
三、诚信之花处处开 ……………………………………（42）
四、人生之舟，诚信为舵 ………………………………（48）
五、诚信之花何以真诚到永远 …………………………（52）

第三篇　皇帝的女儿也愁嫁——大学生就业中的诚信问题

一、尴尬的选择 …………………………………………（59）
二、同在诚信的蓝天下 …………………………………（69）
三、天之骄子为何折翅 …………………………………（71）
四、春雨润物细无声 ……………………………………（82）

第四篇　不得不面对的尴尬——贷款中的诚信问题

一、透支殆尽的诚信 ………………………………（90）
二、人生中的坚守 …………………………………（97）
三、诚信之花何以枯萎 ……………………………（104）
四、如何交出诚信——满意的答卷 ………………（110）

第五篇　美丽"网"事，哀愁相伴——网络中的诚信问题

一、难以摆脱的诱惑 ………………………………（121）
二、网络——播撒诚信之花 ………………………（138）
三、网络失信源何处 ………………………………（146）
四．朽木开雕须巧琢 ………………………………（151）

第六篇　"郁闷的代价"——人际交往中的诚信问题

一、心灵的困惑 ……………………………………（158）
二、人啊人 …………………………………………（169）
三、诚信——人生的通行证 ………………………（177）
四、人生路上与诚信同行 …………………………（184）

第七篇　玫瑰色的陷阱——恋爱中的诚信问题

一、爱的困惑 ………………………………………（198）
二、恋爱中，我们为何迷茫 ………………………（211）
三、忠贞，爱情领域中永恒的话题 ………………（218）
四、爱情路上，上下求索 …………………………（224）

第八篇 传销——深不可测的陷阱

一、失陷的青春 …………………………………………（231）
二、是什么使青春陷落 …………………………………（242）
三、将反传销进行到底 …………………………………（249）
四、敢问路在何方 ………………………………………（253）
参考文献 …………………………………………………（258）

第一篇

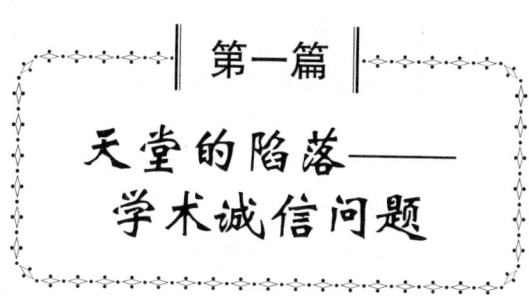

天堂的陷落——学术诚信问题

　　有位作家在一篇文章写到："我的一生是一串串坚实的脚印,当我跟跄学步,迈出人生的第一个脚印时,我把这个脚印落成了诚实。"在中华五千年的文明中,我们的祖先用一件件平凡却感人的事将"诚信"二字锁定在中华文明的优秀品质中。

　　王拱辰是宋朝人,他自幼家境贫寒,父亲在他很小的时候就去世了,留下无依无靠的母亲和四个孩子。王拱辰是长子,于是他就和母亲一起挑起家庭的重担。王拱辰孝顺母亲,生活俭朴,诚实守信,常受乡里人夸奖。他还喜欢读书,而且非常刻苦,经常是天不亮就起床,甚至是半夜醒来也要翻一翻书。

　　王拱辰通过多年的努力,到二十岁的时候,已经能写一手好文章,于是他就参加了乡试和会试,成绩都很优秀。公元1030年,他到京城参加皇帝宋仁宗亲自主持的殿试。皇上认真审阅了每一个考生的考卷,发现王拱辰的文章立论新颖,见解独到,文笔流畅,没有人比得上他,于是就把王拱辰定为状元。

　　第三天,宋仁宗把考中一、二、三名的书生都召集到皇宫的大殿上,在早朝当着文武百官的面宣布考中前三名的名单。其他两个书生都赶紧跪下磕头谢恩,王拱辰不但没有谢恩,反而说："陛下,小生不配当状元,请您把状元判给别人。"

金殿上的人都议论纷纷,科举考试已有四五百年的历史了,从没听说哪个人把到手的状元往外推,这真是天下奇闻。皇上宋仁宗听了也很纳闷,就询问原因。

王拱辰说:"陛下,我也是十年寒窗苦读,做梦都想中状元。可是这次考试的题目不久前我刚好做过,被选上状元是侥幸。如果我默不作声当上了状元,我就是不诚实。从小到大我都没有说过谎话。我不想因为想当状元,就败坏自己的节操。"

宋仁宗听了,非常受感动,特别赏识王拱辰的诚实,认定他将来一定会成为国家的栋梁之才。于是宋仁宗就说:"此前做过考题,是因为你勤奋,况且从你的文章里可以看出,你表达的是自己的真实想法,理应当选为状元。再说,你敢于说真话,能够诚信做人,这才是一个堂堂状元应该具有的品质,你的诚实比你的才华更可贵。因此,朕一定要选你做状元,你就不要推辞了。"

就这样,王拱辰成为历史上有名的诚信状元。他在朝中做官五十五年,以自己诚信正直的品格和惊人的才华,得到百姓和官员们的尊敬。他的女婿是宋代有名的学者李格非,外孙女李清照是中国文坛享誉盛名的女词人。

从古至今,像上述王拱辰让状元的故事并不少见,并且激励着后人以他们为榜样,诚信,多么简单的两个字却是一代代中华儿女用他们闪亮的心和灵魂所凝成的民族美德。诚信是每一个人立足社会必须具备的基本道德品质,然而,近几年,在市场经济迅速发展的今天,诚信二字却更多地出现在这样一个词中——"诚信危机"。

诚信问题已经渗透到社会的各个角落,连被视为"净土"的学术界也难抵它的侵蚀,不断传出抄袭、剽窃、作弊的丑闻。而当前学术失信主要表现为:剽窃他人研究成果;论文东拼西凑,粗制滥造或请别人代写论文;研究过程中急功近利,伪造数据;赠送署名和署名失真等方面。学术诚信,因为它不是商人的诚信,不是演艺明星的诚信,而是有关"社会良心"之称的知识分子的诚信,它的

被侮辱和被捍卫,格外有理由被作为年度大事记载,有理由引起人们特别注意和深思。

一、象牙塔的阴霾

(一) 梦里花落知多少

2003年上海大学学生郭敬明以一本《梦里花落知多少》迅速走红,声名鹊起,也为作者赢得"少年作家"美誉。然而时隔不到一年,这本书被指出有不少内容抄袭自北京女作家庄羽的《圈里圈外》。据原作者庄羽介绍,她在2002年11月创作完成了小说《圈里圈外》,2002年8月先后发表于天涯和海外文学互联网网站上,又于2003年2月出版发行。然而令她惊讶的是,春风文艺出版社于2003年11月出版发行的《梦里花落知多少》一书以改头换面、人物错位、颠倒顺序等方法剽窃了该书的构思、故事的主线索、部分情节、语言风格等,甚至照搬了其中的片断。

被告上法庭后,《梦》的作者却一直不承认其抄袭行为,他声称《梦》与《圈》在线索、情节人物方面完全不同。而法院在审理后认为,从两部小说的人物关系看,《梦》确实剽窃了《圈》中主要人物关系的描写,侵犯了庄羽的著作权。而且两部作品存在12个主要情节相同或实质上相似,《梦》在小说情节上抄袭了《圈》。此外,在小说的语句中,两部小说有57处相同或者相近似。法院认为,未经许可《梦》剽窃了庄羽《圈》中具有独创性人物关系的内容及部分情节和语句,造成《梦》与《圈》整体上构成实质性相似,侵犯了庄羽的著作权。春风文艺出版社作为专业出版机构,却未尽到合理注意义务,致使侵权作品《梦》得以出版,其行为存在错误。法院判决其作者和春风文艺出版社于判决生效之日起立即停止侵权,停止该书的出版发行,共同赔偿庄羽经济损失20万元,并在《中国青年报》上公开向庄羽赔礼道歉。就这样,一个"天才作家"

顿时如梦里花朵衰落了下去!

金雪飞,华裔作家、波士顿大学教授,去美国后改名为哈金,他勤奋、诚实、耐心、低调……而且他作为一个土生土长的中国人,却毅然抛弃自己的母语,转用英语创作,他用自己的勤奋学习使他成为美国国家图书奖历史上惟一的华人得主。一个土生土长的中国人,二十多年前因为喜欢福克纳而萌生了研究美国文学的欲望,绝对想不到有一天他会和福克纳被列入同一名单,遥遥相望。《等待》一书让哈金摘得了1999年的美国国家图书奖,哈金这个名字开始被美国主流文学界青睐,也为美国的华人争了口气。2005年年初,他以描写抗美援朝志愿军战俘的小说《战争垃圾》赢得第25届国际笔会福克纳奖,这个奖是由全美同行评选的小说奖。当大家都为这位华裔作家再次摘取大奖而感到自豪的时候,却传出该小说乃抄袭张泽石的《我的朝鲜战争:一个志愿军战俘的自述》的消息,这部作品与2000年时事出版社出版的张泽石作品《我的朝鲜战争:一个志愿军战俘的自述》竟有约1万字雷同……

北京大学——这是一个令多少人魂系梦牵的名字,它是我们的骄傲与自豪。可如今,就是在北大这所名牌学校里,却发生了一件令人吃惊的丑闻。2002年,《社会科学报》刊登了题为《北大博导剽窃,教人如何不失望》的文章,文中披露年仅四十岁的年轻学术带头人、洋博士、博士后、博士生导师、名教授兼于一身的北大学者王铭铭,其所著的《想像的一邦》竟然是抄袭美国著名人类学家哈维兰著的《当代人类学》。顿时,一石激起千层浪,在社会上尤其是高校和学术界激起强烈反响。尽管有圈内人士曾经这样评价:"中国的人类学研究在世界上有一席之地,王铭铭功不可没。"这一事件的后果使丑闻缠身的王在校内所担任的一切行政职务几乎全被撤销,同时还取消了他的博导资格。

王铭铭本人对所有人沉默,除了哈维兰。王铭铭向他写信致歉。对于如此有名的高校,如此显赫的人物,发生这样的事不能不令我们深思。

为人当诚信,这是做人的最起码要求,是人的立身之本。然而在巨大的利益诱惑下,终于有人铤而走险冒着巨大的风险去舔尝那并不美好的"果实",也许在他们看来只是失去诚信却能换来名誉、利益,殊不知,他们用诚信换回的只是血的教训以及不可挽回的损失。长期以来不少学者呼吁"以德治学"的精神,呼吁学者应该"身为学者,以学术为业,就理应在道德操守上率先垂范,起码也要守住为人为学的伦理底线"。但是不可否认现今的学术腐败受到了社会上的浮躁风气与商业上的投机心理的严重侵蚀,在市场经济的大环境下,学者们不能经受得住利益的诱惑和驱使。因此,解决其根本办法是健全和完善各种制度,加强相关的立法,从外在约束其学术活动及其行为,最终达到学者内外兼修,共同维护学术的一片澄明的天!

(二)谁在剪切诚信

夏季,一个火红的收获季节,毕业生们纷纷准备好自己的毕业论文,准备接受学校最后的考验,然而就在此时,有报道某校在读博士生齐某(男)和吴某(女)在完成学术论文时,涉嫌抄袭他人作品,剽窃他人成果。当他们作假的研究成果刊登在核心期刊后,被人举报,后由学校学位办和学术委员会等部门多次核实,确属存在学术作风和学术道德不端的情况。学校经过研究,决定给予两人勒令退学的处分决定。

这样的事情并不罕见,曾有传闻,有一个同学的毕业论文,主要是从网上抄袭的,在论文答辩会上,这位同学的论文受到好评,一位老师却问他:"这是你的论文吗?"那个同学一口咬定是自己原创,结果老师哈哈大笑:"我的论文什么时候变成你的了?"

而在另一所高校的图书馆,一位图书管理员出示了一本论文专集,在该书某页题目下,竟写了一段话:"本篇文章已经被大面积使用,为避免毕业论文出现重复的尴尬事情,请诸位不要再'引用'了,不然大家吃亏!!! 切记!!!"这位管理员说,每年到了四五月份毕业生准备论文的高峰时期,"我们经常可以看见学生在书上

写写画画,其中很多地方都作了类似说明。"这位管理员回忆道。虽然很多学生特意在所抄论文标题、段落处注明了"已抄"字样,昭示此文已用,以避免重复抄袭,但还是有不少再抄现象的出现。

更有甚者,在某高校宿舍楼下的布告栏里,就有两则标题显赫的广告:"高价求购优质毕业论文。"而在另一所大学,某学术传播公司的营业范围竟是为论文写作与发表提供"一条龙服务":写论文300~500元/篇;发表论文200元/篇。更不要提在网上类似这样的广告搜索更是数不胜数。

现在很多学生写论文只是通过网上搜索、拷贝和粘贴,将不同的文章拼接起来、改头换面,变成自己的"作品"。有的学生肆无忌惮地大段引用别人的文章,甚至一字不改地照搬学术刊物上的观点。论文的末尾一般要列举参考的文献,有的人会根据论文课题的关键字,在网上的搜索结果中随便挑选几篇填写。据说,在电脑和网络的帮助下,有些学生一星期就能完成一篇论文。而他们自己也反映,多数老师对论文抄袭的现象也比较放纵,往往只要求成文即可,对文章的来源并不深究。

有学者提出:"论文撰写就是要求作者在调查研究的基础上,付出大量的脑力劳动,从理论和实践上阐述自己的观点,而发生在大学校园里的这种不正之风助长了学生不劳而获的思想,极大地影响整个学术界的价值取向。"

但是出现这种情况,学生也很无奈,每年的三四月份,是高校应届本科毕业生写毕业论文的时段,但同样也是很多毕业生找工作的最后冲刺阶段,有位应届毕业生同学说:"我从去年年底和公司签约之后,就提前上班了。公司经常要加班,回到宿舍只想睡觉,毕业论文,到时候再说吧。"相比起来,那些没有落实工作单位的同学,更是要忙着面试、实习,所以更无暇顾及毕业论文。虽然没有时间,毕业论文还是要写的,于是上述的各种各样的"写法"也就应运而生。甚至在一些同学中流传着这样的话:"只引用一篇叫抄袭,引用十篇叫借鉴。"有的学生也想认真写论文,可是却发

现有心无力。一名大三学生坦言,一些选修课只修读了一个学期,对课程内容只有很粗浅的认识,要按老师的要求写一篇两三千字的论文,自己的能力实在不足以写出有理、有论、有材料的论文。权衡之下,只得选择去网上或杂志上找些文章拼拼贴贴,只求及格。而有的学校,往往为了提高就业率,获取"政绩",都急着把学生推出去,也就放松了对学位论文的要求,即使发现了论文是抄的,一般也不会为此而卡学生。2004年3月29日,《中国青年报》上刊登了题为《七拼八凑掺水严重,专家呼吁取消本科毕业论文》的文章,顿时引起轩然大波——毕业论文,写,还是不写,这个在全国高校坚持了数十年的传统,成了一个问题。

面对这种抄袭者公开化,造假者职业化之风的愈演愈烈,某大学一学院别出心裁的"三步走"措施便吸引了不少人的眼光。

第一步,资格审查,根据学生平时学业状况,由指导老师判断其人是否能完成论文,对于有些学生会取消其做毕业论文的资格。该学院2004年毕业生中,就有12个学生遭遇资格拦路虎;

第二步,中期检测,即要求学生每周要交出毕业论文进程表,并附相关证明资料,在一定程度上避免论文作假或者敷衍塞责;

第三步,全校公开答辩,该学院采取随机抽取的方式选出学生进行全校公开答辩,这样在心理上对学生们提了个醒———别以为胡乱弄几下就可以过关。

"我所提交答辩的毕业论文,为自己独立思考、撰写并完成的成果;论文中所引用、参考和借鉴的资料,都已详尽注明了出处,谨表示对原著作者的尊敬和感谢。本论文绝无抄袭、剽窃等现象。本人愿意无条件地接受社会和学校的监督。"最后,该院800余名应届毕业生,在以上誓词后面,分批签下自己名字。

这样的体制不但很大程度上减少了论文抄袭现象的发生,同时也受到学生的好评,其不失为一种值得借鉴的好方法。

(三)瞬间,明星成为划过天际的流星

美国的贝尔实验室是一个造就和实现科学梦想的地方,就像

是电影人心中的好莱坞,这个学术研究的圣地却于2002年爆出惊人的造假丑闻。原美国贝尔实验室科学家舍恩大量伪造实验数据,并据此数据在《Science》和《Nature》等全球著名期刊上发表数篇论文。

舍恩生于德国,1998年以博士身份加入贝尔实验室,发表100多篇论文。在2年多的时间里,舍恩在超导、分子电路等方面的研究被认为是突破性的,很多科学家都看好他,认为他迟早会获得诺贝尔奖。但与其同时进行实验的哈佛大学、普林斯顿大学在内的全球100多个实验室却无法取得和他实验接近的结果。

2002年5月10日,由科学家向贝尔实验室提供证据,举报该实验室发表在《Science》和《Nature》的5篇文章有数据造假的痕迹:尽管这些论文描述的是不同的实验却得到几乎一模一样的数据,有两张"噪音"图形竟然完全相同,按理出现这种情况的可能性应是微乎其微的。经过4个多月的调查后,审查委员会在公布的长达125页的报告中指出:有证据表明,在1998年至2001年期间,舍恩至少在16篇论文中捏造或篡改了数据。舍恩承认自己在科研工作中犯了错误,并"深感遗憾"。舍恩被贝尔实验室开除,这颗耀眼的科学明星顿时成了划过天际的流星。这起贝尔实验室77年历史上首次出现的造假事件也使被贝尔实验室多年苦心经营的光辉形象蒙羞。

从学术卫星到学术流星,舍恩滑落的速度太快。急功近利并不适合科学。我们在此记录舍恩事件,是因为中国学术界需要警惕这一事件所反映的心态和它所生长的土壤。学术研究必须耐得住寂寞并能够坚持操守,古今中外,概莫能外。当然,仅仅要求科学家耐得住寂寞还不够,这里还有一个科研体制和科研导向问题。

据了解,高校学生利用假期走进社会,在实践的基础上写出调查报告,是高校对学生的基本要求,也是大学生深入社会、增加社会经验的主要途径。但是,一些大学生并没有认识到参加社会实践的意义。据一位参加过调查报告评奖的学生干部介绍,每年暑

期的大学生社会实践活动本是本着让大学生走进社会的目的举办的活动,却总是在数目惊人的掺水调查报告中结束,一些同学自己也称调查报告都是从网上下载的。有的同学下载好几篇拼凑而成,有的甚至只找着一篇然后将署名更换为自己的。如某高校曾对这种抄袭行为进行公开曝光,在校园内引起不小的反响。被曝光的调查报告有近80份,除了抄袭之外,一篇曾在初评中已经被评为一等奖,后来复评发现竟是明显凭空杜撰的,有些甚至是从网上下载直接打印后就上交的。因此有人戏称每年的优秀论文的评选已经成了原创论文的评选。

学术领域的诚信更是对道德的考验,在缺乏法律制度制约的学术领域,自律是关键,要具有对他人学术成果尊重、对自己研究课题严谨的治学态度。对于舍恩来说不但其以前的研究化为乌有,其将来的研究估计也无人可信了。这种信誉的丧失将是学者最大的悲哀。

(四)天堂到地狱的一步之差

水不在深,有龙则灵。世界著名科学家黄禹锡的实验室在汉城大学85号楼六层,并不奢华,但温暖、静谧。在这间实验室里,黄禹锡和他的研究小组利用创造绵羊"多莉"的技术,克隆出与患者DNA完全吻合的11枚人体胚胎干细胞,这成为2005年5月的一件全球重大新闻。

2005年6月,他们共同在《科学》杂志发表论文说,已经利用病人皮肤细胞克隆出与病人基因相符的胚胎干细胞,朝着借助病人自身细胞治疗糖尿病、脊髓损伤等疾病的宏伟目标迈出了重要一步。黄禹锡的合作者匹茨堡大学的夏腾甚至称这是一件"比研制出疫苗和抗生素更具划时代意义的大事"。两个月后,他们又在英国《自然》杂志合作发表了克隆狗的论文。

胚胎干细胞又被称为"万能细胞",具有分化成人类各种组织细胞的潜力。患有疑难杂症的病人,可以用自己的体细胞克隆出早期胚胎,从中提取干细胞,再诱导分化成所需的组织细胞,取代在疾病中受损的组织，而不会引起排异反应。运用细胞核转移技术克隆早期胚胎，再从早期胚胎中提取干细胞，是如今科学家们研究的一个重点方向。

黄禹锡选取了18名女性志愿者，挖出其中的细胞核，然后从11名患者的皮肤细胞中提取出DNA，注入卵子进行培育，用化学方式启动细胞分裂过程，克隆出31个胚泡，最后成功地培育出11个胚胎干细胞系。

但就在黄禹锡像短跑选手那般飞奔的时候，夏腾突然于2005年11月12日发难，宣布终止合作，理由是黄禹锡"没有遵循严格的伦理准则"。

紧接着，在巨大的压力之下，韩国"克隆之父"、首尔大学教授黄禹锡突然承认，其科研小组在2005年5月《科学》杂志发表的论文中的胚胎干细胞大部分"不存在"，并要求《科学》杂志撤销该论文。

论文作者之一韩国首尔米茨迈迪医院理事长卢圣一于2005年12月向韩国媒体透露，黄禹锡曾于14日晚和15日上午分别向首尔大学教授和他本人表示，他在上述论文中提到的"体细胞克隆胚胎干细胞"大部分并不存在。

卢圣一表示，之所以公开以上事实，是因为他认为只有主要负责人黄禹锡才能了结此次事件，因此一直在等待他有所举措。但黄禹锡的发言与事实有很大出入，为了尽快消除韩国国民的疑惑，避免不必要的浪费，他才会决定披露这一重大消息。他要黄禹锡尽快站出来说明真相。

卢圣一则在接受韩国KBS电视台采访时透露："黄教授称培养成功的11个胚胎干细胞中9个确实是假的，另外2个也不能确定真假。"黄禹锡研究小组2005年5月19日在《科学》杂志发表的论文宣布，首次成功利用11名不同疾病患者身上的体细胞克隆出早期胚胎，并从中提取了11个干细胞。

卢圣一说，黄禹锡研究组的K研究员已经证实了伪造的事

实,K研究员说:"黄禹锡教授和姜成根教授曾指示伪造数据"。卢圣一说:"K研究员根据黄教授和姜教授的指示尽力提供了论文所需的照片和证明资料,匹茨堡大学的夏藤教授则负责撰写了论文。"

黄禹锡出生于韩国的一个小村庄,5岁丧父的他还有一个卧床不起的爷爷,只有母亲一个人维持着家里的生活。出身贫寒的他经过自己不懈的努力终于成为韩国的"克隆之父",这位完全依靠自己智慧和汗水成功的科学家顿时成了标准的韩国制造,也成为韩国的民族英雄!可是恰恰也正是这些"克隆之父"、"民族英雄"的称号使已被公众"神话"的黄禹锡别无选择!崇高的荣誉和耀眼的光环成了一名科学家不能承受之重。于是,一名曾经优秀的科学家,一名本应该脚踏实地进行克隆研究,并有实力在若干年后拿出惊人成果的科学家,为了早出、快出成果而不惜造假。学术规范面前人人平等!即使曾经的"民族英雄"也难逃沦为"民族罪人"的命运!有位韩国学者指出近几十年来,韩国的经济和社会取得了超常规的快速发展,受此影响,"高速文化"成为了韩国社会文化的特征之一。从一定意义上说,急功近利的社会文化才是产生"黄禹锡事件"的深层土壤。那么,在我国又何尝不是呢?为了让自己在成功的道路上走得越远,学者们应该以什么样的姿态站立,这正是值得大家思考的。

(五)我悄悄的蒙上你的眼睛

什么人才应该在作品上署名?这本来就不该是一个问题。但是在现代科学研究中,这个本不该成为问题的事倒真的成了问题。

2005年某大学电信学院出台了这样一个规定:"研究生在攻读学位期间,所做课题是由导师承接、导师指导,所写论文原则上导师应是第一作者。博士生发表文章,导师必须为第一作者"。这样的规定顿时在该校引起轩然大波。用一位导师的话说,论文是导师个人、实验室、学校的考核标准。国家给课题、项目的时候,都是通过论文数量来看实力的。于是,不仅院系公开出台了论文署名的"霸王条款",甚至出现了一种怪诞的现象。"有些情况下,如果一个导师认为一篇文章对自己没什么用,他会把第一署名的权利让给实验室其他需要的老师,这就好比是实验室福利!"导师给博士生的解释是,导师流动的可能性远比博士小,如果论文都以博士生为第一作者,博士毕业后自然就带走了这些成果,会造成实验室研究成果的大量流失。而对此,一位电信系党总支副书记解释说,这样做主要是让导师能够对自己学生发表的文章负责,对文章内容进行把关。

原来,导师之所以要在学生的论文署名为第一作者,只是表示"该文已把关,我可以负责"!但事实上,按论文署名的游戏规则,谁是"第一作者",却远远不是一个"把关"、"负责"所能涵盖的。所谓第一作者,应该是论文或成果体系的主要完成者、执笔撰稿人、最主要的创新者和最大贡献者,决不应该是对论文把了关、定了调或者争来了研究课题、提供了项目经费的导师。论文作为个人化的写作,是一种打着个人创新思维烙印的创造性活动。这种活动自然离不了导师的指导,即课题是由导师拿来的,导师付出了思想和精力,提供了实验条件,以至在导师设定的框架下,做实验工作,包括导师支付论文发表的版面费用等。但这些远远不足以代替个体的创造性劳动。如果导师只是一般地泛泛地提出指导意见,论文或成果主体系由学生独立完成,那么导师也不宜成为署名作者,更不用说第一作者。这种表面上看似一个愿打一个愿挨的现象,其实质是导师们利用学术权力肆意侵吞占有或者剽窃学生的劳动成果。有学者称之为"学术权力寻租行为"。

还有一个令人哭笑不得的例子。李世春是石油大学(华东)教授,一直从事材料学研究。2000年8月,他独立完成了清华大学博士学位论文《Zn－AL共晶合金超塑性的研究》。该论文为李世春独立署名,分别存档在国家图书馆和清华大学图书馆。拿到博士学位后,李世春出国了。在国外他意外地发现,《科学通报》及《Chinese Science Bulletin》2002年第47卷刊登了两篇署名石志

强、叶以富、李世春、滕新营、王焕荣的论文。该论文是石志强以第一作者身份公开发表,并署上了其导师、师弟等人的名字。李世春认定,这两篇文章大量抄袭了自己享有著作权的博士论文,多次要求四人发表侵权声明,赔偿经济损失。在协商未果的情况下,于2004年3月22日起诉至北京市第二中级人民法院。5月18日,在法院调解下,石油大学(华东)教师石志强承认侵犯了李世春的著作权,赔偿经济损失并公开发表声明道歉,双方和解。但石志强马上又要面临由此案引起的另一件案子:其导师叶以富起诉他未经同意在发表的论文上署名,侵犯了其名誉权。石志强解释说"我读博士期间,导师叶以富口头要求我们,发表论文师兄师弟要互相挂名,也要署上老师的名字。"

　　从某种意义上讲,这种在研究生的成果上强行署名的做法,是不符合学术规范和学术伦理的"霸王条款"!属于典型的学术不端与学术腐败行为,也是公然违背知识产权的违法行为。研究生撰写论文署上导师的名字,下级替上级捉刀代笔,同事、同学发表论文时相互署名等现象,在目前的学术界司空见惯,大约可称之为学术界的"潜规则"。早在几年前,就曾有院士提出"强行在自己并无贡献的论文上署名",是当前科学工作违规行为的主要表现之一;"不得以任何方式抄袭、剽窃或侵吞他人学术成果"也写进了有关学术规范,可有些高校将这种论文署名行为制度化、规范公开化,除了学术浮躁、利令智昏外,颇有点儿学阀、学霸的意味,值得警觉。

　　进入19世纪以后,随着科学研究的职业化,科学已逐渐成为绝大部分科技工作者谋生的手段,是职业就意味着竞争,科研经费、科研课题都要靠竞争来取得,而竞争的基础通常是发表的论文数量,这就使得一部分科研人员为追求论文数量而越轨在作品上署名。这是作品署名凸现出来的直接背景。

　　有效地防止和根治作品署名越轨这种背离科学道德和科研传统的行为,是一个系统工程。首先要改革评定科研活动成绩的衡量标准。学术水平在目前情况下只有通过两个途径来表现：一是在高质量的国际性、权威性杂志上发表高水平的学术论文；二是提高产量，增加见报率。因此，论文发表的刊物级别和数量，成了目前科研单位衡量科研人员成绩的两条指标。显而易见，发表具有重大价值的高质量论文在高级别刊物上的难度是比较大的，而多发表一些相对平庸的论文在一般杂志期刊上则较容易一些。因此，就出现了许多科研人员为了多发文章，不负责任，当挂名作者，一年发表上百篇论文的现象。针对这一情况，是否可以改变衡量科研活动的标准：把目前以论文数量作为主要评价标准改为将论文发表的刊物级别与论文的被引用率综合作为评价标准呢？其次，改革论文审查制度，应削弱"马太效应"的影响。所谓"马太效应"是根据《新旧约全书·马太福音》第二十五章所说："因为凡有的，还要加给他，叫他有余，没有的，连他所有的也要夺过来。"在审稿中，不少编辑对一些有名气的科学家的论文是在并未仔细审查其是否有新意的情况下就刊发了出去，而对于一些确实很有创新性但却由于笔者是一些无名小辈的文章就忽略过去。正是由于这种现象，不少年轻研究人员为了将文章刊登出来或者是为了增加文章的影响力而不得不将名人的名字署上去，送给那些名人署名权，在有意无意间剥夺了真正的作者的光辉。对于这种情况，应改革论文审查制，实行匿名审查。让真正的作者不再借助名人的光辉，尽量避免赠送作品署名权现象的发生。

二、诚信答卷令人满意

我们都向往简单美好的生活，但当我们在向往美好生活时却发现："树大有枯枝，豪华的大厦难免有阴暗的角落"，随着社会的发展，市场经济体制的建立，有人钻了自由竞争的空，社会上时下里出现了一些道德滑坡的征象。诚然，在科学的殿堂里出现了

些许不和谐的音符,一颗颗科学明星的陨落,一个个被撕开的谎言,一个个令人尊敬的名字在几天之内就让人不齿,学术这块澄明的天似乎变得有些灰暗,科学这个神圣的殿堂似乎也出现变质的味道……

但是,在追逐真理的道路上,在科学的殿堂中,我们却依然可以看见广大学术工作者们孜孜不倦的身影,面对学术领域出现的不诚信,他们不畏权威,不顾世人的眼光,用自己的执著之躯敲开了科学殿堂的大门!因为有了一颗颗值得尊敬的心,有了一声声对"伪科学"坚毅的"不!"字,有了一个又一个坚毅的身影,使我们目睹了实事求是的科学精神的精髓所在,同时也让我们对捍卫科学声誉和良心充满了信心!对社会形成了良好的导向!

(一)事实的捍卫者

2003年的春天,一场"非典"的肆虐给这个春天蒙上了最沉重的阴影。而面对这场突如其来的疫情,一位医生以他的冷静、他的无畏、他的妙手仁心、他实事求是的科学态度成为了冲在非典第一线的战士——他就是钟南山。2003年2月18日,北京国家疾病预防控制中心传来消息,在广东送去的两例死亡病例肺组织标本切片中,发现了典型的衣原体。而在广东省卫生厅的紧急会议中,钟南山面对这样的消息沉默良久:大量的事实表明,临床症状和治疗用药均不支持这个结论。他勇敢地否定了卫生部所属国家疾病预防控制中心关于"典型衣原体是非典型肺炎病因"的观点,并带领他的研究团队夜以继日地在最短时间内摸索出了早诊断、早隔离、早治疗和合理使用皮质激素、合理使用呼吸机、合理治疗并发症的治疗方法,为广东卫生部门及时制定救治方案提供了决策论据,使广东成为全球非典病人治愈率最高、死亡率最低的地区之一。事后,有朋友悄悄问他:"你就不怕判断失误吗?有一点点不妥,都会影响院士的声誉。"钟南山平静地说:"科学只能实事求是,不能明哲保身,否则受害的将是患者。"2003年3月,当卫生部长张文康宣称疫情"已得到有效控制",钟南山在接受电视台采访时却拒绝那样说。他仗义执言,一语千钧,以令人敬仰的学术勇气、高尚的医德和深入的科学探索给予人们战胜疫情的力量。

2003年4月3日,世界卫生组织专家小组在广州听取广东专家的情况。钟南山代表广东省非典医疗救护专家指导小组进行了40分钟的汇报,他旁征博引,有理有据,实事求是令世界卫生组织专家连连称道!他们认为,世界卫生组织希望得到的治疗非典型肺炎的经验在广东被找到了!非典肆虐不但给我们许多人上了一堂卫生课,也上了一堂如何求真务实的哲理课。钟南山把科学务实精神体现在具体行动上,所以他的医治工作总是有很高的效率,成为防治非典的权威。

事后接受采访时,钟南山坦言:"世界卫生组织一开始对我们是有怀疑的。一个是疫情的报告,当时他们不相信,拖了一个星期才来广州。我们实事求是地作了汇报,他们听了以后很认可。因为我们没有夸大,也没有偏袒,就是一五一十,怎么做就怎么说了,而且讲出了道理:为什么、怎么办,结果怎么样。回过头来看,得到世界卫生组织的好评,关键是靠两条:一个是我们尊重事实,这个病的自身发展规律是怎么样的,最重要的是相信自己的眼睛;第二,是及时总结,发现规律。原来是试探性的治疗,后来发现有效,发现有这样的规律,就及时总结,进行推广。"

"科学只能实事求是,不能明哲保身,否则受害的将是患者。"钟南山院士以他的实际行动践行着科学工作者对科学的忠诚!通过抗击非典的斗争,我们应该有所感悟,让违背科学的官僚主义作风、弄虚作假的行为远离我们的工作和生活。

(二)真理斗士

邹承鲁是中国科学院院士,第三世界科学院院士,中国人工合成牛胰岛素主要贡献者之一。这位已经年逾80岁的老人却成为科学殿堂里捍卫真理的斗士。从1981年开始,邹承鲁就不断地在各种报刊上发表文章,宣传反对科学腐败的主张,抨击背离科学道德的种种行为,这也成了他20多年来的一项主要工作,而且他的

每一次言论都在社会上引起了广泛的讨论。2001年,邹承鲁公开指责生化学会某专门委员会副秘书长为某核酸营养品作商业宣传,引起一场"核酸风波",揭开了当时名噪一时的"核酸"的冰山的一角;2002年,他又公开抨击徐荣祥"5年克隆人体器官206种"之说为伪科学;他毫不留情开出清单痛陈科学领域学术腐败"七宗罪":伪造学历、工作经历;伪造或篡改原始实验数据;抄袭、剽窃他人成果;贬低前人成果,自我张扬宣传;一稿两投甚至多投;在自己并无贡献的论文上署名;为商业广告作不符合实际的宣传。对这位80多岁老人的举动,感动之余,很多人表示不解,面对大家的不解,邹承鲁院士说:"中国的科技体制能有所改变,真正符合科学发展的规律,使中国科学能够发扬光大,这个现象不得到根本的纠正,我就一天不会放弃,一直到我死为止,还要说!"

(三)量子物理学界的"司令"

尼尔斯·玻尔是有犹太血统的丹麦人,他是物理学领域里惟一一个可以和爱因斯坦并列的物理学家,主要研究量子力学。七岁的时候,玻尔进入了小学。他的其他科目成绩都很好,就是作文课的成绩很差,因为小玻尔喜欢直截了当地表达自己的想法,不太会使用修辞。一次,老师出了这样一个作文题目:《自然力在家庭中的应用》,玻尔对这个题目非常反感,于是在文章的末尾写道:"我们家不用自然力。"二十六岁的玻尔博士毕业,当上了教授。他在学生们进行论文答辩时,经常会打断学生的讲话,提出自己的不同意见和看法。有一次,他第三次打断学生的讲话,突然说:"等一会儿,我明白了,谢谢。"于是,就离开答辩主席的位子,跑到自己的实验室里做实验,原来他从那个学生错误的论证中找到了正确的答案。1922年,玻尔继爱因斯坦之后获得了诺贝尔物理学奖。由于两人的学术主张不同,后来两人在物理学界成了学术上的"对手"。在1930年的一次学术会议中,他发现爱因斯坦的理论推演有错误,第二天玻尔找到爱因斯坦,诚恳地指出了这个别人都没有发现的重大错误。爱因斯坦从此非常尊敬这个"年轻人"。

正是这种对待科学的诚实认真态度,使他不仅取得了惊人的成就,而且赢得了物理学界广泛的尊重和爱戴。人们都称他为量子物理学界的"司令"。

2002 年,在走上院士"岗位"8 年之后,70 岁的军事医学科学院前院长秦伯益辞谢各种应酬,辞谢记者采访,社会兼职只退不进。在繁华背后,秦伯益悲哀地发现院士身份更像花瓶,逢场作戏之中,人们看重的仅是院士的身份,而非院士的才学。他有感而发撰写了一篇短文,希望全社会爱护院士,不要将院士当作"花瓶"。文中他坦言道人们真的喜欢观赏我们这些锈迹斑斑的古旧花瓶吗?其实未必。前年一连亲历了几件事,使我惊醒。北京一位好友某教授对我说:"我看你们评上院士后,几乎没有再出什么新的大成果了。"我愕然自惭。不久,医科院一个下属医院的院长当面对我们几位院士说:"你们老先生都面临一个严峻的问题:是工作需要你们,还是你们需要工作?"经过思考,秦伯益院士明白了为什么居里夫人在获诺贝尔奖后,将 100 多个荣誉称号统统辞掉,最后获第二次诺贝尔奖;明白了为什么钱钟书晚年"淡泊自守,闭门谢客",写出了《管锥编》、《谈艺录》等不朽名著;明白了郑板桥在潍坊上任,白天忙于公务和应酬,晚上虽想努力创作,但"酒阑烛跋,漏寒风起,多少雄心退",留下的只是无限凄怆与愤懑的千古悲鸣。

在经过思考和反思后,秦伯益院士勇敢地号召院士们要敢于向"炒作"说不,"我们不可能永葆青春,但我们必须永葆清白"。

在这些前辈的影响下,我们的象牙塔中也有越来越多的学生站在了真理的一边。某医学院校曾经有这样一个学生,她在研究生在读期间认真完成自己的学业,在最后的研究生课题实验中,她挑选了一个比一般同学难以操作但非常有价值的课题,她的导师也曾告诉她这个实验的难度,并且暗示她参考前人已做过的课题。在同学和老师惊讶的目光中,她毅然坚持原来的选择。果然,别的同学的实验结果相继出来了,而她的实验还在预实验阶段摸索,看

着别的同学开始准备论文答辩,她的同学甚至是老师都在暗示她凑数据完成课题,她婉言拒绝了,同学们都已经毕业,顺利找着工作了,而她,这个曾经被老师认为最优秀的学生却留在了学校——她要坚持用自己的努力换来真实的数据。果然功夫不负有心人,半年后,她的成果发表在著名国际期刊,她也成了该校学生诚信的榜样。

(四)坚守学业的诚信

邓亚萍在清华即将毕业的前夕。有一天,她找到语文老师请他帮助修改哲学课的总结。这份哲学总结足有四五千字,内容很充实,既有理论上的阐述,又能联系实际用哲学观点分析打球的战略战术。

几天后,语文老师把改过的文章给了她。又过了几天,语文老师在校园里遇到了她,邓亚萍一方面表示对语文老师的谢意,同时又很认真地对他说:"我把两份总结都交给了哲学老师,跟老师讲清楚了其中一份是我自己写的,另一份是请语文老师修改过的。"

一篇哲学文章,请语文老师修改,按理说修改后就可以当作自己的"原创"交上去了。语文老师绝不会去质问邓亚萍,为何说明是经老师改过的;哲学老师更不会质疑她是否请人家修改过。一切显得那么自然。但是,邓亚萍竟把修改前后的两篇文章一齐交给了哲学老师,还如实说明了请语文老师做过修改。这就是诚实的邓亚萍,这就是邓亚萍的诚实!

惟有这样的诚实,才会有她的事业、她的辉煌、她的人格力量。试想,在学业上不老实的人,焉能成得了"邓亚萍"?

二、学术失信究竟缘何

诚信危机的侵蚀使世界上最后一块净土也已经不干净了。学术腐败的手段五花八门、花样翻新,从毕业论文到学术论文,从抄

别人到抄自己,从国内抄到国外……学术剽窃几乎散落在学术领域的各个角落,神圣的学术殿堂充斥着一股霉变的味道,令人震惊。虽然近年来社会对学术腐败现象的揭露此起彼伏,关于学术腐败根源的论述也时有出现,遏制学术腐败的各种建议也铺天盖地,可在实际中,学术剽窃并没有从根本上得到遏制。

我们都知道,任何一种现象的滋生与蔓延,必然存在着与其相适宜的土壤。环顾我们的周围,一些小学生、中学生、大学生、研究生无法一口否认他从来没抄过别人的东西。我们对此似乎已经司空见惯了,抄作业、抄论文……我们好像从来没有意识到问题的严重性。网上一篇文章中曾提到抄袭剽窃,中国所有大学无一漏网,出现二十年目睹之怪现状。而深究这种现状的原因无非有以下几点。

(一)利字摆中间,诚信放两边

在市场经济发达的国家,讲求诚信的风气很浓,大家都自觉地遵守诚信原则。而在刚刚开始运作市场经济体制的我国,诚信原则尚未普遍树立,因而出现种种不正当和丑恶现象。在这样的社会大环境下,大学生作为社会中的年轻群体,必然会受到各种思潮现象的影响,极易被误导。加之在就业市场上,不少用人单位不注重学生的实际能力,而是偏信各种等级证书。为了谋职的需要,有些学生就弄虚作假,这是失信的直接原因。

(二)象牙塔中缺失的天空

长期以来,我国的教育体制和教育思想偏重于培养学生的解题技能和应试能力,学校和家长强调的都是高分,而不是注重培育全面发展的各类社会所需人才。如果我们的考试注重能力的测验,强调平时的学习成绩,恐怕就不会有许多考试作弊现象发生了。可是,在我国教育市场化的大背景下,尤其是近几年就业压力加大,一些大学生似乎并非为了获取知识,而是获取文凭。高校对学生的教育更倾向于实用性。少数学校对学生的不诚信行为采取姑息纵容态度,使学生不但不能认识到自己的错误反而变本加

厉。其次,学校教育越来越重视对学生知识的灌输,而诚信道德教育却有意无意地被忽视了,有些学校只是一味地强调学生做出的成绩,造成一些大学生自身诚信意识、责任意识淡薄,缺乏理想,缺乏信念,这也是造成一些大学生失信的主要原因。因此加强诚信教育刻不容缓。

(三)谁该为失信行为买单

随着学术违规事件所引发的讨论的逐步深入,我们在从个人品质的角度指责一些学者损害学术制度的同时,还应当清楚地看到机制问题,机制的缺陷是更为根本的问题。很多高校在职称评定上,往往以论文数量定论,于是导致复制、抄袭、剽窃行为的发生。这种把学术成果加以量化的风气,正日益主宰着人们的个人与集体行为。

例如某校规定获得博士学位的文科学生,必须在权威刊物或核心刊物上发表一至两篇学术论文,一个试图获得高级职称的教师,必须拥有一部专著,所有这些量化的做法,从成果的数量上来看成绩,把量化绝对起来,必然会产生出另外的弊端,即忽视了对于"质"的要求。而学术研究却是最讲究质量的,而从现实条件来看,上述的一些量化指标本身就隐藏着学术违规的危险。而且在我国,信用制度极不健全,人们的信用意识不够强。对守信缺乏激励机制,对失信缺乏惩罚机制,使社会上形成一种"惩善扬恶"的信用氛围,尤其是没有法律制约的学术诚信完全取决于个人的道德观念。健全相应的惩罚机制可以更好地维护学术界的公正与公平。

四、谁来拯救陷落的天堂

相比较,美国在诚信教育及理念方面则较中国成熟许多。2002年底,当北卡和麻州有些大学查出已毕业的学生中,有人在

＊＊＊＊＊＊＊

毕业前的电脑软件设计过程中有作弊行为时,当即通过媒体向社会公开其行径,并宣布取消有关人员的学位资格。再如,美国大学教授协会在其职业规范5点声明中,每一点都从不同方面给大学教师提出了诚信的要求。《美国新闻与世界报道》历年的全美大学排行榜,将"学术声望"作为第一指标,权重一直为25%,是确定学校排名的最重要的因素。而多数美国大学教师采用的主要措施包括:

1. 一开学,教师就在其课程描述中让学生明白如何做到学术诚信,一旦作弊将受到怎样的惩罚。关于学术诚信的种种条例均印制在新生手册中,在报到之际发给每一位新生。在哈佛大学的《学习生活指南》上面,用加大加粗的字体这样写道:"独立思想是美国学界的最高价值。"除此之外,许多大学还建立了荣誉守则制度。新生入学时,都要求在荣誉守则上签名,做出学术诚实的保证。一些大学甚至将此作为新生最终入学的条件。比如普林斯顿大学在新生报到时,会发给每位新生一封信,告知如何署名,将视为已理解并信守荣誉守则的承诺;未签署此承诺书,则不得注册入学。

2. 布置学生作业要具体明确,学期论文,特别是毕业论文的选题宜与学生的知识结构和学术水平相吻合。值得一提的是,许多美国大学的本科生并非人人都得撰写毕业论文,只有各方面表现优秀的学生才有资格,写好经过答辩后,他们便可带着荣誉毕业。

3. 学生撰写论文或研究项目报告时,教师注重过程,要求学生上交写作提纲、第一稿、所有修改稿及最后的成品。

4. 教师若对某篇论文发生怀疑,可根据经验边看边找出证据,或到诸如 TERM.PAPERS.COM 等互联网网址搜寻线索,还可利用如 WORDCHECK 等软件获取所需信息。

我国在2003年的"两会"上,"诚信"被写入公民道德纲要,作为培养人才的各级学校更应将诚信教育视为其德育的主要内容。而近几年我国的诚信教育也取得一定的成效。

在 2005 年 25 名上海大学毕业生成为全国首批"大学生信用档案"的拥有者,此次发放的"信用档案"主要包含大学生个人基本信息,在校期间缴费、贷款、信用卡消费等经济行为,以及所受奖惩三方面内容,经当事人授权后,此份信用档案会被纳入整个上海市的个人信用联合征信体系。此次试行,受到学生、校方、企业三方的好评。

在部分学校试行了无人监考制度,虽然"免监考"在目前作弊风还比较盛行的时期确实是难以做到的一件事,但是对于在一些诚信教育开展得比较早、实践活动开展得多的学校进行一下尝试也未尝不可,这至少让大学生了解到开展这些活动的重要意义,了解到诚信考试对我们大学生来说应该是做人的本分。挑战考试作弊,用自己的真才实学来检验自己所学的知识又有什么不好?

虽然有了这些可喜的变化,但我们依然不能忽视我们在诚信教育上的些许欠缺。我们仍然需要在许多方面加强学术诚信教育。

(一)学术守信 有法可依

在罗马帝国时期,由于政府在有关债务方面的立法相对于商品经济的发展显现出明显的滞后性和不适应性,使立法者认识到诚信在契约履行中的作用,并在罗马法中发展了诚信契约,根据该条约,债务人不仅要承担契约所规定的义务,而且还要承担诚实和善意的补充义务。这就是诚信作为法律准则的渊源。在学术诚信教育中,首先要加强对研究者进行学术诚信的法律意识和法律观念的教育,加强知识产权法的学习,依法治学。通过学习,使研究者认识到未经著作权人同意而随意使用他人作品是违犯知识产权法,是要受到法律制裁的;抄袭他人的词句和观点也是违法的。美国在《民法》中就把"剽窃"定义为在没有适当的方式说明出处的情况下,将他人的词句和观点表述为自己的词句和观点。此外,《著作权法》和《专利法》中也对违反学术规范等侵犯他人利益的行为作了明确的规定。通过研究者诚信法律意识的增强,起到了

用法律外在的强制力和威慑力来制止违反学术规范现象发生的效果。

可喜的是,2005年9月1日起施行的新版《普通高等学校学生管理规定》中,我国教育部也加强了对学术诚信的管理力度。考试和学术诚信在一定意义上是大学生的道德底线,是大学生成人成才的基础,在当前全社会加强公民道德教育的形势下,对大学生诚信道德必须严格。针对一些高校考试作弊屡禁不止的问题,新《规定》第54条中对考试作弊或剽窃他人学术成果的学生,规定可以视其情节或行为给予处分,直至可以开除学籍。国家自然科学基金委员会也于1998年12月10日建立了监督委员会,中国科学院学部于1997年10月成立了学部科学道德建设委员会,2001年学部主席团积极支持广大院士自觉制定《中国科学院院士科学道德自律准则》,使其成为中国最高学术权威机构进行自我约束的第一份文件;与此同时,有关部门对一些违背科学道德与学风的问题给予高度重视,对违规行为采取严肃的态度,绝不姑息迁就。

(二)守住心灵的大门

学术诚信的问题虽然是一个法律问题,但其同时也是一个学术道德的问题,除了进行学术诚信的法律意识教育以外,更重要的是也要加强学术诚信的道德意识教育。外在的法律约束主要起着惩戒和抑制的作用,而不能起到预防和说服劝导的作用,学术诚信观念只有通过引起研究者的道德认同,进而内化为研究者的自我道德要求和自我道德品质,这样才能使研究者在不同的社会环境下面对各种外界利益的诱惑时不为所动,自觉地遵守学术规范。为此,首先,教育研究者要加强道德自律,在思想上深刻认识到遵守学术诚信的必要性和重要性,把对学术诚信的追求看成是自己心灵的一种需要,看成是自己的学术责任,使学术诚信成为自己道德人格的一部分。

著名作家爱德华·黑尔说:"有一句话永远铭刻在我的心里,

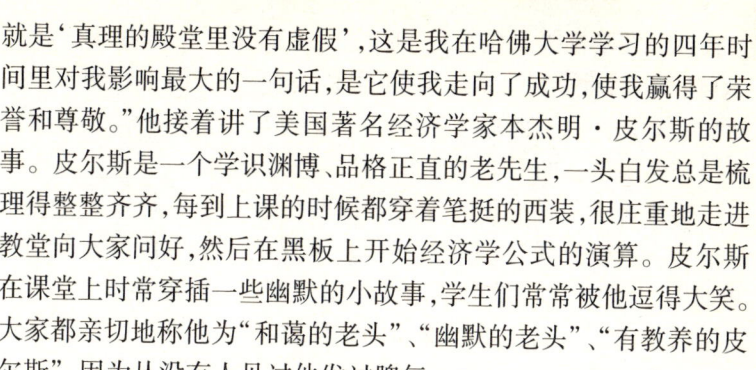

就是'真理的殿堂里没有虚假',这是我在哈佛大学学习的四年时间里对我影响最大的一句话,是它使我走向了成功,使我赢得了荣誉和尊敬。"他接着讲了美国著名经济学家本杰明·皮尔斯的故事。皮尔斯是一个学识渊博、品格正直的老先生,一头白发总是梳理得整整齐齐,每到上课的时候都穿着笔挺的西装,很庄重地走进教堂向大家问好,然后在黑板上开始经济学公式的演算。皮尔斯在课堂上时常穿插一些幽默的小故事,学生们常常被他逗得大笑。大家都亲切地称他为"和蔼的老头"、"幽默的老头"、"有教养的皮尔斯",因为从没有人见过他发过脾气。

　　有一次,在他的商业数学课上,他要大家做一套考试题,当堂交卷。可是,有一个学生抄袭了以前的作业,被皮尔斯发现了。皮尔斯宣布,这节商业数学课立刻停止,改为上学术修养课。他站在讲台上,脸色苍白地说:"一定要诚实。我们来到哈佛的目的是为了追求真理,虽然通往真理的道路困难重重,但是只要你诚实、认真、严肃地对待问题,你就有机会发现真理。如果有些同学在这里弄虚作假,他就永远也没有机会看到真理的光芒。请大家相信,真理的殿堂里没有虚假。"

　　皮尔斯站在讲台上足足讲了 20 分钟,他的声音充满了正气,他讲的每一句话都震撼着在场的二十几位同学的心灵。当他讲完的时候,那位作弊的学生站起来,走到皮尔斯面前,深深地鞠了一躬,然后又惭愧又激动地说:"皮尔斯先生,谢谢您,这是我这二十几年来上的最有价值的一堂课,您教会了我怎样做人。"皮尔斯这时又恢复了亲切的表情,拍着那位同学的肩膀说:"记住这句话,真理的殿堂里没有虚假。"这时,教室里响起了雷鸣般的掌声。接着,所有的同学都从座位上站起来,向皮尔斯深深地鞠了一躬,向他表示感谢,因为他的演讲使每位同学都上了生动的一课。这些同学毕业以后在事业上都获得了很大的成就,因为他们都记住了这句话,都把诚实作为自己做人做事的准则。

　　哈佛大学是世界上最著名的大学之一,这所学校把"真理"作

＊＊＊＊＊＊＊＊

为校训。在哈佛大学的校门和建筑物上都刻了一个拉丁文单词"真理",这个词代表了"真相、诚实和正直"。正门上还刻了一句话:"真理之门只会向那些正直的民族开放。"意思是说,在这个世界上那些不诚实的人是没有出路的。

哈佛大学荣誉校长陆登庭教授就认为,"学生是处于实习阶段的学者和研究者"。在这一阶段,不仅要向学生传授各种知识和理论,而且首先要教会他们做到学术诚实。在哈佛大学的《学习生活指南》上面,用加大加粗的字体这样写道:"独立思想是美国学术界的最高价值。美国高等教育体系以最严肃的态度反对把他人的著作或者观点化为己有——即所谓剽窃。"其意义,显然不仅仅在于制止和减少剽窃,更重要的是捍卫独立思想这一大学理念,形成一种健康的学术氛围。这种健康的学术氛围,无疑会有助于学生养成独立和创新的精神,并为他们日后的工作和研究奠定良好的基础。

"论文可以引用别人的观点,但是必须标明出处。"日前,在中欧国际工商学院2004级MBA新生的热身训练中,哈佛博士史璞兰教授神情严肃地站在讲台上说。她为120多名刚刚入学的MBA新生上了一堂40分钟的名为"什么叫剽窃,如何避免剽窃"的课程。与其他世界名校的学生相比,中国学生对这样的课颇感新鲜,他们没有想到在MBA正式课程开始之前,学校会安排这样一堂课。他们也对国内大学缺乏类似课程深感遗憾,"这样的课很有必要,教授对于论文中有关引用原则的讲解,可以帮助我们更规范地撰写论文,也鼓励我们进行原创"。

(三)将改革进行到底

不容否认,许多制度制定的初衷都是力图提高学者素质、推动学术发展,但在实际操作中,却出现了不同的问题。现在许多高校都是用定量的办法来衡量教师的业绩,如在核心刊物发表了几篇文章,争取了多少科研经费,上了多少节课,带了多少研究生,等等,如同"记件"工资。这就导致学术界出现了一种不正之风,即

一切向金钱看齐。学风浮躁,急功近利,在学术界很普遍。试想如果我们有一个正常、健康的学术环境,如果没有那么多人通过不正当的手段已得到那么多的好处,如果不是人们对抄袭作假已司空见惯,且不认为是道德败坏,那么这种学术的腐败行为也不会如此层出不穷。

在美国,建立了诚信研究办公室,诚信研究办公室规定,揭露、调查等工作主要由了解内情的科学界承担,但对于在调查过程可能出现的法律问题,包括如何获取物证、传唤证人等则有一整套非常细致的对策。在我们还不能建立良好的社会风气时,这种方法也很值得我们去借鉴和学习。

在日本,基层组织的讲座和学部,讲座主持人既是学术带头人,也是行政负责人。学部理事会成员无论是教授、副教授,还是讲师和助教在决策过程中都享有平等的参与权。

然而随着近年来的国际学术交流,中国科技界正视科学道德问题并能够理性认识到,科学不端行为,其危害绝不止于腐蚀科学记录的可靠性,它还影响科学研究的质量,败坏科学道德学风,影响科学的纯洁形象和科界的崇高社会信誉。对此,中国科技界也在积极寻求对策并积极行动。越来越多的人开始关注我国学术管理体制中存在的问题,于是便有了"杜绝学术近亲繁殖"的争论,有了"不能永葆青春,必须永葆清白"、"不作花瓶院士"的豪言,有了"禁止以权谋学"的呼喊……

在上述三点的基础上,我们还要培养良好的学术诚信氛围,结合目前在全社会范围内"以德治国"思想活动广泛的展开,以及在学术界展开"以德治学"的活动。经过长期系统地宣传和弘扬,使得学术诚信观念潜移默化地成为从事学术活动者所遵守的行为准则,形成一个良好的学术诚信氛围。使学术研究者之间关系和谐,相互信任,实现学术诚信的良性循环;同时,良好的诚信氛围也会对学术失信行为形成强大的道德舆论压力,使得失信发生的机会大大减少。

****

在全社会都需要诚信、渴望诚信的时刻,我们应切实加强诚信教育,要从教育青少年入手,这是我们教育工作者义不容辞的责任。诚信的品质要从小培养,无论是中小学,还是大学,我们都应该坚信我国德高望重的教育家叶圣陶先生所说的名言:"教育就是养成好习惯",我们的教育应该使学生养成诚信的好习惯。

西方一位哲人说:这个世界上只有两样东西能引起人内心的震撼,一个是我们头顶上灿烂的星空,一个就是我们内心崇高的道德准则——诚信。社会在呼唤诚信,时代在呼唤诚信。尤其是在学术这个神圣的殿堂,诚信是学术垫脚石,是生存之本,是竞争之道。任何有价值的学术本身必然蕴含了学者对世界的关怀和挚爱,学术是天下的公器而非个人的玩物。在学术这片最后的净土上,我们作为新世纪的大学生在今天的中国,如何才能重建学术的尊严、找回学术的使命呢?诚信是朴素的宝石,虽然闪耀,却并非坚硬如钻,它需要的是细心的呵护和精心的雕琢。当它闪耀在每个人的心中时,唤出的将是凛凛的公正与美好的平和。在进入二十一世纪的今天,我们可喜地看到,学术诚信意识已深入人心。作为一个二十一世纪的接班人,诚信已成为一种基本学术道德规范,如果不建立起诚信这种良好的学术道德,将来到社会上、到工作岗位中就无法立足。作为新世纪的大学生,我们理应有着一颗赤诚的、火热的心,去征服一切学术中的怀疑和虚伪,我们所投身的医学事业是一项特殊的事业,面对生命的厚重价值我们有着一种特殊的使命感!相信诚信在每个人的心中都有它特定的意义和位置,古人的言行,诸多的典故,不可否认的历史证明,大家都有目共睹。我们不需要再给它任何强调去表明它的重要性。

诚信,是一块耸立的碑,是一块坚实的基石,让我们一起以实际行动打造这块碑,铸就这块基石,使其闪耀着"诚信为本"四个字!

第二篇

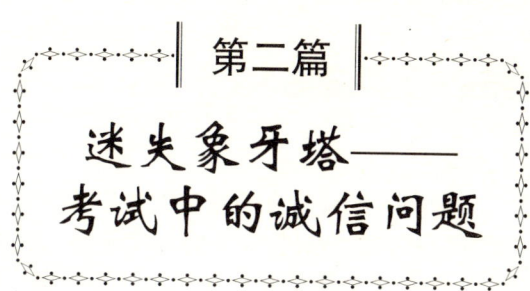

迷失象牙塔——
考试中的诚信问题

以信立身,传承古国遗风;以诚处世,光大华夏美德

——题记

曾几何时,流星划过天际刹那的美丽,成为世人心中瞬间的永恒;曾几何时,我们仰望苍穹,黯然惋惜,为那贪慕一瞬辉煌而陨落的恒星;又曾几何时,面对曾经世人眼中的佼佼者,曾经绽放过流星般美丽的大学生,如今渐渐暗淡的人生,慢慢模糊的身影,我们不禁怅然……

他们,在考试中因一念之差作弊的大学生们,犹如一颗本可以有最光明的前程恒星,却因作弊而一失足成千古恨,到了不可挽回的地方,犹如恒星一样,他们美好的憧憬被瞬间击得支离破碎,再也拼凑不起来……

他们,曾经是被万人瞩目的天之骄子,却在60分万岁的泥潭中找不到一根救命的稻草,最终身陷其中,难以自拔。

他们,曾经是身经百战的考场杀手,却在"枪手"的浪潮中迷失自我,最终沦为考试作弊的阶下囚,成为刀俎上的鱼肉。

他们,曾经扛着行李意气纷发地走进了梦寐以求的神圣殿堂,却在一声惋惜和无奈声中悄然离去,留给自己的却只剩下了悔恨

和泪水。

可悲?！抑或是可怜?！谁解其中味……

一、不合格的考卷

孔子说:"人而无信,不知其可。"这一古训作为中国人的人生哲学,流传了千年。成为中华民族优良的传统美德。所谓"诚信"是人的内心状态,"诚"主要讲的是诚恳、诚实,不弄虚作假,"信"是讲信用、信任,不欺诈坑弱,做到诚恳待人,以信用取信于人,对他人讲信任。然而,近年来我们素来以礼仪之邦著称于世的华夏民族千年流传的诚信正在被一点点的腐蚀……

近年来,各种考试如雨后春笋般出现在我们大学生身边,与此同时考试中存在的种种问题也日渐显露,使得考试这种公平、公正的选拔人才方式面临诚信的危机。造成了严重的后果,一方面使学有识、才有能的人失去机会,另一方面使那些学无识、才无能的人有可能得逞。无论将来进入单位,还是进入国家机关,都有可能将欺诈手段一并带入,轻一点的会给单位造成损害,重一点的将使国家遭受损失,特别是信誉的损失。作弊的毒瘤在大学生的心灵上疯狂的生长,就是在中国最严格的高考中,作弊现象也时常发生,甚至出现集体舞弊现象。这种现象在这批即将进入大学校园深造的学生心中留下了深刻的负面影响,从而也影响到了大学生的诚信问题。

随着科学技术的日新月异和飞速发展,考试作弊的手段也越来越高明,从夹带纸条到呼机传递答案,从手机短信作弊到作弊耳机的发明,这些无一不在向我们昭示着考试作弊正在以惊人的速度飞速发展,这也给我们大学生的诚信意识发出了最后的挑战。我们大学生的诚信将何去何从成为一个万人瞩目的焦点。

(一)从"枪手"看"杀手"的堕落

说到枪手,想必大家并不陌生,这个词不知何时已在我们的校园——这片净土上悄然流行起来。"枪手"的本意是射击手,在字典中还有另外一个含义:冒名顶替他人考试的人。英语四、六级等级考试是目前大学生最重要的考试之一。然而随着社会的发展,尤其是近几年,大学生请"枪手"替考的现象愈演愈烈,因此被抓或者被罚的新闻时常见报。然而侥幸逃过的全国范围内还有多少?"枪手"现象已不是一种偶然,而成为一种现象,特别是在大学校园里更是愈演愈烈,屡禁不止,就算大多数学校申明一旦发现即勒令退学,但为之铤而走险的还是大有人在,这也正说明,在大学生心目中的道德意识和诚信意识正在遭受着重大的挑战。

此外,枪手也给我们留下了惨痛的教训⋯⋯

夜凉如水,白天还热闹非凡的马路上,现在异常冷清,偶尔有一辆车疾驰而过,丝毫没有想要停留此刻的意思。白天还拥挤不堪的马路上,现在竟也变得如此宽阔,几盏如豆黄的路灯还依旧那么执著地在那里向世人昭示着他们的高傲和傲慢⋯⋯

夜很冷,小何的心更冷。他坐在马路边上,没有目的的茫然地望着远方。他自己也不知道自己到底想要看什么,只是觉得心里很苦,今天的一幕幕依旧在脑海里盘旋,挥之不去,像一场场没有休止的噩梦一样。

"因你在今年的大学英语四、六级考试中找人替考,严重违反了学校的考场纪律,根据学生手册经学校研究决定,对你处以勒令退学处分⋯⋯"教务科主任后面说什么话他没有勇气再听下去了,"勒令退学"四个字像一把匕首一样扎进了他的心里,疼痛难忍,眼泪已不知不觉地从脸颊泉涌而下,他已没有想要去拭眼泪的意识,整个人像瘫痪了似的站在那里一动不动。他觉得自己的嗓子像被什么堵住了,他声嘶力竭地喊,却怎么也喊不出声来,他还不清楚自己是怎样离开教务科的,也不清楚自己怎么会来这里,坐到这里的,他也不想知道。回想着自己走过的这段历程,他禁不住又一次泪如泉涌,用手使劲地拍打自己的头,嘴里不停地喊:"怎么会这样?为什么会这样?"生命似乎和他开了一个不小的玩笑。

曾经的他也是万人瞩目的天之骄子,每次考试都得心应手,仿佛自己就是上帝的宠儿,高考中他以优异的成绩考入了南方某高校。他是他们家最大的骄傲,甚至是全村人的骄傲。那时的他是多么的意气风发,一双双羡慕的眼睛跟随着他,他走到哪儿就跟到哪儿。他曾是全村人关注的焦点。但是一个残酷的事实摆在他面前,一年近万元的学费和生活费对他们本来就不富裕的家庭无疑是雪上添霜,况且家中还有一个弟弟今年也考上了高中,他们家怎么负担得起?记得那也是一个夜晚,家里人全都呆在屋里,父亲一口接着一口地抽着烟,眉头紧锁,母亲在一旁做着针线活,他和弟弟坐在炕沿上,谁都不说话。突然父亲站起来说:"我就是砸锅卖铁也要让你上大学!"说完就出去了。他永远记得父亲的那句话,他永远地记得也就是那天晚上,他们都睡着后,弟弟偷偷地哭着撕碎自己重点高中录取通知书的那一幕……父亲千方百计地找活干,不管身体能不能撑住。弟弟第二天南下去了广东打工,临走的时候对他说:"哥,你要好好地读大学,你可是咱家的希望啊!"顿时他泪如雨下,心里暗暗发誓,学不成名誓不还,可如今……

他依旧那么呆呆地坐在马路边,不禁回想自己的大学生活。这三年称其为糜烂都不为过的大学生活。一上大学,所有新奇的事物都向他袭来,他对所有新奇的事物表现出了浓厚的兴趣,特别是网络,让他这个从未接触过网的他,感到了几许神秘,巨大的诱惑吸引着他一天天沉迷其中。刚开始,他还有节制地只是周末去上网,到后来他每隔几天就去通宵一次,到后来连课都不上了,成天在网吧里,过着那种糜烂的生活,一晃已过了三年,他现在是大三了,对于网络的沉迷使他彻底忘掉了含辛茹苦的母亲,忘记了南下打工供他读书的弟弟,忘记了自己曾经的誓言,忘记了自己以前也是个考场杀手,在一次次考试中从未失手,而现在,他却每年向上帝祈求60分万岁。无奈回报和努力在某种意义上是成正比的,

因此他的成绩一直都很差,每年都有几门不及格,每年都要重修,其他课还可以,就是英语四级一直是围绕着他的一个恶魔,从未放他一马,眼看着马上就要大四了,眼看着剩下一年就要毕业了,而且在大四大家都忙着找工作,哪还有时间去准备四级。况且他已经考过好多次了,每次都是越考越低,他再也没有信心去考了,眼看着这一次的四级考试在即,他更是心乱如麻,无意中他看到了一个请枪手的广告,他就抱着试一试的念头拨通了电话,对方很热情,向他保证一定能过,且他已做过好多次了,没有一点差错,他犹豫了一下决定了请枪手代自己考。就在一念之差之间,他把自己美好的前程拱手让给了地狱,也就是这一念之差,他搬起一块巨石砸向自己的脚。

　　他的脑海里不断的闪现着父母那古铜色的脸,那越来越深的皱纹,闪现着弟弟那瘦弱的身体在每天超负荷的劳动下而更加枯瘦。他不知道自己该怎么面对他们。他没想到自己会以这种方式结束自己的大学生活,他不知道这种突如其来的"灾难"父母怎能承受得起,他不知道也不敢去想。悔恨的泪水只能代表他的懦弱,只能说明他过去生活的糜烂。他明天就要走了,带着遗憾和悔恨永远离开这个本属于他的地方,再也不回头了。仅仅是在一念之间,就只是这一念之差,他的生活从此发生翻天覆地的变化。他不敢再想了,他想就这样在这里一辈子,永远不要再去面对父母,他已无颜面。仅仅是在一念之间,就只是这一念之间。

　　"勒令退学"的阴影将会永远地留在小何的心里,他为自己的一念之差付出了惨痛的代价。设想一下,他只要在大四再努力一下,就可以通过四级考试,拿到学位证,找到一份不错的工作,回报父母,回报社会,回报学校,那将是一个完美的结局。然而诚信意识的淡薄,对纪律的漠然,而且还存在着一些侥幸,才酿成今日的后果,一个无法挽回的悲剧结果。一个是身经百战的考场杀手,一个是请枪手替考而被勒令退学。这两个人按照常理怎么也不可能有任何的联系,但是它却确确实实地发生在一个人身上,我们真该好好地想一想了,究竟是哪里出了问题?是诚信,其实小何的一念之差其根源还是来自于对自己的不负责任和对考试的不诚信。

(二)道德考试中蒙羞的诚信

坐在西安某大学的书桌前,用着西安某大学的稿纸,写着对西安某大学的检讨书。他很诚恳地检讨着,苦苦地哀求着。希望学校念在他初犯的分上再给他一次机会,他现在只能盼望奇迹的出现。他打死都不曾想到他在来西安某大学还不到一年就被勒令退学,从此离开他还没来得及熟悉的梦想中的神圣殿堂。悔恨和泪水在文海的心中交织着,他不停地问自己:"这样做值得么?"但此刻说什么都没用了,他再怎样的苦苦哀求,再怎样的认错,最终还是换回了老师那句无奈的回答:我也想帮你,我也想给你一次机会让你改过自新,但校规不容情,我们谁都没有权利破这个先例,如果这次破了例,学校的规章制度还怎么执行,回去吧!就当是人生的一次教训,他拿着学校的处分决定文件,上面那几个刺眼的字:经学校研究,根据学生手册对李文海同学在《大学生思想道德修养》科目中的作弊行为决定给予勒令退学处分。仿佛是在讽刺:"不是吧!道德考试你都作弊,看来你是不想混了!"他无奈,除了悔恨,他真的无话可说。

文海是西安某大学2004年9月刚入学的新生,入学的时候因高考成绩优异获得了学校的新生奖学金,与其他同学比起来,他有辉煌的过去,他曾获国家数学奥林匹克竞赛二等奖,并且以优异的成绩考入了西安某大学,其实以他的成绩上一所比西安某大学更好的大学都没问题,但他由于从小受姥爷的影响对西安某大学的某专业产生了浓厚的兴趣,所以上西安某大学一直是他梦寐以求的,高考之后他的愿望终于实现了,别提他当时拿到西安某大学录取通知书的时候有多高兴了,正如他说过的"我努力过,我奋斗过,而且我得到了,值啊!"入学以来,他在各方面都表现的非常出色和优秀,得到老师和同学们的一致好评。在大一第二学期还当选他们班的班长。这一切的一切都在预示着他将在西安某大学继

续辉煌,他将会成为大学里的天之骄子,却没想到"天有不测风云,人有旦夕祸福",这一切的一切的憧憬和美好一时间化为乌有。由于大学的环境是一种相对自由的环境,没有人会像高中那样逼着你学习,没有人会时刻提醒你该学习了。上完课所有的时间都由你自己支配,而且父母不在身边,没有任何约束,尤其是对于大一的新生,刚逃离高中时代超强的压力。这种环境对他们来说无疑是一种天堂。他们可以做自己想做的任何事情,文海也不例外,而且还担任班长,班上的大大小小的事都要他来管,他为同学们服务忙得不亦乐乎,并且他兴趣广泛,尤其喜欢打篮球,没事的时候他经常去篮球场,开学不到两个月的时间,篮球技术突飞猛进,当他还乐滋滋地沉浸在这一切的来自上帝恩赐的喜悦当中的时候,考试也一天天逼近,别的同学都陆续背着书包去上自习的时候,他却沉浸在自己的天堂之中,无法自拔,照样是每天去打篮球,很少去自习。他觉得,以前高中的时候每次考试都是接近满分,大学只要60分就万岁,那有何难了?而且我上课都听了,肯定没问题。直到考试的前一天晚上,他依然过得很悠闲,当他翻开书的时候,他傻眼了,原来这课还有那么多东西要背,自己只是上课听过,记得根本不准确,怎么办啊?这时候他才急了,但为时已晚,卷子一发下来,他就傻眼了,那么多选择题他却不会,问答题也是记得似是而非,一紧张全忘了,他胡乱地答了一下问答题,选择题实在不会答,他就坐在那开始算自己得分数,发现怎么算自己得不了50分,他沮丧的在心里说了句:"这次挂定了",如果挂了,他明年就不能继续担任班长,而且奖学金也没有了,特别是毕业的时候将会给自己找工作造成障碍,他越想越不是滋味。这时他的脑海里闪过一个念头,他抬头一看发现前面的同学正在奋笔疾书地做问答题,选择题那半面正好在旁边,文海看得清清楚楚,他来不及细想,一边看一边抄,当抄到快一半得时候,一只大手突然拍到了他的试卷上,一把抓过卷子就走,他抬头一看,原来是监考老师,因为他刚才抄得太急,所以被监考老师发现了……他这才意识到事情的严重性,他向监考老师苦苦哀求,但监考老师依旧是铁面无私,最终他的大名被张榜公布,随后学校便给予了勒令退学的处分。

悔恨,泪水……现在这些还有什么用?留给文海的唯有深深的遗憾和自责。

这个案例从一个侧面反映了我们大学生诚信意识淡漠。在《大学生思想道德修养》这门课的考试中竟然也会出现作弊,这不得不令人深思。这门课有很大一部分的内容是讲道德法和诚信的,但是我们的大学生文海依然在考场为因作弊而最终被勒令退学。法不容情,尽管他怎么哀求,也改变不了他作弊的事实,也无法改变学校的处理结果。这又给我们提出了一个更深层次的问题:我们大学生中有些人即使在教育中还是无法树立起诚信意识吗?这也从一个侧面反映我们大学生面临着严重的诚信问题。

(三)解剖试卷上支离破碎的诚信

强是来自一个沿海城市的富裕家庭,三年寄宿高中的艰苦学习生活使他从其升学压力格外巨大的省区脱颖而出,以优异的成绩考入北方一所百年名校。然而从小由于受家庭的影响而立志从商的他却阴差阳错地进入了医学院。

在大学的第一年里,他千方百计的寻求各种机会调动各方面的关系试图转专业,在未能如愿的情况下,他一度处于一种低迷甚至有些绝望的状态,学习上更是越来越消极,因此学习成绩一落千丈。升入大二后就开始专业课的学习,他更加感到前途渺茫,心理上的抵触情绪越来越明显,他已经很难强迫自己再去学习这些他认为索然无味的东西。但他并未因此而堕落下去,没有像其他人一样沉迷于网络、游戏或者是灯红酒绿之间,取而代之的是他开始阅读大量的经营管理方面的书籍,并不断提高自己的外语水平,主动加入学生会从事社会工作。这也许是他所做的最后一搏,大不了毕业之后再考经营管理方面的研究生,再给自己一次选择的机会。

也许上帝被他的诚心所感动,打算给他一次机会。好消息传

来,学校打算增加一个新的专业,这个学院将从全校大二学生中招生,要求是通过他们组织的考试同时要求上大学以来没有不及格门次。这对于强来说,无疑是一个天大的好消息。自此,他开始努力的复习要考试的科目,决定一定要争取到这次难得的机会。

　　1999年初,期终考试结束后,其他同学都陆续的离开学校回家了,没有人注意到他的沉默寡言。突然有一天他莫名其妙的买来了近千元的高档化妆品,而且他变得越来越诡异,并对自己手机的铃声格外敏感。原来强在最后一场解剖学考试下来后,感觉自己肯定不会及格,便打定主意考试后找老师"帮忙"。那份莫名其妙的高档化妆品便是他买来准备"沟通"老师用的。然而和老师的沟通不仅没有成功,反而受到老师的批评,可他并不死心,为了能够顺利转专业,他觉得自己已经没有选择了,因此他找来开锁公司将存放试卷的教研室门打开,偷偷地修改了自己的成绩。之后他便匆匆的乘上了回家的列车……在列车上,是他最难熬的时光,这是他平生第一次感觉到时间过的如此漫长。他一遍一遍的给自己寻找借口,但他始终都无法说服自己,无法面对自己的良心,无法逃避深深的自责。他也深知,这件事的阴影将会一辈子笼罩着他,他将一辈子饱受良心的折磨,绵绵不绝。最后他终于还是找回了自己的良知,一回到家他就拨通了学院教务科的电话,将事情一五一十地说了出来,并请求原谅,请求学校再给他一次改过自新的机会。但校规不容情谁也没有理由不按学校的学生手册的规定去办,谁也没有理由去开这个先例。强最终还是被处以勒令退学的处分。接到学校的通知的时候,强很坦然。他说,不管学校对他处以什么样的处罚,他都不后悔,因为那将换来他这一辈子的安心。

　　这个案例和前两个案例比起来,虽然结果都是由于考试作弊而被勒令退学。但这个事例却有其特殊性。它展示了绝大部分大学生在考试作弊后的内心的良知并未泯灭,传统的道德影响着他们做人的标准,做事要诚信是做人的根基,所以,他最终找回了自己的良心主动承认错误,以慰藉自己的良心。这个事例从一个侧面也向我们展示了大学生作弊者中还有很大一部分诚信未泯的本质特征。试想一下，假如强不去自己承认，谁又能知道他作弊的事情，也许这将永远是一个谜。如果这样，那么他就可以顺利的转专业，顺利的读自己喜欢的专业。但另一方面他的心里将会永远留有一个结，一个过了这个时期就可能一辈子也打不开的结，他的一生都将可能蒙上难以消失的阴影。他冒着被开除的危险将事实说了出来，也因此受到了勒令退学的处分，但至少他以此换来了一辈子良心的安宁。

一件件令人触目惊心的案例摆在我们的面前，让我们不禁产生一种由衷的悲哀，一种眼看着当代大学生在一次次考试作弊中慢慢的丢掉诚信的悲哀。我们不由得对当代大学生中某些人的诚信意识产生了深重的忧思。究竟是什么让大学生在加强大学生诚信意识的呼喊声中慢慢的变得越来越没有诚信可言？我们恐慌，我们思考……

二、诚信之花何以败落

考试作为现代选拔人才的一种途径，一旦成功，则山川色变，天地为宽，尽管有严格的考试制度，有严重的惩罚措施，但每年都还是有一批铤而走险的"探险者"。为什么作弊会屡禁不止？总结起来主要有以下三点原因：

（一）就业难以承受之重

现代社会竞争激烈、人情冷漠、就业危急时刻威胁着人们的生存，虽然我们还处在校园里，但目睹着社会上的种种情景，不能无动于衷。我们不断地努力争取进入社会的门票，尽力与社会接轨，而社会对大学生的要求却越来越多，企事业单位的门槛也越来越高。例如学习成绩、四、六级考试、实践操作能力和社会适应能力等，使在心理上处于弱势地位的大学生加上本身学业的压力，比较

容易产生过激的行为,作弊就是其中之一。北师大的一位教授曾以作弊的学生为对象做过一次研究,发现作弊的学生往往是为以后的前途着想,为自己以后就业加码,为让简历完美,因为藏在他们心底的是深深的恐惧,害怕自己的简历加上不及格或重修,这会影响用人单位对自己的聘用,这就使得他们一方面在乐不思蜀的享受着大学生活的自由和舒适,另一方面却在积极的防止自己不挂科。这种矛盾的发展就必然会导致他们中的很大一部分人走向作弊的道路,走上一条人生的险途。他们却不曾想到这样做会让自己的诚信价值大打折扣,而且一经发现会导致更加严重的后果。因此失足者一个接一个,自从有了考试,从古至今考试作弊却从未间断过……南京某高校张某与李某同为99级学生,在2003年6月21日国家大学英语六级考试中,张某与李某相互交换试卷作弊,被监考教师当场发现。学校给予张某与李某留校察看一年的处分,张某与李某因不能按期拿到毕业证而被已签订就业协议的单位退回。因考试压力大而考试作弊大多发生在四、六级考试中。虽然教育部并没有出台相应的文件显示过了四级才能拿到毕业证,才准予毕业。但各高校都有一个约定俗成的规定:必须过四级才发放毕业证。因此对于四级还没过的大四学生,迫于压力才会铤而走险去作弊。但法网恢恢,疏而不漏,他们最终将受到学校相关规定的处罚,就像张某和李某一样落个留校察看一年的处分。不仅在四、六级考试中,社会压力大而导致作弊的在其他的考试中也是屡见不鲜。比如在自学考试中,他们一方面要努力的工作,另一方面还要积极的为考试做准备急于拿到考试文凭,而且他们还迫于年龄和家庭的压力,考试作弊就真的会让人们产生恻隐之心。

对于这种替考现象,替考者本人也是愤愤不平的。

一个留学欧洲的中国女生,2005年暑假回上海实习。可在2个多月实习过程中,却碰到了要替人代考的事,这让那位留学欧洲的中国女生感到非常疑惑且不安。

她说:我在一家著名跨国公司实习一个多月后,由公司领导指

派,分别于 2005 年 6 月 24 日和 28 日到公司所注册的某区,代表两个上司参加一项会计继续教育考试。当时我十分诧异:自己没有会计证,怎能去参加这样的考试?领导"宽慰"我说:"放心吧,反正是开卷考",并表示这是我的实习任务之一。将信将疑中,我在事务所相关人员陪同下参加了两次考试。考试果然容易,考场人员并不严格核对身份。奋笔疾书后我通过了考试,我替考的两个上司的会计证当场获盖贴花,由陪同人员带回公司。事后我越想越不对劲,总觉得这事后果挺严重的。可公司领导明目张胆地唆使我替考,考场纪律也并不严格,让我实在看不懂。在国外学习的经历让我知道,"诚信,只有一次",也就是说,一个人一旦有了一次不诚信行为,就很难再得到别人的信任,这是对现代人素质的基本要求,可为什么这里会这样?

这位留学欧洲的中国女生坦言,弄虚作假是财会人员的大忌,可为什么在他们参加考试时却不以为耻?有关部门是否应引起警惕呢?

(二)不健全的制度

考试本身的不科学也是作弊的重要原因之一。虽然素质教育的口号提出已经有许多年了,但教育改革的道路还是任重道远。有的考试,仍然侧重于死记硬背,这些内容可以说只能反映学生背诵记忆的能力而不能反映其他,面对内容庞杂、压力巨大的考试,有的考生于是就采取作弊手段,投机取巧。当然一些考试试卷设计技术上的漏洞,客观上为作弊打开了方便之门,如一些标准化的试题,因为都是涂圈,就非常容易被抄袭。

很多同学都认为考试的内容太呆板,就是笔记和书本的内容,四、六级考试也是考过即忘,能够学以致用的比较少。我们不可否认考试给了每个人平等竞争的机会,给了我们一杆公平的秤,我们奉行"分数面前,人人平等",可是分数里面和后面呢?里面到底有多少含金量?高分后面的人是否真的是我们需要的人才?我们不可否认现行的考试制度在某种意义上有其合理性,就像伟大的

哲学家黑格尔说的存在即合理,至少在另一种更有效的比现行考试制度更合理的选拔人才的方式被探索出来以前,考试制度是合理的。在给我们每个人一个平等的竞争机会这一点上考试制度是毋庸置疑的。考试作弊却会打破这种游戏规则打破这种公平和公正。但是现在的一锤定音的考试制度在有其合理性的同时,也不可避免的有其不合理的一方面。从某种意义上说,这只是一种纸上谈兵。历史上赵括纸上谈兵而最终遭受全军覆没的惨败给后人留下了沉痛的教训。现行的考试制度在很大程度上只考你纸上谈兵的能力,而往往忽视了实际的可操作性,这也势必会造就出一部分只会纸上谈兵的人。这些人虽然有博士文凭在手,虽然各种证书一大堆,但在具体的生产实践中却困难重重,这将给我国的社会化进程带来巨大的障碍。因此我们需要给现行的考试制度注入新的活力,现行的考试制度有待改革。我们期待一种更有效、更具有可操作性的方式的来临,或许那时作弊将永远的成为历史。

（三）诚信之船驶向何方

社会压力大、考试制度有弊端都是外因,内因才是关键,我们不能因为社会带来无奈而为自己的错误找借口。作弊之人"平时不努力,临时抱佛脚",到考试的时候又想投机取巧。他们缺乏诚信,缺乏对自己、对学习的认识。如刘某为上海某高校99级学生,自恃家庭条件优越,不认真学习,《高等数学》课程经重修后仍不能达到学校的要求。毕业前夕,刘某请人代其参加毕业前的补考,被监考老师发现,被学校勒令退学,同时被2003年3月与之签订就业协议的某公司退回。如果刘某平时脚踏实地学习,投入相应的时间和精力,所谓水到渠成、厚积薄发,平时努力了,考试自然成竹在胸,也就不必为作弊费苦心。最后刘某以未拿到毕业证并且与已经签订的工作失之交臂而结束自己的大学生涯,真是可惜！此外,由于考试分数直接与其学科评估,有的还与评优、评奖学金等直接挂钩,尤其是英语四、六级的通过与否还与其学位获得和就业息息相关。大学生容易在市场经济的大潮中迷失了自己,表现出重物质利益、经济效益,轻精神效益、社会效益,忽略社会责任意识、道德要求,急功近利,抛弃包括诚信在内的许多道德原则。还有,学生错误的价值取向导致在考场上的错误选择。在学习态度上,一些学生不是追求知识和本领,追求的却是出人头地;不把考试看成是学习和提高的过程,认为考试就是竞赛,竞赛就要获胜,获胜就有利益;过分看重考试的及格与不及格、通过与不通过,轻视了一生成败、得失和荣辱的选择,最后在考场上作出错误的选择。

此外,从家庭学校教育的方面来看,中国教育长期重考试、重分数、重排名、重升学而忽视学生素质的全面发展与创造性能力开发的弊病,导致学生视考试成绩为唯一最高追求,而教师在考试形式和内容上陈旧呆板,照书出题激起学生作弊欲望,只要作弊带来诱人回报,就会有人冒险。

这个社会给我们带来了无奈,在严惩作弊者的同时我们不能忽略外界的影响和压力,以及社会的种种弊端。但是就正如第三种同学的观点,内因是关键,我们不是彻彻底底的无辜受害者,撇开世俗的眼光,让心灵净化,让灵魂升华,让我们到人生中去寻找答案。

三、诚信之花处处开

在考试作弊的事件越来越多的今天,我们几乎每天都能听到有的同学因为考试作弊而受到各种处分。但这毕竟是少数,我们应该看到绝大多数的大学生还是在用自己的辛勤的汗水浇灌着人生的诚信之花,用实际行动恪守着心中的那份诚信……

(一)让习惯为诚信导航

亚里士多德曾经说过:"优秀是一种习惯"。就像你早上要刷牙洗脸然后再吃饭一样,你会觉得这一切都很自然,你会很自觉地

去做。甚至有一天,你因为工作或学习太忙而没有去做,你会在这一天里都会感觉到心里空空的,总是会惦记着还有一件事没有做,你会期待着这一天赶快过去,第二天早上刷过牙洗过脸之后你会觉得这才是新的一天的开始。这就是习惯,习惯藏在生活的细微之中,但习惯却有巨大的魔力,在某种意义上可以说,它主宰着人们的思想和行为。有人说:习惯决定命运。的确,一个好的习惯会是你事业成功等待已久的东风,在关键时刻助你一臂之力;反之,一个坏的习惯会让你在不知不觉中与机遇失之交臂,尝尽人间失败之滋味。

优秀是一种习惯,作为当代大学生,我们只有逐渐的使自己变得越来越优秀,并让优秀的品质成为一种习惯,我们才能赢得明天的成功。诚信也是一种习惯,作为当代大学生,我们更应该培养自己的诚信意识,并恪守着"诚信考试,潇洒人生"的信念,我们才能成就明天的辉煌。小强就是这样一个例子,二十年来,他一直以"优秀是一种习惯,诚信也是一种习惯"为座右铭,用实际行动描绘着自己的诚信人生。

2002年9月,小强以优异的成绩考入北方一所百年名校。来到了他梦寐以求的神圣殿堂。为此,他付出了巨大的努力。在入学的那一天,美丽的大学校园与高中时教室里书桌上垒的像小山丘一样的景象,一遍一遍在他的视野里和脑海里闪现着,并强烈的对比着,幸福和激动一下子全涌进了他的心里……他在心里默默的对自己说:"在这里我一定要好好学习,以这所百年名校为起点,成就自己事业的辉煌!"

在大一一年里,小强学习非常刻苦,是想要永远优秀的信念支撑着他不懈的奋斗。当别人还躺在床上贪婪的享受着被窝的最后一丝温暖的时候,他已经在花园里开始了他的晨读;当别人依旧沉浸在考上这所百年名校的喜悦的余温之中时,他已经开始在图书馆里汲取着古今中外上下五千年人类的智慧;当别人利用更多的空余时间在虚拟的网络游戏中毫不吝啬地挥洒自己青春的时候,

他却如苦行僧一般坐在自习室里啃着他那厚厚的书本……终于，功夫不负有心人，在大一的综合评比中他名列前茅，并且获得了学校一等奖学金。当得知这个好消息的那一刻，在欣喜之余，他又默默的对自己说：优秀是一种习惯。我要一直这么优秀下去。根据心理学的理论，奖励对一个行为的强化作用远远大于惩罚的强化作用。小强就是这样，在这样的奖励的强化作用下，他要永远优秀的信念变得越来越执著。

　　时间如白驹过隙，转眼之间，小强已经是大二的学生了，他依旧那么努力的学习着，永远怀抱着他的信念和理想。随着他与同学和老师之间越来越熟悉，交流的机会也就多了起来，在几次和老师、同学们的交谈之后，他对于优秀的有了更深层次的理解：一个人要优秀，必须各方面的能力都得到发展，光学习好是不够的，还必须在各方面锻炼自己的能力。为了使自己变得更加优秀。小强加入了学生会，并参加了几个自己感兴趣的社团。在学生会和社团里他忙得不亦乐乎。他尽情的享受着学习以外的东西所带给他的兴奋和喜悦。一学期下来，他各方面的能力都得到了很大的锻炼。但是人的精力和时间总是有限的，当你在一方面花的时间多了，你就势必在另一个方面花的少，小强也不例外，他在这一学期把大多数的精力和时间都花在了学生会和社团工作上，在学习上花的精力和时间相对就要少很多。当考试卷发到他面前的时候，他看了一遍试卷，就傻眼了：怎么这么多题我都不会。他还是硬着头皮做完了自己会做的题。他一遍一遍的看着那些不会的题，感觉那些题就像一个个凶神恶煞一样在向自己张牙舞爪，好像是在炫耀自己的胜利！他显得不知所措起来，额头上直冒汗，他不停地去擦额头上的汗，时间在一秒一秒的消逝着，他的焦急和痛苦也随着时间的消逝而加剧着，他无法描绘那一刻他的心情，焦急、痛苦、悔恨、自责……在一时间全涌向了他！眼看着只剩下五分钟就要交卷了，他除了等待命运的宣判别无选择……他旁边的那位同学看出了他的窘样，为了拯救这位奋战在同一战壕里的战友，他慢慢地把自己的试卷的第一卷选择题部分向小强这边挪了挪,小强觉察到了这位同学细微的举动,他转过头看那位同学,这时他俩的眼光碰到了一起,小强立刻明白了这位同学的意思,但他突然低下了头,他的思想挣扎在看与不看的边缘,他的脑海里很乱很乱,他不知该怎么办?看了,抄几个选择题的答案,他就有可能及格;不看,他刚才算了一下卷面上的分数,铁定是要不及格的……但如果看了,他将一辈子背负一个考试作弊的包袱,可能永远都甩不掉……他和他的良心作着激烈的思想斗争,这场斗争足足持续了两分钟,但这两分钟对小强而言,却比两天还漫长。最后,他还是决定不看,他要恪守自己永远优秀、永远诚信的信念,就算这次不及格,尽管这次做不到学习成绩很优秀,但至少它在做人上是优秀的,是诚信的。面对诚信这个词,他问心无愧……直到考试结束他都一直低着头。考试结束的铃声响了,他从容的交了试卷,面带微笑,那是对自己赏识的微笑,那是骄傲的微笑……他经受住了考验!

最终,他那门考试没有及格,但他无悔,他恪守了自己优秀和诚信的信念。他不愿因为一时的贪图分数而毁了自己这二十年来苦心经营的优秀和诚信,这是他的信念。二十多年来,他已经习惯了优秀,习惯了诚信,就像我们习惯了早上起来刷牙洗脸一样。他不允许自己的人生有一点的不诚信,在考验来临时他选择了不作弊。其实,在我们的周围,像小强这样宁可挂科也不作弊的同学很多很多,他们用自己的行动巩固着自己的诚信长城!

(二)悄然绽放的诚信之花

近年来,随着诚信越来越被社会各界重视,祖国的未来——学生的诚信教育也成为更多的人关注的焦点。特别是即将走向工作岗位,即将成为祖国现代化建设栋梁之才的大学生的诚信意识的培养,诚信教育工作的开展更是迫在眉睫。全国各大大专院校都非常重视这项工作,并积极探讨和研究增进大学生诚信意识的教育方法,而且他们还出台制定相关的实施办法来开展这项工作,包括无人监考制度的施行,学生诚信档案的建立,以诚信人生为主题

的班会开展等等,其中最引人注目的就是无人监考制度的施行。在校园,无人监考是个热门话题,我们的社会在提倡诚信,我们的校园也在进行诚信教育。在考试作弊现象日益泛滥的今天,无人监考是诚信的示范、是诚信的榜样。在大学校园里,无人监考已经成为了一种潮流。这种潮流将引导当代大学生走向正规的诚信轨道。

2002年7月4日,四川师范大学在省内普通高校中首开先河,其教育科学、数学软件科学等5个学院在期末考试中实行"无人监考考室"试点,即在考试中不设监考教师,完全靠学生自觉完成考试内容。此事一出,立即在全校师生中引起了极大的反响。

2003年1月9日上午上师大举行了四场无人监考考试,参加者均为大一、大二的学生,所有人全部都是自愿报名参加的。每个考场外都挂有"荣誉考场"的牌子,考试过程中,老师仅在收、发试卷的时候出现一下。学生中途如果要提前交卷,只要走到讲台前,把卷子反面合在上面就可以了。学校仅对试场进行几次不定时的巡视,发现考场纪律都相当好。

2004年6月30日,甘肃政法学院行政学院的88名学生刚刚结束一次特别的期末考试,这次考试与以往考试不同的是,在考试的过程中没有任何老师监考,学生们自觉地在考场上答卷,即无人监考。

据该校行政学院的杨院长介绍,这次无人监考考试在甘肃省尚属首次。学院在试行无人监考之前,在全院的88名学生中进行了诚信考试的动员大会和学生集体宣誓仪式,并举行了"诚信考试、从我做起"签名活动。

参加过无人监考的学生如是说:"实行无人监考,使我们明白了考试的真正意义,更让我们感受到老师对我们的信任,因此,答卷很轻松,考试的压力变小了。有老师监考的时候,总有一种考场如战场的感觉,怎样瞒过老师而取得好成绩,成了大家共同的目

标。无人监考作为一种新的考试方式,体现了老师和学生之间的相互信任,对学生的自我约束力也是一次很好的考验,还有利于培养学生的诚信、道德和法律意识。"

"无人监考考试的间隙,我曾抬起头来环顾四周,只见同学们努力思考,认真作答,自始至终没有任何人交头接耳,更没有人偷看复习材料。好像大家已经忘记了是在无人监考,也忘记了讲台其实是空荡荡的。"

考场无人监考结果出乎意料。无人监考考场几乎没有发现一例作弊事件,有人监考考场反而出现了作弊行为。参加过无人监考的同学道出了其中的原委:在有老师监考时,总有一种考场如战场的感觉,怎样瞒过老师而取得好成绩成了大家共同的目标。实行无人监考,使我们明白了考试的真正意义,更让我们感受到了老师对我们的信任。为了不辜负老师的期望,同学们有一种互相监督的心理,这使得那些想作弊的同学都不好意思作弊了。

长久以来,学生考试都是要在他人监督之下来完成的。许多学校的监考,都是把学生当作犯人一样来看管监视,这使得那些处于监督之下的学生感受不到来自教育者的尊重和信任。这显然是不利于提升学生的道德自律性,甚至还会激起一些学生的强烈反感。从近来监考的实际效果看,学生作弊现象并未得到遏止。倒是那些作为无人监考的"视点",反而成为考场的一片"净土"。本来监督就不是教育的目的。让学生处于无人监考之下,既能检验学生诚信、自尊和自强,也让学生承载着特定的信任和责任。所以,无人监考本身就是一种诚信教育,它是在为学生提供一块检验自身道德的试金石,有利于培养学生的优秀道德品质。在素质教育质量日趋提高的今天,诚信考试已经成为一种潮流,成为多数学校关注的焦点,这也正从一个侧面反映我们当代大学生的诚信意识在逐渐的加强,希望在诚信教育这块沃土上,无人监考之花会越开越旺!

四、人生之舟,诚信为舵

一块晶莹剔透、碧绿无瑕的玉才能叫做翠佩,否则就只能叫做碧玉。同样,一个诚实、勤奋、坦荡荡做人的人才是一个真正的人,否则就只能是一个实体人,就辜负了仅有的一次人生机会。我们每个生命在世界上都是唯一的,是一种独特的美,我们庆贺但不能辜负它,要真诚地对待它,做一个坦荡荡的君子,做一个真正的人。尤其对于我们大学生来说,我们即将走上社会,我们的人生之路应该怎样走?怎样走才算有意义,才算不妄此生?这些都是我们现在必须直面的问题。

一位博士生坦言,自己在北京大学读博士学位的时候,有幸认识了来自美国的帕垂特教授。他说,他给我们上英语课,每次进教室他都带着一本为我们编写的教材,我们称它为"黄皮书"。

作为博士生,如果公共英语考试不及格,就将失去获得博士学位的资格;所以在上这门课的最后一次课前,大家心里暗暗祈祷:尊敬的帕垂特教授,我们这些人都不易呀,您可千万别太较真!

那天,帕垂特教授仍然像往常一样,笑嘻嘻地跨进教室。不同的是,他只带了个信封。大家开玩笑地问帕垂特教授是不是把试题的答案带来了。结果帕垂特先生笑眯眯地从信封里掏出一打照片。那是五一节时我们班和美国老师郊游的合影,他给我们每人发了一张,发完照片教授竟然问我们:"这是什么?"

我们实在搞不清这个美国佬葫芦里卖的是什么药。大家一边有气无力地回答说是照片,一边又盼着他快点来点"实惠的",可是他却眨着绿眼睛说:"这是'爱'!"帕垂特接着说:"我们很快就要分手了,也许再没有机会见面了。但是,请记住我是爱你们的!"被他这么一说,我们都不禁感觉有点鼻子发酸。这可爱的美国老头毕竟使我们这些沉默了十几年的英语哑巴统统开口讲话,有五分之一的人竟达到了"巧舌如簧"的程度。

最后还是皮特打破了寂静:"帕垂特先生,我们也爱您,但还是请快点给我们讲讲考试吧!"大家不禁激动起来。帕垂特却意味深长地说:"你们现在要做的就是,相信自己并且认真学习我们编写的教材的最后一课。"我们迫不及待地翻开了"黄皮书"。在课文的后面却还有一个名为《关于诚实》的真正的最后一课。内容翻译出来竟然是这样的——

为什么要考试?

①测试你对某门课的掌握程度;②测试你的学习技巧和记忆力;③评估老师的教学质量,了解哪些教的不错,那些需要加强;④最重要的是,测试你是否诚实。

什么是"诚实"?

人类社会正常的和必要的道德原则:正直、诚信、实在。

与诚实有关的故事和谚语:

①狼来了;②人无诚信,好景不长;③来路不明的财宝一文不值;④诚实最明智,老实人不吃亏;⑤如果我要花招,人们便不再信任我,我再也享受不到诚实的快乐。

在这次考试中,你可以用以下方式表现你的正直,证明你的诚实:

①即使没有老师监考,你也知道怎么做才合适;②会多少答多少;③不要作弊。

听说作弊在中国是一种普遍现象,每个学生都作弊。打死我也不信!没人作弊,或者说大多数人不作弊,因为,一个作弊的民族怎么可能进步和强大呢?

考试作弊的行为包括:①偷看别人的试卷;②问别人怎么答题;③看事先写好的小纸条。你作弊的时候,你就失去了老师对你的信任,本来我们这些老外都是信任你,爱你的呀!

假如你作弊了:①你伤害了老师,给师生关系蒙上了阴影;②你的良心就有罪了;③你改变了你在人们心目中的形象。

作弊的后果:①没收并撕毁试卷,打零分;②你丢脸,我们丢脸,大家都无地自容。不过,即使你真的作弊了,我们也不会那么做,我们会装作没看见,眼睛故意向别处看。因为,生活本身的惩罚要严厉得多。

孩子,你的信誉价值连城,你怎么舍得用一点点考分就把它出卖了?作弊的代价太高了,实在划不来!

第二天考试时,帕垂特教授又出现在考场,他还是笑眯眯的。

不论哪种社会形态,做人都要诚实。而且,文明程度越高,就越重诚信。

从人生的意义上讲,作为作弊的人没意识到"自我"在这个世界的存在。人无奈,但人是万物之灵,人在失落、彷徨、无趣、无助时会思考生存的意义。意义在哪?存在主义认为"存在先于本质",生命的意义与价值是经由存在本身由个人所赋予的。也就是说"我存在"这个事实,先于人对本质的了解,先于人对自己的了解,只有"我"存在,才问自己是什么。而且个人的存在是私人的,是独特而且唯一的。

既然个人的存在是独特唯一的,是无法被重复的现象,那么这个世界就不可能有我这样的存在,能够成为这样的唯一,是这个世界上最值得注意、重要而珍贵的事实。"我是重要的,我的存在就是意义!"了解到自我存在的独特状态,体会到这样的存在自身有其目的,在学习生活中充分发挥自己的优点,张扬个性,尽情展示生命的美,定会有我们的一席之地,否则,片面的追求完美而为掩盖弱点作弊,只会带来更大的缺陷。

学习本身是我们的职责与乐趣,人为什么而学习?正是为了生命本身更美好,让生活更有意义。应该怎样去学?不是紧张、压迫地去学,而是让生命回到原初喜悦、快乐的学习状况,更不是以考试为学习目的。而且大学的学习包含了更广阔的内容,不但要学知识,还要学做人,学做事。有的人茫然于怎样学做人,谈起做人就觉得空泛、高调,但是蓦然回首,你会发现,学做人已渗入到我们生活的每一个环节。就好比你在作弊与不作弊之间挣扎,尽管

你前面摆着的是极大的诱惑,尽管你觉得对一下答案分数就可能高一点儿,证儿就能拿到,名次就前进很多,但紧揣的拳头不断地为自己敲响警钟,最终你胜利了,以你超强的意志力抵制了种种可能的诱惑。而这一次经历也将成为你人生中一次宝贵的经验——真诚地对待自己,对待他人。

诚信是一个人一生最宝贵的财富,尤其是对于大学生来说,诚信更为重要。上下五千年,因诚信而成就大事业的英雄前辈举不胜举。

正因为人生有了诚信,才有了"君子一言,驷马难追"的承诺;才有了五关之前"赤兔胭脂兽"的一骑绝尘;才有了刘备"三分天下有其一"的丰功伟绩。正因为有诚信"文不能治国,武不能服众"的宋江才坐上聚义厅的头把交椅。然而诚信有时也使人生变得悲壮苍凉、无可奈何!涉过萧萧易水的荆轲,带着"士为知己者死"的信念,悲壮的离去。曾是力拔山兮气盖世的项羽,固守楚河汉界之约,迎接他的是令人心碎的四面楚歌。正是因为有诚信,他们的光辉依然透过了历史泛黄的纸页,以英雄的形象清晰地屹立在我们面前。怀念那个远古的时代,怀念那些具有人格魅力的君子吧!因为他们翩翩风度背后是一个用诚实、信用、执著的信念支撑着的人格。

人生有了诚信,就像开放在郊外的花朵,有了阳光雨露的滋润,才会万紫千红,芳香四溢。人生有了诚信,就像黑夜中航行的船只,有了远方灯塔的指引,才会乘风破浪,勇往直前。只要有诚信在,人间就会有真情,社会就会有希望!

诚信是一种品格,一种修养,一种灵魂深处的清香,在不卑不亢中彰显出人性的高贵。

我们当代大学生是我国的栋梁之才,正如梁启超所说的:今日之少年必是明天少年中国之主人。大学生肩负着振兴中华的神圣使命。他们只有拥有优秀的诚信品质,才能完成历史交给他们这个神圣使命。同时,也是最大的实现了自己的人生价值。从某种意义上说,诚信是一个优秀的大学生必须具备品质之一。我们必须从现在的考试不作弊这件小事做起,心怀诚信,辉煌人生。让诚信成为我们的人生这条船之舵。

五、诚信之花何以真诚到永远

面对一件件触目惊心的案例,我们不寒而栗;看着一张张考试作弊处罚单,他们无不痛心疾首。他们也曾经怀抱着纯真的梦想来到大学这个神圣的殿堂,也曾经是万人瞩目的天之骄子,也曾是一个战士,在无数的考场里披荆斩棘,被人们称颂为英雄……而现在,他们只能算作是一位落马的英雄"出师未捷身先死,常使英雄泪满襟"用这两句诗来描述他们此刻的心情,最贴切不过了。

对于考试作弊者,既让人痛心,又让人怜惜。毕竟他们都曾是那么的优秀,他们度过了艰难的时刻,他们挤过了高考的独木桥,想要在大学校园里一展抱负、大展才华,但却因为一念之差——作弊,而要阔别这里,阔别这个教给他知识,促他成长的土壤,重新回到那遥遥无期的徘徊之中。我们现在唯一能做的就是用他们的惨痛教训来警醒后来者,总结经验教训,采取积极的措施杜绝大学生当中的考试作弊现象,让他们在大学的象牙塔里树立诚信的信念,学习更多的知识,成就自己的梦想。

针对考试作弊行为和现象,不能仅仅依赖于外部的强制性措施,还要从学生自身出发,联合考试管理者和社会大众共同并且建立健全关于诚信考试的一整套保障机制。

(一)心理预防,不是唯一却是必须

从心理学的角度分析,学生之所以作弊,主要是来自考试的压力及社会各界的压力。作为大学生,通过接受十二年的基础教育,基本上已经建立了很好的诚信意识,分得清是非对错,知道考试作弊是错的,是有悖诚信的,甚至作弊者也都很清楚,一旦考试作弊

就会有什么样的后果,但是他们还是铤而走险,以身试法,究其根本原因即压力。由于各种直接和间接的利害关系和原因,考生对考试容易产生一种特殊的心理压力。我们必须从这一点入手采取心理减压等相应的预防措施,对大学生的考试作弊心理进行预防。这就需要学校、家庭和社会各界紧密配合,广泛、深入地开展诚信考试的宣传与教育,有针对性地对考生进行心理疏导,保持其考试心理健康和人格健全,减少考试失范行为的发生。要使学生认识到诚实应考是最明智的选择。考试检验知识,考试更检验诚信。苏格拉底提出"知识即道德",知识和道德紧密相连,获取知识要道德行事。孔子说"言而无信,不知其可也",一个人不讲信用,会使人手足无措。在考试这样的人生考验面前失足,失去的不仅是知识,还失去了道德。考试纵有千难万险,"诚实是最好的策略",并且可以在考试临近时举办一些心理讲座,为学生减压,鼓励他们正确的对待考试,在考场上不仅卷面上要考高分,而且在做人道德方面也要拿高分。要让他们知道即使卷面上的考试失败了,但只要我们在人格道德的考卷上答的是满分,我们仍然为自己自豪,依然问心无愧。

此外,还应从平时入手抓考风,并与学风建设紧密结合。平时就应该教育学生严守考场纪律,树立起遵守考场纪律光荣,考试作弊可耻的良好风气。参加社会工作的学生应同时把学习摆在第一位,减少功利心理,侥幸心理及虚荣心理,提高学习各门功课的积极性,并组织他们在考前学习考试舞弊处罚条例。要求学生平时驱除惰性,努力学习,考试时严格对号入座。

(二)依法治考,紧跟作弊步伐

近年来,作弊者利用现代通讯手段传递标准答案,已成为威胁大规模教育考试安全的一大隐患。因此,必须通过加重对考试管理失职者和考试作弊者的惩处,使作弊者无利可图,不敢贸然违法乱纪。要使学生认识到作弊的后果得不偿失。孔子说"诚者自成也"、"信则人任焉",诚实的人是能够成功的,守信的人可以得到信任。诚实是付出,但是,应该也可以得到社会的回报,以诚处事者可以得人信任,得到众多的发展机会。反之,用不正当手段获取个人利益,有失众望,自毁前程。这也是在考试中贯彻我国"以德治国、依法治国"的大政方针的要求,是人们从小就养成一个遵纪守法的习惯,也增强他们的法律意识,特别对当代大学生更有意义,他们是祖国现代化建设的栋梁之才。他们思想中"以德治国、依法治国"的意识的建立对我国以后的发展又有重大的意义。可喜可贺的是我国已在今年出台了《考试法》,这标志着我国建设法制社会的进程又向前迈了一大步。这也有助杜绝考试作弊、实现诚信考试一臂之力。

让我们感到欣慰的是,法律手段已经运用到了我们的考试作弊领域。近日,长春市公安机关对在去年吉林省成人高等教育本科生申请学位外语水平考试中试图作弊的王某,作出治安拘留15天的决定。这是吉林省首次对考试作弊案的当事人进行此类处罚。

据记者了解,王某为吉林大学成人教育学院毕业生。2005年10月4日,在参加吉林省成人高等教育本科生申请学位外语水平考试前,他让一名学习成绩较好的考生提前离开考场,并带出试题和答案,准备在该考生出来以后,以手机短信的方式将答案传给正在考试的其他8名考生,并收取赃款1 800元。吉林省对考试作弊案的当事人进行这类处罚也向我们发出了一个信号:法律手段正在介入到考试作弊中来,这对我们以后杜绝考试作弊又多了一项保证。

(三) 反作弊,还应该有点技术含量

要防范作弊,还必须要有一定的技术手段。即使在中国古代科举考试中,也有相关的防范措施。如金朝时规定,考生入场前要脱掉衣鞋帽,进行裸体搜身,甚至要打开发结,连鼻孔、耳朵眼儿也不放过。金世宗完颜雍即位,觉得对考生脱衣检查实在有些不雅,不利于金朝笼络文士的大局,便又开设官办浴池,令考生考前皆入浴,事后另换统一服装入场考试。

明朝时,考生必须填写三代的姓名、籍贯,入场要进行"搜检",进场之后要锁门,还实行巡逻制,交卷后要糊名,考场由军士看守等等。清顺治皇帝曾明令规定:"生儒入场,细加搜检。如有怀挟片纸只字者,先于场前枷号一个月,问罪发落;如有请人代试者,代者受代之人一同枷号问罪。"如果搜检人员知情容隐者,一律问罪。乾隆皇帝为消除作弊现象,对考生实施更为严厉的手段,规定甚是精细:"考生入场前,要排成一行,鱼贯而入以利搜身。考生帽子不准用双层,皮衣去面,毡衣去里,衫袍都用单层,袜用单毡,鞋用薄底"一门、二门各搜一次,若二门搜出"怀挟"者,一门之搜检员役要予以处治。考生进入号房后,立即上锁,再不得出入号房和传递茶汤等。

然而,在作弊者都开始使用高科技手段的今天,考试管理部门如果不能提高技术含量,显然是不能适应时代要求的。一些考试管理部门也采取了一些措施,如准考证照片采用激光照排而不是直接粘贴,以及采用磁卡、IC卡准考证等防止替考。在2005年的高考中,广州、深圳和东莞通过网上远程巡考系统对高考现场进行全程监控。山东成武县通过放在考场的指纹鉴别仪,对考生的指纹与报名时的指纹进行比对,发现了一名"枪手"。

(四)惩罚,是最后的绝招

在我国古代历史上,对于科考舞弊行为的惩处可谓严厉之极。比如清顺治十四年,江南乡试发生舞弊事件。工部给事阴应第上书朝廷,"请皇上立赐提究严讯,以正国宪而重大典。"他正是从作弊威胁王权来立论的。顺治对此案的最后批示是:"纳贿作弊,大为可恶,如此背旨之人,若不重加惩治,何以警戒将来?"这是欺君之罪,无疑要大开杀戒,主考、考官共20人悉数处死,妻子家产籍没入官;8个考生各打40大板,家产籍没入官,与父母兄弟妻子一并流放宁古塔。这类严惩作弊的事例,在历朝历代几乎都有。而在美国,替考是严重的违法行为,最多可判两年徒刑。2002年5月7日,美国执法部门在国内13个州以及首都华盛顿逮捕了58

名在托福考试中作弊的外国留学生。美国司法部官员在声明中说,在托福考试中作弊是对美国国家安全的威胁。据悉,所有被逮捕的学生都面临阴谋欺诈的指控,如果指控成立,将面临最高5年监禁和25万美元罚款的处罚。我们切不管当时美国这样做的目的是什么,我觉得他们这种对考试作弊严厉惩处的做法值得我们效仿。

有人认为新规定有点过于严厉,不近人情,持这种态度的人没有看到考试作弊行为的真正危害。简单地说吧,就连考试都要作弊,将来到了工作岗位上,你会怎么样呢?

如此看来,"考生违纪取消其该科成绩;考生作弊其当次报名参加的各科成绩无效,自考考生作弊视情节轻重可同时停考或延迟毕业1～3年",这样的规定不是太严厉了,相反给人一种宽松的感觉。

因为,作弊的考生一般都是成绩不好的学生,正因为知道凭真本事考不过才冒险,今年被抓住,来年还可以继续考。何况如今的社会心理对于考试作弊常常表现出宽容的一面。当出现学生因为考试作弊被学校勒令退学的情况时,一些舆论还会指责学校的处罚太重,不该随意剥夺学生的受教育权。甚至,在一些考试作弊取消学位的官司判决中,很多是学生胜诉、学校败诉。这些做法其实更助长了作弊的歪风。为什么不想一想这样的同情,对刻苦学习的学生有失公平? 在公平竞争原则下,我们的学生能否真的能学到知识? 他们的诚心何在? 诚信何在? 如果对于那些敢在高考这样的国家大考中作弊的学生,如果能取消其几年或终身考试报名资格,恐怕那些动了作弊念头的人要掂量掂量挺而走险值不值了! 参加国家教育考试的考生一般都是年满十八岁的成年人,应该为自己的所作所为负法律责任,因此加大对考试违纪舞弊行为的处罚力度势在必行。

(五) 难以抗拒的诚信环境

俗话说:近朱者赤,近墨者黑。环境在一个人成长的过程中起

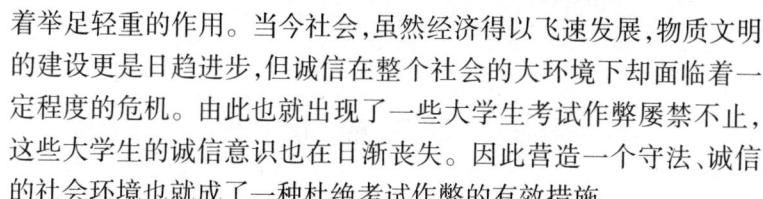

着举足轻重的作用。当今社会,虽然经济得以飞速发展,物质文明的建设更是日趋进步,但诚信在整个社会的大环境下却面临着一定程度的危机。由此也就出现了一些大学生考试作弊屡禁不止,这些大学生的诚信意识也在日渐丧失。因此营造一个守法、诚信的社会环境也就成了一种杜绝考试作弊的有效措施。

诚信考试必然要仰赖于诚信社会。维护和发展诚信考风,有利于营造良好的教育环境和学习风尚,有利于促进诚信社会风尚的形成;同时,建立诚信社会,加强社会舆论监督,可以为诚信考试提供坚实的社会保障。维护诚信,必须标本兼治,既需进行诚信教育,以法治考,更要治理不良社会环境,以诚治考。要使学生认识到只有诚实劳动才能创造美好生活。学习研究是小路的攀登,不是坦途的漫游,学习研究要付出辛勤的劳动。我们要"大力倡导一切用诚实劳动争取美好生活的思想和精神。"(《江泽民论社会主义精神文明建设》中央政策研究室编,中央文献出版社1998年,第227页)在学习上刻苦勤奋、求真务实,不抱侥幸,用实力向自己、向家人、向老师、向社会交上满意的答卷,自己也其乐无穷。

此外,还应健全考试管理条例,该褒则褒,该贬则贬,并在新生入学时就应学习条例,以防患于未然。还必须加大平时考试成绩所占的比例,减小偶然性在成绩中所起的作用。考试时组织巡考,机关干部检查,并制定考试工作评分表,考试结束评选出考试管理先进单位,并予以表彰。为学生制作一张活动座位证,再由学生对号入座,这样可避免学生在课桌上填写答案。公布违纪举报电话和举报箱,可匿名举报并暗中核实,并作出处理。

真诚是开启心灵的钥匙,守信是构筑社会的基石。作为当代的大学生,我们有着良好的素养,丰富的知识,开阔的眼界,诚信对我们来说无不是自我完善的一块基石。让我们以信立身,以诚处世,继承中华民族美德,发扬源远流长的千年灿烂文化,传承古国遗风,光大华夏美德!

第三篇

皇帝的女儿也愁嫁——大学生就业中的诚信问题

在大学生择业的过程中出现了这样一件事情:2004年7月,重庆某公司在各大学共招聘了21名本科生。当这些刚从象牙塔中走出的莘莘学子迈出真正走向社会的第一步时,公司的决定让每个人都觉得惊讶。在开始工作的几个月里,该公司从各方面考验着这些接受过高等教育的学子们,然而随着时间的推移,在实践的日子里,公司陆续的开除了其中的20名本科生。为什么?很多人开始怀疑是否公司的要求过于苛刻,但是公司给出了自己的理由:这些大学生因为各种各样的原因让公司觉得以他们目前的道德素养和工作能力无法胜任本公司的工作。仔细的调查才发现,其实很多大学生在就业的过程中,尤其是在应聘阶段的工作已经注定他们会有被炒的一天,因为很多人忽视了在择业过程中一项很重要的法宝——诚信。

中国是世界四大文明古国之一,文化道德,薪火相传,千百年来,诚信已经成为人们所推崇的美德。古代人谋求功名,建功立业,奉行的行为准则也是"以诚取信"。然而有一些当代的大学生却有意丢弃了择业诚信的美德,终究使自己的人生路更加漫长、曲折、甚至南辕北辙。

中华民族素有崇尚诚信、耻贱伪诈的传统,有关诚信的思想博

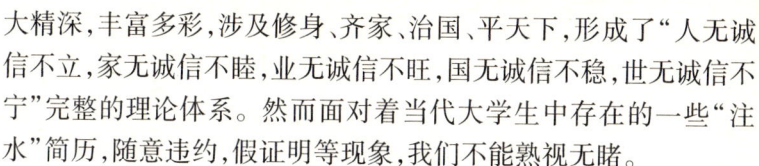

大精深,丰富多彩,涉及修身、齐家、治国、平天下,形成了"人无诚信不立,家无诚信不睦,业无诚信不旺,国无诚信不稳,世无诚信不宁"完整的理论体系。然而面对着当代大学生中存在的一些"注水"简历,随意违约,假证明等现象,我们不能熟视无睹。

一、尴尬的选择

某大公司招聘总经理助理,由总经理亲自面试。应聘者小刘来到总经理办公室。总经理一见到小刘就说:"咱们好像在一次研讨会上见过吧?我还读过你的文章,很赞同你所提出的关于市场拓展的观点。"小刘一愣,知道总经理认错人了。但一转念:既然总经理对那个人印象那么好,不如将错就错,对我应聘肯定有好处。于是就接着总经理的话:"对,对。我对那次研讨会也记忆犹新,我的观点能对贵公司有帮助使我感到非常荣幸。"结果肯定是小王落聘了。

毕业生邓辉想自费出国留学并已向国外多所大学发函,在等待录取通知的同时,他又担心自己如果没被录取就会错过在国内的就业机会,于是他有意隐瞒了正在联系出国的事实,与某单位签订了协议。临近毕业时,他接到了国外的录取通知书,并拿到全额奖学金,便决定撕毁协议。

凡此种种,一些大学生在就业时的各种表现确实难以让人接受。不容否认,求职的大学生负有不可推卸的责任的。为人当诚信,这是做人的最起码要求,是人的立身之本,当代大学生,理应更懂得这一点。诚实守信,不论在哪个年代,哪个国度,都是一种最值得珍视的品德,一个靠撒谎和欺骗他人生活的人是难以在学业或事业上取得成功的。从这个角度讲,求职的大学生们显然没有充分意识到丧失诚信的严重后果。

（一）随意违约

王宇（化名）是陕西省某一重点大学的大四的学生。当他在象牙塔中平淡的走过三年的大学生活之后，他终于和其他很多面临大四的同学一样，觉得时光荏苒，稍纵即逝。大一的懵懂无知，大二的冲动骄纵，大三的安逸平静之后，猛然间才意识到：原来大四属于自己。在有些湿燥而烦闷的校园中，王宇茫然地问了一声自己：我的未来会怎样？

回想起同宿舍的同学早在大三的时候就在准备 TOEFL、GRE，他终于开始悔恨自己当年的无知；看到身边的哥儿们和漂亮的姐妹们接到保研的通知喜悦的心情时，他终于意识到自己少年无成，开始叹息为何自己不早点开始用功学习；看到和自己站在同一条战线上的同班同学开始竭尽全力准备考研时，他终于不安地问自己：我是否也要走上考研路？当身边的同学将做好的漂亮的简历借给他观赏时，他开始迷茫。

很快，时间一晃就到了各大单位在各个高校招兵买马的日子，充裕在身边的浓郁的寻找未来之路的气氛已经不容许王宇再多思考什么。于是，为了弥补所有的失去，他决定加入寻找工作的行列。猛然间竟被自己的这种决定所感动，"其实我在很早以前就可以决定，可是我竟然过的太普通。"但在王宇准备找工作的日子里，他并不觉得寂寞，因为有很多和自己处在同一战线上的兄弟姐妹们一起奋斗。从来没有接受过应聘，从来也没有这样认真地去准备自己的第一份简历，一切都是从零开始，所有的不懂就用网络和想像将其填充。

终于学校招聘开始了，王宇穿梭在各个招聘单位，满身的疲惫让他懂得原来招聘会是这样的！上千人将会场阻滞得水泄不通，所有人都在寻找着自己心目中那个优秀的单位，可是结果让人沮丧。一般的单位，微薄的薪水，可怜的待遇让王宇心寒，再怎么说我也是一所名牌大学出身，怎么可能加入一些业绩平平的单位，用我剩余的人生去做赌注。可是，优秀的单位确确实实在挑人才，什

么有四、六级英语证书,计算机三级证书者优先考虑,在校担任过社会职务的同学优先,面对杰出单位的高标准,王宇终于将简历投给了几家自己比较感兴趣的中档单位。

很快其中两家便有了回应,联系他具体的面试时间,一切都很顺利。当他在其中一家公司面试中表示,"我在大学的生活过得并不轰轰烈烈,但是我并非什么东西都没有学到,我相信自己踏实的态度",面试当中诚恳的话语为他赢取了这次宝贵的机遇。很快通过学校,王宇和这家公司签约。

当能够为自己安定未来时,王宇感到些许的安慰。轻松过了几天以后,他开始为自己工作生涯的第一步做准备。可是,谁又想到,随后的一周各大名牌公司在校园中纷纷上演,很多同学按捺不住诱惑,王宇也不例外,那曾是自己多么梦想的公司,丰厚的待遇,广阔的市场,自己不禁想在其中大干一番。更让他心动的是和自己水平相当的同门师兄竟然在第一天就签约,于是,王宇也想再去试试,于是他打算这一切该如何进行。

王宇熬过一个不眠之夜,终于又做了让自己都惊讶的决定——毁约。自己的人生应该自己去把握,我不能为了安逸就选择在一个风平浪静的环境,他这样说服自己。他想去试试更大的公司,去接受他们的考验,他想去寻找自己心目中优秀的单位,想寻找自己人生路这一步的开始。

面对人生中的又一次抉择,我相信每一位刚走出校门的大学生都对未来有着无限憧憬。我将来会成为怎样的人?我要做怎样的工作?当欣赏着每一位大家的风范,为那些功成名就的偶像所经历的人生路所感慨时,我该效仿还是踏实的从每一步做起?面对有名的大单位我该跃跃欲试还是浅尝辄止?很多人在挑战和竞争中选择强者,可唯独签约中的诚信是一切豪言壮语的开始。

(二)别让注水简历打湿前程

案例一:"灌水"的简历

2004年,在北京地区毕业研究生供需双选会上,清华同方人力资源部负责招聘的朱云翔先生向记者介绍,现在毕业生求职简历注水现象越来越严重。在一次校园招聘会上,某大学一个班30人,竟然冒出16个班长。30人的班级诞生16个班长,这说明了什么?

毕业生给自己脸上"贴金",求职简历弄虚作假,也难怪,用人单位和社会舆论往往无一例外地将矛头指向莘莘学子,不遗余力地谴责他们没有诚信。可以说,简历造假极大地损害着毕业生整体的诚信形象,背离了优良教育的宗旨和社会道德的底线。但这些简单的道理毕业生未必不懂,而是明知不可而为之,实属挺而走险之举。面对日益严峻的就业压力,简历造假是"必要手段"。一位毕业生现身说法:简历造假是不可取的,但如果自己的简历全真实,而别人的简历造假,自己不就吃亏了吗?

各高校相继举行了毕业生人才招聘会,一些大学生在求职简历上弄虚作假的现象时有发生,令用人单位十分反感。

在招聘会上,随手翻看了10多个毕业生的个人简历,在评语一栏大多写着该生在校期间学习刻苦、成绩优异、团结同学、尊重老师……之类大同小异的概括性的总结,并且大多写着是班干部,具有较强的领导能力和组织能力,在校成绩多在90分以上。当然不排除有的高分确有其事,但每个人每门功课都是90多分恐怕多少有些"水分"。

据了解,这种个人简历与事实出入较大的现象在毕业生简历中较为常见。有关部门发现少数大学生为找工作故意挪用他人的《毕业推荐表》,同时和不同的公司签下就业协议,甚至有个别人假造证书欺骗用人单位。

2005年我国高校毕业生将达338万人,比2004年净增58万,虽然增幅有所回落,但压力有增无减。陕西2006年毕业14万人,增加了两万多人。一位姓李的男生无奈地说,在简历上过分夸大自己是不对,可就业压力这样大,大家都把自己写得那么好,你要是不照着写一定被人比下去。

几家参加招聘会的大企业的工作人员表示,现在简历已不是招聘人才的主要依据了,他们更看重人才的真实本领和个人品德,诚信是企业生存的基础,员工不讲诚信企业又何来信誉可言。对那些在简历里弄虚作假甚至伪造证书的学生,只要查出来企业立刻中止协议。一些中小企业表示,每年参加招聘会都要花费大量人力物力,可忙活了一阵签了十几个人,最终到企业报到的只有两三个,影响了企业的管理和正常工作的进程。他们现在已经开始提高违约金的数目,力图让毕业生在签订就业协议书时谨慎行事。

对学校来说,自己的毕业生不讲诚信会影响学校的声誉,并在某种程度上增加了学生就业的难度。陕西很多高校已经开始采取一系列相关措施来规范毕业生的诚信,如加大对毕业生简历的检查力度,认真核对成绩和自我鉴定的真实程度,从根本上杜绝弄虚作假;制订一些惩罚措施对那些有意违约、无故不上岗的学生处以经济上的处罚。

在某省举办的招聘会之前,记者在一些高校走访发现,一些学生为在这次供需见面会上找到一份好工作,不惜在"简历"上大做文章,竟把自己包装成"顶级高才生"。一名学生对记者说:"简历不作假,典型一大傻"。

记者在采访中发现,应聘作假就像传染病,已经开始在当前一些大学毕业生中"传染"开来。这样的"简历"不仅仅让应聘者自己无奈更让招聘单位汗颜。

案例二:应聘简历根据用人单位的需要进行编造。

在某经济类院校一毕业生宿舍,记者随便翻了几个应届毕业生自荐材料中的简历介绍,发现他们对自我能力的描述基本上是无所不通,既精通英语又能熟练应用计算机,既有很好的创新能力又富有团队精神。事实并非如此。学生小孟告诉记者,他们对自我能力的描述完全是根据用人单位的需要编造。可是浏览他们的简历,记者发现,有的毕业生缺乏基本的常识。首先是一份自荐书上描述自己"能熟练运用OFFICE、WORD、EXCEL等软件"。稍微

有点常识的人都知道,"WORD、EXCEL"是"OFFICE家族"里面的两个软件,三者根本不可相提并论。

河北科技大学、河北医科大学等几所大学的应届毕业生还告诉记者,大多数用人单位很重视大学生的社会实践能力和在学校的社会活动能力,可是真正参加过社会实践、当过学生干部的大学生可以说是凤毛麟角,于是多数人便瞎编自己从事了很多社会实践活动,号称自己是学生会干部、某社团负责人或者是班委会干部。

用人单位需要什么样的人才,就把自己"扮"成什么样的人才,表面的装饰真的就能够长久吗?或许很多人思考过这些问题,但对他们而言,可能尽快地找到一份好的工作比诚信更重要。

案例三:"高科技"手段制作假荣誉证书

一些大学生在简历中把自己包装成"顶级高才生"时,还往往说自己得过很多荣誉证书,而且还煞有介事地罗列一番具体是"在什么比赛或者评比中获得的几等奖"。

某财经类院校一个姓王的同学拿给记者两个纪念"五四"征文比赛一等奖荣誉证书的复印件,上面除了姓名不一样外,什么都一样。

看着记者专注的神情,他笑着说:"只要把原件复印一下,再让打印店的人用白纸打出一张字号、笔体相同的另一个人的名字,把打出的名字剪下来,贴在已复印的证书原名上再复印一下,不就成了另一个人的了。我们还用同样的方法改成绩表呢。"

据介绍,采用扫描仪,使用图形处理软件进行处理加工的复印件效果更好。根据指点,记者依照学校公告栏里一则小广告,找到计算机系某同学个人开的"地下打字店",在这里,记者看到了高科技造假的"先进技术",这名同学先用扫描仪将证书原件扫描,而后又调用图形处理软件修改证书上的姓名、编号、身份证号等,最后作为图像文件打印出来,和真的一模一样。

这样的制造似乎更容易蒙混过关,更有甚者少数同学竟对这

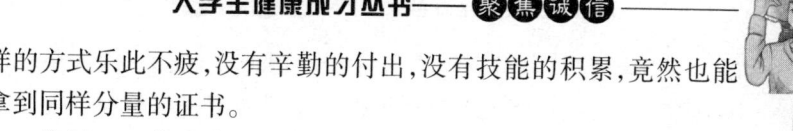

样的方式乐此不疲,没有辛勤的付出,没有技能的积累,竟然也能拿到同样分量的证书。

案例四:"优秀毕业生推荐表"藏猫腻

尽管有的学生因为英语没能过四、六级拿不到学位证,但他们已有了"高招"——花钱从假证制作窝点仿做。某财经类高校一同学告诉记者,他因没过英语四级"丢了"学位证,计划花几百元买一个,这是从往届毕业的师哥那里学的。在记者一再表示不暴露姓名的前提下,他为记者联系上了这名师哥,据他这名师哥介绍,买假证非常方便,就是根据假证贩子街头"小广告"提供的号码同假证贩子联系,见面时给他们看要制作的文凭样式,商量好价钱,一般造个假证百元左右。这名师哥说:"一般的用人单位根本不会去网上查真假,而退一步说,我们弄个假的总比没有强呀。"

另外,在石家庄某财经类高校记者发现,一些毕业生的简历后都附着一张以系里的名义向用人单位开具的"优秀毕业生推荐表",学生们告诉记者,其实只不过是自己设计推荐表、填写相关内容后找系里老师盖个章。记者在某同学手头的推荐表上看到,上面有毕业生基本情况、个人评价及学校推荐意见等几项。他说,基本情况里面的外语水平、计算机等级、专业测评名次自己想填多高就填多高,学校推荐意见也是自己写。记者看到,该推荐表后面还盖有该生所在系的大红公章。"难道系里会给你盖章吗?"记者问。"到毕业了,老师对我们都特别好,有的老师曾亲口说:"只要对学生找工作有利的事,盖个章没什么!"

某经济类院校一名综合考评班级前十名的学生说:"那么多人都作假,要是不作的话肯定应聘时就吃亏,所以干脆随波逐流。"对于作假流行的原因,一些学生认为,好多企业根本用不上英语、计算机,可在招聘时偏偏写上英语六级、计算机国家二级这些条件,面试时也并不对此进行考察。但是如果大学生自荐材料中没有这些"硬件",就会连面试的机会都没有。再就是社会所提供的求职渠道太窄,自荐材料成了大学生能否迈入企业大门展示自己的"敲门砖"。可以说,"人才市场招聘会"成了"用人单位简历搜集会",过后,用人单位再根据大学毕业生自荐材料描述的情况确定面试对象。

看来,医治大学生应聘作假的"顽疾",一方面需要大学生自己提高思想道德素质,树立诚信求职的理念;另一方面,也需要用人单位树立正确的用人观,同时,全社会共同努力,探索拓宽大学生求职渠道的办法。

这是一个很现实的两难选择。做,那就丧失诚信;不做,有点无可奈何。不难想像,在严峻的就业压力下,简历不够"花哨",很多时候就可能是没了敲门砖。就是很多用人单位,也一样是难以逃离矛盾的选择,一边大声呵斥学生不够诚信,一边却又在应届毕业生面前奢谈"经验",并鄙视那些真实却相对单薄的简历。学生求学期间,本职是学习,不是谋求社会经验,而用人单位却独独青睐干部、党员等所谓经验充足的学生,而干部、党员毕竟是有限的,尽管党员、干部与工作能力强弱没有必然联系。用人单位死抱住党员、干部不放,让那些没有此类资格而又想谋取职位的学生如何选择?

表面看,毕业生是"简历注水"的罪魁祸首,而这不过是表象,并没有抓住问题的实质。学生诚信观念的缺失固然不可推脱,而用人单位、学校和社会这个大环境尤其应该承担责任:招聘单位惟精美学历是瞻,一味将干部、证书等当作衡量人才的标准,只见树木,不见森林;学校缺乏相应的引导和监督,注重学识教育而忽略诚信教育,以致学生道德水准堪忧;社会整体诚信度不高,亦有推波助澜之过。而政府应做好用人政策上的有效引导。当然,学生本身的错误是毋庸置疑的,尤须反省。

大学生"造假"的危害是显而易见的。教育专家说,它首先会造成一种不公正的就业环境,使真正优秀的毕业生不能脱颖而出,凭借造假的毕业生则可能蒙混过关,进而给用人单位带来损失;其次,一旦大学生造假成为普遍现象,就会造成整个群体的诚信度降低,使社会对这一群体产生不信任心理,这种看不见的危害后果是无法估量的。而毕业生走向社会,将是现代化建设的主力军,其整体风貌亦是事关大局。

(三) 巧伪不如拙诚

案例:触目惊心的"窃信事件"

19 岁的马蕾蕾是中国科技大学少年班物理专业的大四学生,她 2005 年申请了包括美国明尼苏达大学(UMN)在内的数所国外大学。当她得知同班女生陈馨(化名)已被明尼苏达大学接收后,抢先从信箱里窃取了陈馨的大学邀请信。并冒名陈馨用 E-mail 与美国校方联系,拒绝留学邀请,同时推荐了她自己。陈馨因为迟迟没有收到明尼苏达大学的正式邀请,于是发信询问美国校方,才发现已被人冒名拒绝了邀请。经过陈馨和班系师生的调查、取证,很快就查明真相:正是同一个班上的马蕾蕾在捣鬼。

此事一经曝光,又不断有人发帖指证马蕾蕾还窃取了其他人的留学邀请信。虽说校方还未公布被窃信件的准确数据,但记者在 BBS 上所见有 3 人以上指证,包括在马蕾蕾寝室发现有寄给外系同学的信封。

一时间科大人心惶惶,许多学生疑心自己的邀请信被窃取,纷纷与所申请的大学联系,甚至有些同学直接接到拒信后而不甘心的,又再次与学校确认是否属实。甚至有学生发表联名公开信,要求严惩肇事女生。

网络上沸沸扬扬的一周讨论后,科大校方于 2005 年 4 月 1 日下午在科大 BBS 上发表声明:3 月 31 日,经违纪学生家长和本人要求,考虑在校压力过大,为避免意外事件发生,经向校有关领导请示,同意其回家等待处理结果。2005 年 4 月 1 日下午,学校召开校长工作会议,会议决定对马蕾蕾同学给予开除学籍处分。校方同时表示,对受害同学希望通过司法途径维护自己的正当权益的做法,将给予尊重和协助。

2005 年 4 月 2 日上午,科大 BBS 上又贴出了科大副校长程艺

* * * * * * *

对这一事件的回复。回复中,程艺表示,连日来,校方对事件的经过进行了详细的调查和取证,对马蕾蕾作出了开除学籍的处分决定。并坦言深感平时缺乏对学生的思想道德品质教育和引导,对出现此类事件负有不可推卸的责任。

据了解,马蕾蕾15岁时就以优异的成绩考入赫赫有名的中国科技大学少年班,在大学期间表现突出,担任学生干部,被评为2003~2004年度优秀团员,而且事发前已经收到美国纽约州立石溪大学的邀请信。

从马蕾蕾2005年3月29日发表在科大BBS上的悔过书来看,心理狭隘对她做出此事有直接关系。她在悔过书中写道:"我的心理一度处于狭隘的状态。由于对周围发生的好多事情的极端看法,让我对生活、对人都很失望。我开始怀疑,甚至憎恨周围的人。我便在没有考虑严重后果的情况下,用这种很伤害人的行为做了不该做的事。这种报复的心理真的很可怕。我也憎恨自己的这种行为,并为此感到羞耻。"马蕾蕾的3年室友HelloLucia的说法则印证了悔过书,HelloLucia认为马蕾蕾有点小孩脾气,情绪波动很大,高兴就是真的高兴,难过起来又天翻地覆。

对于马蕾蕾的处理意见,科大师生存在两种不同看法。绝大多数人认为这不但对受害人构成极大的伤害,而且会严重影响中国学生在国际上的良好形象,让北美、欧洲的著名大学误判科大及中国学生的品行,对以后国外大学接收中国学生极为不利,因此主张严惩。也有少数人认为,少年班的学生年纪偏小,还不成熟,要给她改过自新的机会,因此主张从轻发落。

而HelloLucia介绍,马蕾蕾离开学校时情绪稳定,但是寡言,临走时她说准备回去待一年,再从头开始。

面对毕业,现在越来越多的同学选择了出国留学,然而在申请留学的过程中,每一步我们都要讲诚信,否则最终受到伤害的不仅仅是自己。

二、同在诚信的蓝天下

面对着众多的现实,面对着众多的舆论,我们不得不问大学生真的缺失诚信吗?大学生择业过程中存在的不诚信现象真的就是势不可挡还是只是特例?难道经过十几年的教育学习,大学生们学会的只是"欺骗"么?我们该如何看待。其实,不诚信现象只是大学生中的极少数,在我们的现实生活中仍然有很多崇尚诚信,发扬诚信的好事例。诚信缩短了人与人之间的距离,拉近了心与心的交融,在你我之间架起了一座座友谊的桥梁,所以我们渴望真诚,我们需要真诚,我们赞美真诚!

我们需要真诚的笑容,需要真诚的话语,需要真诚的关心与帮助,我们更渴望能感受到彼此真诚的心灵,用我们真诚的心去对待朋友,去对待身边的一切。

(一)人生中的坚守

往年的大学毕业生喜欢在求职简历书上给自己"化妆",初看简历,你简直觉得他是完美无缺、无所不能的"007"。但是我们也应看到,越来越多的大学生他们在自己的求职简历中不仅不"化妆",还勇于"自暴缺点",开始打造诚信求职。

湖南大学的李同学在求职简历上专门设置了"缺点栏",上面赫然写着"没有实践经验、做事情急于求成"等内容。该校工商管理专业的另一名男生也在个人简历中罗列了自己的一些缺点,如"字写不好"、"自控能力较差"、"有时出现消极、厌倦情绪"、"有时喜欢偷懒"等。

湖南师范大学外国语学院的尹同学虽然在简历上明确写有大学期间失败过的经历,却依然被深圳的一家外企录用。她说,求职和做人一样,都需要讲诚信。把自己的失败写出来,正是为了避免发生同样的错误行为。把缺点写进简历中是便于用人单位了解自

****

己,促使自己进步。

对于大学毕业生勇敢地公开缺点的做法,湖南师范大学大学生就业指导中心的向老师认为,这是一种可喜的新现象,是毕业生成熟的表现。人无完人,能够把缺点告诉用人单位,赢得的同样也是信任。

一些用人单位对此非常欢迎。某实业有限公司人力资源部周经理告诉笔者,以往他们在问及毕业生的缺点时,多数毕业生竟回答不出来。周经理认为,能正视自己的缺点,是一种很难得的精神。不知道自己的缺点,其实往往是最大的缺点。某酒店的秦经理认为,能主动把自己的缺点写进去,的确是新气象。显示的是诚恳与实事求是,这是最难得的。毕业生能公开自己的缺点,有利于全面了解他们,用人单位很欢迎这种毕业生。

"诚信简历"的出现是对目前"注水简历"的一种真诚大胆的挑战,"人无完人,孰能无过",用人单位在选用人才时,除了对人才的知识水平、业务能力等重视以外,对人才的思想道德水平和道德素质的考察也是其中一项重要的内容。"诚信"是为人之本,它是做人的首要品性,也是一切道德的基础。一个合格的大学生除了应该具备扎实过硬的科学文化知识,强健的体魄外,还必须有健全的人格。虽然在现阶段,许多用人单位看重的是大学生的一些硬件条件,但我们相信,随着社会文明程度的不断提高,用人单位对人才选用的标准将会越来越侧重人品,到那个时候,"注水简历"将不再有市场,"诚信简历"将会发扬光大。

(二)用诚信为自己赢得机遇

张丽(化名)是某高校一名应届毕业生,在面临大四时,她决定出国留学,当身边的同学在积极的准备考研和求职简历时,她鼓励自己,"我不能因为周围的同学而影响到自己,我们有选择人生的不同方式,我既然选择,我就要坚持,如果失败,那只是我力所不能及,总比因为乱了阵脚,到头来两手空空要好!"

艰辛的准备和通过了 TOEFL、GRE 之后,张丽终于意识到原

来出国之路真的不是想像中的那么简单,熬过考试之后,真正的艰难才刚刚开始。一番的艰辛,一番的酸涩之后她突然间觉得自己似乎更适合在国内发展。

面试时,单位的主考官问她:"你没有应聘过别的单位吗?"她说:"我一直在联系出国,没有找单位,现在看来出国一时还办不成,所以就先来应聘了。"最后单位居然就相中了她。

后来,主考人员解释录用原因时说:"首先,打动我们的是她的诚实;第二,这个学生的素质不错,她的外语成绩很好,这是我们所需要的,如果她一年后能出国,我们也支持,至少在一年中间,她能做不少事情。以后我们还可以继续招聘合适人选。我们不要求一个人在一个岗位能稳定多少年,主要看他能做多少事。"

从张丽的亲身经历,我们能深刻的感觉到,如果不是她的诚恳,如果不是单位的主考人被她所感动,进入这家公司工作的机会可能就要失去了。然而在招聘中的一些不诚信现象,虽在眼前来看,是对自己有利的,是对自己缺点的掩饰。但是,一时的修饰是经不起时间考验的,与其到头来遭受自己给自己强加的痛楚,倒不如当初就以诚相待,或许会给自己赢得更多的机会。

三、天之骄子为何折翅

(一)我的未来不是梦

事例:我的大学生活为什么困惑?

我所在的大学,靠近城市的郊区,是人们心目中学习的好地方。静谧的校园,高大的梧桐树,怡人的草地,走廊下琅琅的读书声,三三两两走动的学生,构成了人们心目中的大学风景图。但我知道,远离城市的喧嚣与繁华,并不意味着内心的平静与安宁,如同当年的顺治帝一样,削掉了头上的三千青丝,却未必削得掉内心

的惆怅与牵挂。我常常在和同学的谈话中,感受到自己内心的浮躁与狂热。

不知是高考的后遗症还未退去,还是处女座天生的吹毛求疵在作怪,才进校的我对学习充满了狂热,每天背着大书包像赶集似的往自习室里疯跑,随着眼镜度数的不断加深,甲等奖学金的数量也日益增多。渐渐地,热情在追逐的跑道上退去,我有些惶恐地发现:我到达了所谓的山顶,沉迷于山顶的风景,却没有勇气再走下山去,重新攀登新的山峰。我被周围的赞扬声包围,去追逐一些大家都不知道为何要追逐的目标,去参加一些仅仅是因为期末评奖学金要加分而自己却毫不感兴趣的活动,去用实际行动证明"人都在不可避免地走向庸俗"。没有人告诉我有些东西是缥缈的,抓到了手并不意味着你可以一辈子拥有它。甚至极端地说,你辛辛苦苦和别人拼得头破血流追来的一些东西除了暂时的荣誉与价值外几乎一文不值,比如说奖学金。我是学法律的,在大一如火如荼的学习后和学姐学长的交谈中才慢慢发现:在中国的现实生活中,真正的大律师或凡有所造诣的学者,在大学时往往并不是每年甲等奖学金的获得者,相反,他们甚至是一群很不起眼的人物,他们在用真正属于他们自己的四年干了他们所想干的事,看了教科书以外的自己感兴趣的专业书,沉淀了他们自己的人文理念,数十年后,他们"出人意料"又"理所当然"地成了律师界叱咤风云的人物。相反,一些大学期间所谓的"骄子",在毕业后虽然风光了几年,但慢慢地却沦为三流律师,只能跟在大律师后面跑跑腿,取证据。

思考良久后,我决心"下山"。我开始往图书馆跑,开始拾起我喜爱却又阔别多年的历史书与文学书,却无奈地发现,我们之间已经产生了隔阂。看书时的我会不断地问自己:"明天要交的论文写好了吗?""这些书看了有用吗?"当这些问题在我心底涌现的时候,我知道,自己的兴趣在岁月中离我而去。我开始觉得自己再一次无能为力。更令我感到不安的是,当我下山时,我发现了不断

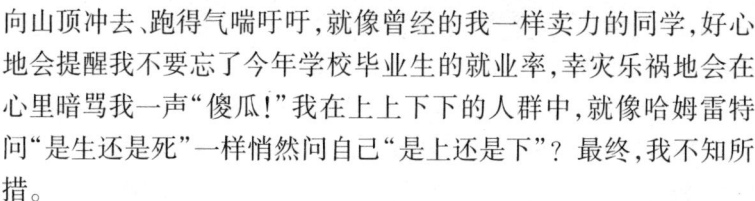

向山顶冲去、跑得气喘吁吁,就像曾经的我一样卖力的同学,好心地会提醒我不要忘了今年学校毕业生的就业率,幸灾乐祸地会在心里暗骂我一声"傻瓜!"我在上上下下的人群中,就像哈姆雷特问"是生还是死"一样悄然问自己"是上还是下"?最终,我不知所措。

我还没有恋爱,不恋爱的原因绝不是故作清高,更不是想证明那句"没有恋爱就没有读过大学"的大学生经典格言。我在感到孤独彷徨的时候也未尝不想找一个肩膀靠一靠,在悲伤的时候也未尝不想有人牵住我的手一同度过,在高兴的时候也未尝不想和另一个他悄悄分享。可是,在一次周末寝室的"卧谈会"中,一位室友的话让我如梦初醒:"你太厉害了,每次都考第一,天天往图书馆、自习室跑,女孩子嘛,要懂得逛街和享受生活,要懂得小鸟依人,你这一副女强人的气势,还有哪个敢追你?男人都是要强的!"听了这话以后,我在心底苦笑,想起另外一句调侃的话:"世界上有三种人,女人、男人和女博士。"哎,我是该感叹社会文明的倒退还是暗骂自己不该有的坚强呢?如今,看着周围情侣卿卿我我的样子,我也会羡慕不已,但我了解自己,我不是一个随随便便可以将就的人,既然找不到那就顺其自然,一切随缘吧!

记得大一时最后一门考试是思想品德教育,下午4点半考完,晚上9点就已经迫不及待地踏上了回家的火车,恋家的心情可见一斑;两年后的同一时刻却待在宿舍里,用一个个借口去敷衍电话那头催促回家的声音。我轻声地问自己,是已经适应了这种生活还是厌倦了在家那种懈怠的日子,抑或是其他?

这就是我的大学生活,一个大家眼中的优等生的生活。

不知如何度日、不知为何而活,对真理与金钱取舍颠倒,做人标准模糊、信仰迷失,一些大学生陷入价值困惑。

唯科技主义、唯物质主义、唯功利主义和唯享乐主义的冲击与影响,成为大学生价值困惑的痼疾。步入21世纪以来,人们的价值取向伴随各自的条件、信念与选择的不同,更加呈现出多样化、多向化、多维化、多层化、立体化的情况。在尽情享用科技的成果和它显示的神奇魅力下,一些人相当程度上忘记了、淡漠了、丢失了、忽略了去学习、效法、崇尚、弘扬它背后的、内在的科学精神。在浮躁、功利和享乐的世俗社会中,求真、勤奋、刻苦、执著、锲而不舍的毅力、意志力、实事求是、为学术而学术、把学问当作一生的志向、把精神的追求置于物质之上的情趣和境界被淡化了。唯科技主义表现在学校教育中只见分;不见人;重技术,轻劳动;重智轻德;重理工,轻人文;重专业,轻基础;重书本,轻实践;重功利,轻素质。

大学生的价值困惑是社会成员价值困惑的折射:

1. 上了大学,不知如何度日?上了大学不再承担高考的重负,天空似乎一下子开阔了许多,有的学生习惯了忙碌,而对这样的自由,不知如何度日,于是整天浑浑噩噩;有些学生父母远在他乡,觉得自己一下子得到了"解放",一心找乐子,弥补"亏待"了自己的三年高中时光,但睡觉前总是感到阵阵空虚。一些学生学习只是为了考试,不明白自己未来的目标。

2. 不知道自己为什么而活着?有的学生十分坦率地说,"大学生就业的困境、社会竞争的激烈迫使我想到的都是不乐观的一面,所以我不愿想,越想就越会有压力,但不想就造成了茫然,造成了没有方向。随着年级的升高,许多同学为了自我增值都捧起了考取各项证书的参考书,物流、口译……但同时也感到迷惑,考证是为了什么?考证真的就自我增值了吗?真的就学到了很多知识技能吗?我不知道自己真正想要什么,不知道自己为何而生存。"这些学生被世俗社会的价值要求和目标浸润着,既感到无奈又不去思考自己究竟将要成为一个什么样的人,应对社会尽什么责任。

3. 金钱与真理孰重孰轻?面对金钱与真理孰重孰轻的困惑,有的学生反思道:"只知道生存不知道生活让我觉得可悲,虽然认定一个人的价值观不能围绕着金钱和权力转,外界的那些怎么也抹不去的金钱至上的风气几乎影响着每一个人的想法。在这样的

形势下,我们不再热心对真理的探求,而更多地关心自己的物质生活质量。正如人们所认为的多挣一块钱、多买一栋房子要比知识真理是什么来得更重要,更实惠。"

4.做人的标准是什么?大学生的信仰是什么呢?一些学生自诉找不到寄托。他们羡慕哥哥、姐姐们的偶像曾经是雷锋,他们曾经像雷锋一样去福利院、敬老院,看着自己擦过的窗、扫过的地有一种说不出的喜悦。然而,"我们这个时代的偶像又是谁?偶像的力量是无穷的,它能改变你、督促你、鞭策你。偶像是一个参照物,没了它我们自然会茫然无助。"

以上大学生的价值困惑仅是实际生活中大学生价值困惑的点滴信息。通过分析,不难看出,大学生的价值困惑着重表现为:在实现了高考这一所谓"人生理想"后所出现的目标迷失和动力的丧失,在面对求职择业的压力与竞争日益激烈的社会现实时的茫然若失与对自我同一性和自我定向的疑虑,在面对五光十色、充斥功利主义、物质攀比的世界时对意义世界追寻的困顿,在面对追求金钱与追求真理的天平时梳理不清它们内在的关联与矛盾,在对待自我与他人、集体、社会的关系问题时容易将自我放大而忽视了他人、集体与社会对自我的重要意义,在理想、信念的追求上,哀叹于崇高正在被世俗所淹没。

一些大学生的价值困惑是一些社会成员价值困惑的折射,他们倾诉着他们的困惑正证明他们在积极主动地思考着、行动着,要改变自己和社会,要完善自身和完善社会。意义世界的失落集中体现在对物质、功利、享乐的崇拜,对精神哲思的漠视。

(二)没有航标的河流

目前我国仍处在社会转型时期,市场经济的发展极大地调动了人们的积极性、创造性,但也诱发了人们的求利心理。况且在我国市场经济运行机制还处在不断成熟、发展的过程中,市场经济的负面影响常常表现为对诚信道德的背离。

市场经济发展的一个基本前提是假设绝大多数人都会在社会

给定的条件下追求自己的利益最大化。当人们长期受限制的求利心理逐渐被"正名"而得到认可,并被看作是社会发展的原动力后,一些人便置良心与道德于不顾,堂而惶之地采取各种手段,最大限度追逐自身的利益,即使损人利己也在所不惜。

媒体的虚假广告比比皆是,甚至可以登上电视台的大雅之堂。人与人之间的关系虚虚假假、互相猜疑,如同电影《手机》所反映的情况那样。假冒伪劣产品、豆腐渣工程到处可见,经济生活中的欺诈、不诚信现象渐渐渗透到社会生活的各个领域。学校不是世外桃源,一些大学生受其影响在所难免。

即伴随着市场经济的发展、经济成分和经济利益的多样化、社会生活方式的多样化、就业岗位和就业方式的多样化,特别是伴随着中国加入世贸组织、与世界接轨的诸多要求、西方文化价值观念愈来愈多地渗透;人们的思想观念,思维方式,价值取向都发生了深刻的变化,呈多元取向特点,社会各领域均存在着程度不等的诚信缺失现象。

在政治领域中,党政领导的决策及实施与各级公务员思想作风和工作中的花架子、形式主义、浮夸、虚报、欺骗、"政绩工程"、"升迁工程"、"工业园区"、"数字出官"等等现象屡见不鲜。在经济领域中,虚假广告、假冒伪劣产品、偷税漏税、走私骗汇、坑蒙拐骗等等现象司空见惯。在法制领域中,也没有信用评价体系、没有失信惩罚制、立法、司法、执法没能很好统一。在文化领域中,庸俗劣质的戏剧、小说、影视作品到处泛滥,一些作家一年居然可以出好几本小说。

讲诚信的人常常被认为是傻子,得不到应有的回报;而那些处处行事与诚信相悖的人,常常能够达到预想的目的,得到意外的好处;曾有一段时间,现代社会坚守诚信未必符合时代精神之论调,在一定程度上居然占据了上风。虽然在党和政府的大力倡导下,诚信作为一种传统美德,在观念上重新得到了尊重,但在实践中,又有几个人能做到?又有谁去约束呢?凡此种种,使一些大学生

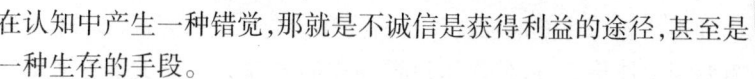

在认知中产生一种错觉,那就是不诚信是获得利益的途径,甚至是一种生存的手段。

这种错觉的影响不断地侵蚀着大学生的灵魂,使一些大学生在道德行为取向上表现的不尽如人意。

最可怕的是,当不守诚信已在某种程度上成为一种生存的手段,当谎言和虚伪在一些时候比真诚守信更适合某种环境并具有更大的生存优势时,就可能导致更大范围的不守诚信。

如今的大学生便是在以"利"字当头的社会主义市场经济初期阶段成长起来的一代,他们不少人受社会中不守诚信行为的影响,认为做老实人"吃亏",是无能的表现,"利字摆中间,诚信撇两边"成了他们的人生哲学。特别是多元化的取向特点,使部分大学生在选择的过程中,怀疑并动摇了对中华民族传统的集体本位的道德信仰,而更多地倾向于西式的自我为中心道德模式,自我意识越来越强,个人主义价值日趋凸显,在处理社会与他人的关系时,往往从功利主义出发,把个人利益摆在首位,首先考虑的是否有利于自我,"利"的目的性,主导着他们的行为和观念。

由于社会诚信状况不够令人满意,甚至有部分的缺失,这种环境对那些自身素质较低、自律能力不强的大学生来说,起到了潜移默化的作用,这是造成一些大学生失信的重要原因。同时,我们也看到:严重的信仰危机使得诚信美德"低下了他高昂的头"。有了坚定且科学的道德信仰,才能恪守诚信的原则。但是片面强调经济发展而忽视人文精神的经济主义的价值导向导致了拜金主义的盛行,使得"只信钱不信其他"的人们无所畏惧地争名于朝,争利于市,影响极坏。

(三)美丽的天空任我翱翔

近几年来,尽管国家对高校思想政治教育进行了大胆的改革和创新,取得了一定的成效。但是诚信教育的效力仍在下降,诚信教育无论在方法或方式上以及德育的综合评价上都流于形式,存在着一定程度的抽象化、空洞化、形式化的弊端,未真正落到实处。

这种道德教育片面地强调社会需要和社会价值而无视大学生个体需要与个体价值,过分注重道德知识的掌握而忽视了学生道德实践能力的培养,导致道德教育效果不佳。这恰好给学生一种误导。对"德"不过硬,使得频频出现在校园里的违背诚信的现象得不到有效的制止。

在市场经济的影响下,高校中的一些老师也是一切向"钱"看,教育价值观、职业道德、专业水平都出现了问题,这些教师千方百计尽可能多地上课,尽可能多地兼职,尽可能多地赚钱;不愿、也抽不出时间接受新东西,不备课就给学生讲课,随意推迟或拖延上课时间,把生活中的情绪带到课堂;这些教师在完成这些科研任务时,"八仙过海,各显神通";急功近利、不择手段,如买版面发表文章、买书号出版著作、改编文章、甚至公然抄袭或剽窃他人成果等等。教风不认真、学风浮躁、学术道德卑下,教师的不守诚信形象,难免程度不等地在学生身上留下烙印或痕迹。

目前高校许多领域和部门存在着一定的漏洞,特别是一些与学生联系比较密切的职能部门,由于制度不健全,管理松懈,缺乏监督机制,客观上为学生不讲诚信提供了可乘之机。学校为保障教学而制定了各种规章制度,但在执行过程中常常出现偏差。

例如,在奖学金评定中的不实事求是,干部评选中的暗箱操作等等现象都会潜移默化地影响对大学生的正面诚信教育,并成为部分大学生诚信缺失的重要诱因;部分学生钻学校诚信机制不健全、不完善的空子,不按章办事、拉关系、走后门、"捞便宜"在他们眼中早已不是什么羞耻之事。学校为保证就业率,对学生"自荐材料"的"注水",也视而不见,毕业鉴定表中一律都是"表现良好,学习认真……"。管理机制问题,无法在学校形成良好的诚信氛围,一定意义上表明了学生与学校诚信意识的"双输",其结果只能加剧大学生的不诚信心态与行为。

大学生诚信的缺失,与在校期间的潜移默化是分不开的,大学生如果没有在学校进行良好的就业指导,就很容易在没有航标的

天空中迷失方向。

(四)理想与现实的背离

2000年,从基金黑幕、上市公司造假帐、南京冠生园月饼里用陈年馅等事件所带出的诚信危机,无不在拷问着整个社会良知:究竟我们需不需要诚信?丧失诚信使我们社会正在付出多大的成本?无不在向我们的制度、我们的管理提出挑战:如果我们没有一套行之有效的"诚信规则",我们就会在市场经济中竞争失败,而这种失败失去的不仅仅是金钱,更是一个国家和民族的尊严。

对于大学生在就业过程中出现的问题,人们都在思考,这是不是诚信制度的不完善所造成。

我国的信用制度和信用管理体系的基础设施还相当落后,个人信用征信、资信调查、资信评估以及信用管理等信息服务产业刚刚起步,政策不配套,规则需完善,法律支持不到位,信用市场的发育存在各种行政和非行政的壁垒,很不适应市场经济对信用建设的迫切需要。对守信、失信的企业和个人,一方面缺乏失信者的信息记录,另一方面也缺乏有效的奖惩机制。正因为如此,有专家指出,整个社会的信用缺失在于信用制度特别是个人信用体系尚未建立,法制不完善。

社会缺乏对学生信用程度的评估机制、缺乏对诚信的缺失进行有效的监督、制约机制是造成大学生不诚信的主要原因。

如面对违约大学毕业生,用人单位也通常没有什么办法去制约他们;一些人签约的目的就是急于寻找工作,先解决户口问题。一旦等他们有了更好的归宿,就义无反顾地与老东家分手了,给用人单位带来了莫大的损害,破坏了就业市场的正常秩序。

在信用制度健全的国家,一个人一旦在信用档案中留下污点,一生都将为此付出沉重的代价。

美国诚信体系有了160多年的历史,已经发育成一个良好的诚信运作机制和评估体系。美国十分重视学生的学术诚信教育,各大学都制订了学生学术诚信条例。条例对考试作弊、论文抄袭等学术不诚实行为,从定义、表现形式到处罚规则和申辩程序,都做了详尽的规定。条例均印制在新生手册中,在报到之际发给每一位新生。新生在入学时还要签署学术诚信保证书。

国家的诚信制度已经深入到日常生活的各个环节。比如大学生租房,房东看了学生的信用状况后,成交便简捷得多;银行等机构会根据个人守信的长短和高低来决定贷款数量的大小和利率。在一个庞大健全实用的信用体系中,人人因此而谨慎自己的言行,决不允许自己有任何的失信行为。

日本的诚信教育几乎贯穿人的一生,在家庭中,父母经常教育孩子"不许撒谎";到学校里耳濡目染的是"诚实"二字;在公司里"诚信"是普遍的经营理念。

但在我国,无论是从立法还是执法上,都不足以将失信成本提高到"无利可图"的程度。因为对失信惩罚不到位或惩罚力度太小,使失信者获得的收益大于失信成本,让不诚信者有利可图,为大学生树立了负面榜样。由于缺乏信用机制,信用得不到有效维护,社会不良现象影响学生,大学生进入社会后又影响社会环境,使得社会和大学生的不诚信行为短时间内难以得到有效遏制。

当然,个人信用制度的不完善,信息的不对称,是大学生诚信缺失的诱因。人与人之间存在着个体的差异,人与人在同样条件下获取的信息也是不同的,在每次行为中,人与人所能得到的资源和要素也是有差异的。

我们可以借鉴成功建立诚信监督机制国家的经验,取其长处,结合我国的国情,加以灵活运用。

(五)皇帝的新装

每个人的成长与父母老师的教育和影响是分不开,诚信教育也是一样。父母应该做诚信的表率。

俗话说:"上梁不正下梁歪"。英国教育学家斯宾塞也说过"野蛮产生野蛮,仁爱产生仁爱。"说的是榜样的作用。父母是孩子最亲近的人,也是孩子效仿的第一榜样,是最直接的诚信品质的

播种者。因此,父母对孩子进行诚信教育的同时,要身体力行,通过自己的言行来对孩子起到示范教育作用。首先,父母应该对孩子讲诚信。父母答应孩子的事情就一定要做到,如兑现不了,应及时给予解释、向孩子道歉,让孩子了解和原谅父母。否则,孩子会对父母产生不信任感,并认为说过的话可以不算数,慢慢地也学会了这样做。其次,父母和家庭成员之间要讲诚信。家庭是重要的诚信培养基地,家庭成员之间以诚相待、言而有信是孩子诚信品质得以生根发芽的关键。另外,父母也要在和邻里、朋友间的日常交往中讲诚信,父母要注意自己的行为,处处保持讲诚信的良好形象。

在孩子的成长过程中,可能会有一些孩子为了逃避某些责骂或为讨别人的欢心说谎话,家长发现后一定要心平气和地处理,切忌不问青红皂白地厉声斥责,甚至体罚孩子。父母还应该尊重孩子,及时肯定孩子讲诚信的言行。对于孩子的诚信行为,父母应该给予激励,孩子会感到父母因为他的诚信而快乐,从而更加坚定了他诚信的信心。培养孩子的诚信,应该在尊重孩子、信任孩子的基础上进行。

俄国教育家乌申斯基曾说:"在教育中一切都应以教育者的人格为基础,因为只有人格才能影响人格,只有人格才能形成性格。"学生是最听老师话也最崇拜老师的,往往视老师的话为圣旨,老师的一言一行在无形中影响着学生的心理成长。人格魅力是新世纪教育工作者不可缺少的素质。教育工作者应以高尚的诚信人格影响学生,感染学生,率先垂范,做好表率。只有这样,才不会失信于学生,才能在学生心目中形成榜样人格。人格力量是无穷的,是主动、具体、形象、富有感染力的教育资源,教育工作者的以身作则、言传身教,一定能带领出一批具有诚实人格的高素质人才。

四、春雨润物细无声

(一)不可富而无信

诚信,是一个道德领域的问题。所谓道德,就是要求我们遵照一些约定俗成的规范以约束自己的行为活动,也包括自身对内在心理活动的约束。经济学之父亚当·斯密在《道德情操论》中,就曾经提到了"看不见的手"和"心中的人",诚信也不例外。大学生进入职场,在简历的制作、求职的过程中,就要不断地提高自身的道德素养,用诚信来要求自己,"不以恶小而为之,不以善小而不为",不因为一时的利益而毁掉了自身的诚信。

徽商是明代中叶至清道光年间中国最具实力和影响的一支商帮,曾创造了雄踞华夏商界三百年之久的辉煌。据史籍记载:徽商经营之域,"诡而海岛,罕而沙漠,足迹几半禹内",其地无所不至。徽州六县宋元明清历代致富商人至少有近千人,其中拥资百万的巨贾富商有二百三十多人。在明清时期的江浙一带,商品经济颇为发达,徽商云集,势力盛极,故有"盖扬之盛,实徽商开之"之说。在汉口徽商不但建有豪华的同乡会馆,且在江滨开辟"新安码头",专供徽商停泊船只。在沿江其他城市,徽商也是聚集成帮,称雄市场。

徽商的崛起与迅速发展,虽然与徽商人吃苦耐劳,不断进取以及其庞大的关系网络有着密切的关系,但是,其讲道义、重诚信的经营理念无疑起了关键的作用。徽商在营商活动中,历来看重"财自道生,利缘义取"、"以儒术饰贾事"。徽商吴南坡表示,"宁奉法而拆阅,不饰智以求赢","人宁贸诈,吾宁贸信,终不以五尺童子饰价为欺。"主张诚信为本,坚守以义取利,是徽商以一贯之的儒商品格,也使其获得了良好的市场信誉。

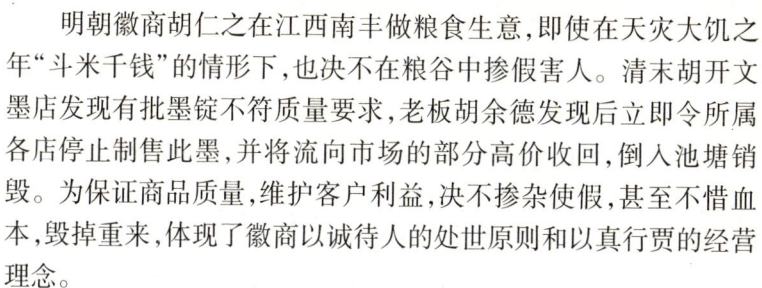

明朝徽商胡仁之在江西南丰做粮食生意,即使在天灾大饥之年"斗米千钱"的情形下,也决不在粮谷中掺假害人。清末胡开文墨店发现有批墨锭不符质量要求,老板胡余德发现后立即令所属各店停止制售此墨,并将流向市场的部分高价收回,倒入池塘销毁。为保证商品质量,维护客户利益,决不掺杂使假,甚至不惜血本,毁掉重来,体现了徽商以诚待人的处世原则和以真行贾的经营理念。

徽商的成功,不断地证明了诚信在经济活动领域的重要性。而即将踏入社会大学生,求职是他们迈进市场的第一步,在这上面表现出不诚信,则是得不偿失的。古人云:"人而无信,不知其可","民无信不立"。在求职过程当中,诚信坦率,不弄虚作假,已经成为整个社会的一种必然趋势,不粉饰、不掩饰自己的缺点,已经成为目前求职的一条成功法则。

李华(化名)是某高校的一名即将毕业的大学生,但是她已经成功地签到了一份自己比较满意的工作。当别人问起经验时,她兴奋地说:"是诚信帮我找到了工作"。在这份工作的面试过程中,她主动说出了自己在学校做兼职时所犯的一次严重错误,并且没有打住不说,接着详细地分析了犯错的原因和以后总结经验所取得的成功。在她详细讲述的过程中,面试官先是皱起了眉头,接下来又频频点头,最后终于露出了满意的笑容。后来,李华顺利地拿到了那份工作,后来在跟面试官交流的过程中,面试官就告诉李华,正是她的那份坦率,敢于说出自己的错误的精神以及她犯错后能及时总结经验的态度,为她赢得了那份工作。

(二)永不凋谢的花

作为学生受教育的重要场所,学校在学生的择业诚信的培养方面责无旁贷。中华民族遗留下来的传统美德决定了所有中国高校都将思想道德素质放在了学生教育的首位。但是诚信的建立,仅仅依靠单纯的思想教育是解决不了根本问题的。我们必须有一套有效的机制,将主观的教育与客观的监督体制结合起来,这样才

能达到由被动诚信到主动诚信的过程,才能真正地实现在择业过程中的诚信。

前面我们讲到了美国和日本等国家的诚信教育几乎贯穿人的一生,人与人交往首要的一条就是诚信,与他们相比较,中国高校以往的诚信教育更多的是强调的是思想方面的教育。但是,随着市场经济的进一步发展以及求职、招聘中一些不诚信行为的出现,越来越多的学校已经开始重视有效的信用监督机制,相关的信用监督机制在逐步地发展并不断得到完善。

事例一

济南大学曾经为在校大学生建立了"诚信档案"。2005年,首批拥有诚信档案的一届毕业生将走进就业市场。他们所建立的《学生诚信档案》共有16页,包括学生诚信评价细则、学生诚信承诺书、学生个人情况登记表以及每个学期的学生诚信评价表。诚信评价分为"学习诚信评价"(占40分)、"经济诚信评价"(占30分)、"择业诚信评价"(占30分)三部分,基础分共100分。从抄袭作业、上课迟到早退、弄虚作假到有意迟交学费、不还贷款、自荐书内容不属实、伪造各种证书等近20项不良行为,都将按一定标准扣除相应分数。该校学工部负责人说,他们还将对诚信评价内容进行修改、完善,考虑加上"生活诚信评价"。按照得分情况,学生的诚信分数被分为A、B、C、D四个等级。只有诚信分数评价在A级(91分以上)的学生,才有参评校级三好学生、优秀学生干部、奖学金的资格。学生诚信得分将被填入毕业生登记表,在择业时供用人单位参考。

为了保证"诚信档案"的诚信,济南大学还在各学院成立学生诚信评介中心,负责学生日常诚信教育、管理、评价、监督和奖惩工作。评介中心由主管学生工作的学院党委副书记、团委书记、政治辅导员代表、班主任代表、教师代表、学生会主席6人组成。学生诚信得分、等级在校内公布,让学生来监督。

事例二

与之类似,天津师范大学也出台了一套学生诚信评价细则。与济南大学的相比,多了一个"生活诚信","择业诚信"仍然被包括在内。

(三)与诚信同行

择业是一个学生与用人单位双向选择的过程。求职过程中,所有的应届毕业生共同进入就业市场,共同竞争。残酷的竞争环境,自由的选择过程,给了求职者机会的同时,也就不可避免地为不诚信行为埋下了隐患。

华硕在选拔人才时,注重五大指标——谦、诚、勤、敏、勇。

美国曾经有一名商人说过:一个人可以失去财富、失去职业、失去机会,但万万不可失去信誉。

美国堪萨斯城郊的一所名叫 Piper 的高中,118 名二年级学生被要求完成一项生物课作业,其中 28 名学生从互联网上抄袭了一些现成材料。此事被任课女教师 Pelton 发觉,判定为剽窃,于是 28 名学生的生物课得分为零,并面临留级危险。在一些当事人家长的抱怨和反对下,校方要求女教师提高那些学生的得分,这位 27 岁的女教师愤而辞职。之后,女教师每天都接到十几个支持她或打算聘用她的电话。一些公司已经传真给学校索要当事学生的名单,以确保公司今后永远不会录用这些不诚实的学生。

不诚信就业、修改简历的不断发生,也督促着企业不断完善自身的用人标准以及录用程序。用人单位为了所聘用员工的诚信情况,使出了各种各样的"杀手锏"。

某公司为自己的每一位员工建诚信档案,每一位员工的场诚信档案中都记录了该员工在企业任职期间的工作表现、岗位变动、职位晋升、学习培训、奖励惩罚及离职交接情况等内部资讯,真实反映员工在企业的工作情况。

在上海,一些人才市场,某些用人单位向求职者提出有担保人的要求。在武汉,"求职担保"也相当流行。担保的形式主要有两种:一种只要求担保人写一个担保书并出具身份证复印件;另一种则要求在公司提供的格式化的担保书上签字,并加盖担保人所在的单位或居委会的公章,担保手续必须由担保人到公司亲自办理。

上海人在以后的生活中将持有两张卡,一张是社保卡,一张就是个人的诚信卡,这张诚信卡内记录有个人的简历、业绩证明、金融信任状况、个人还贷能力等方面内容,可以说是一张个人"面子通行证"。

(四)芬芳满天下

一个社会的道德意识,决定了整个社会的道德环境。一种弊病的养成,离不开滋养它的环境。择业诚信的缺失,暴露的择业、就业诚信体制的弊端,但在根本上却反映了整个社会诚信体系的漏洞。外国一些国家在诚信监督方面,相对就做得比较完善。

德国为每个社会成员建立一个社会信用记录,用以监督他们是否遵守社会秩序。德国中央银行设有专门掌管社会成员包括企业和个人信用信息的服务机构,从事信用评级、信用管理等业务。有过不良信用记录的客户在今后的生活中会碰到很多困难,如申请贷款时会被拒绝或者支付高利率,要想用分期付款方式购买一些大件商品时也会被商家拒绝。在日常生活中,如果逃票被查到,就会写入个人的信用记录,成为终生的污点。

面对社会上的种种有失诚信的现象,英国政府和有关机构采取的对策是,加强对欺诈事件的调查和曝光,试图以经济和刑事等惩罚方式来改善社会环境。不合资格的人冒领养老金、救济金,是英国社会福利事业的一大问题。为此,英国劳动和保障部发起了"打击欺诈运动",一旦发现冒领者,政府、救济金发放机构、警察和法院都会采取相应的严厉措施。

社会对诚信的意识在逐渐地加深,越来越多的人从心理上要求诚信,盼望着类似于国外的一套全国范围内的信用评价系统的建立。国家也在不断地出台相应的政策法规督促全社会诚信的建立,我们的社会诚信在不断建立。

2004年,中共中央印发了《公民道德建设实施纲要》,明确地提出了诚信问题,中央领导同志最近在讲话中也着重强调了诚信的重要作用。

郑州市从2005年6月8日起,市民在银行的所有资料都将被录入到一个统一的数据库中,也就是说市民的"信用档案"正式开始建立。记者从省会多家商业银行了解到,各家银行正式连接人行的"人民币银行结算账户管理系统"。今后,市民的信用将实现全国联网。对于"信用档案"的建立,大多数市民的反应是热烈的,大多数的市民都觉得建立一个诚信的社会有助于社会和谐发展,也有助于推动各方面的共同发展。

2004年的高考,所有的考生都郑重地签下了一份"诚信协议",遵照这份协议,所有的考生在考试中都必须认真答卷,不弄虚作假,做到诚信答卷,诚信高考。

北京市大兴区魏善庄的一个小学从2005年6月起为所有的学生都建立了一个诚信基金库,学生每兑现一个承诺,都可以在诚信基金里获得加分。就像在银行里存款一样,学生可以获得加分并记入成长卡里,分数越高说明诚信度越高。

(五)坚定的生涯规划

在大一的时候,小张就知道了现在找工作不容易,所以一进大学,他就拼命为自己充电,学英语、计算机,甚至学驾照,有时还把正常的上课时间给搭进去。可是到了大三,小张却渐渐迷茫起来,不知道自己喜欢做什么、适合什么,觉得"三百六十行",竟然没有一行自己将来可以从事的职业,手里即使握着这个证书、那个资格,也觉得前途一片渺茫。

近两年,无论是本科生、研究生,对毕业分配、找工作都非常关心,甚至发生焦虑的人不在少数,到大学心理咨询中心咨询是否应转专业,或是在找工作过程中产生困扰的学生显著增多。很多学生,一时没能找到生涯规划的重点,容易感到迷茫甚至灰心失望。

生涯规划的重点是要知道"我是谁",并逐渐建立起自己的

"中心兴趣"和个人长项。但这需要一个过程,需要一些探索的时间。较理想的情况是,在中学阶段就开始自觉扩展自己的知识面,培养各方面的兴趣,同时积累一些社会知识,了解部分感兴趣职业的具体情况,为将来的自主选专业打下良好基础。在大学阶段,更要广泛学习,多接触社会,在学习和兼职工作中确认自己的闪光点和真正的才能所在。而不是盲目地追求高待遇或一些社会声望较高的职业,或是只专注于学习一些实用技能而忽视了"中心兴趣"和个人长项的培养和建立。大学生的职业生涯咨询和辅导,既可以个别进行,也可以团体进行,通过一些测评和辅导,帮助大学生从过往的经历中发现自我,思路清晰地规划未来。

社会在不断地向前发展,诚信也在不断进步,拥有诚信,履行诚信,是构建和谐社会的基本要求,也是每个人提升自身道德的必备素质,只要每个人都能够做到诚信,我们将会拥有一个诚信、美好的社会。让我们每个大学生都从自身做起,从择业做起,做一个诚信的学生,做一个诚信的求职者,乃至做一个一生重诚信的公民。

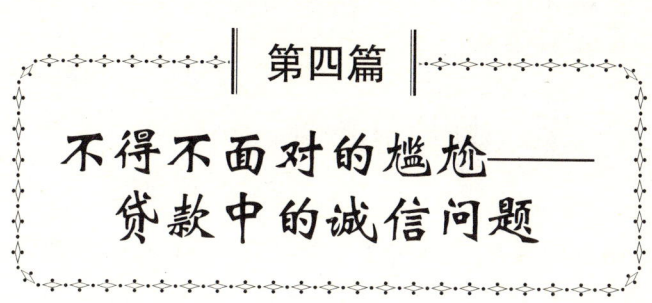

第四篇

不得不面对的尴尬——贷款中的诚信问题

前两天跟一位朋友谈起了当代中国的校园文化,对方不无感慨地告诉我:今天所谓的校园文化,就是披上了漂亮外衣的"钱"文化!

想想看,话虽然说得严重一些倒也是:电脑、手机、数码产品、品牌服饰,早已不再与大学生绝缘;耐克、薇姿、星巴克、哈根达斯,正悄悄地成为了同学们经常挂在嘴边的品牌;恋爱消费、狂热追星、自助旅行、极限运动,更成为很多人生活中必不可少的一部分。

你千万别说这就是当今中国的校园文化,更千万别以为这就是大学生理应享受的美妙年华。因为在它们的背后,都无一例外的写着一个无比俗气的"钱"字。

我国目前的高等教育体制,使几乎所有的高校都集中在城市。来自农村的大学生们无一例外的告别了他们原本熟悉的农田、灶台、拖拉机以及阡陌之间的袅袅炊烟,走进了充斥着高架桥、西式快餐、地铁、时尚杂志、品牌服饰香水化妆品的花花世界。所有人都想融入这个美好的世界,但是他们需要先购买入场券。

大学生没有经济来源,除了靠家长经济支持以外,就是国家贷款,但是当代大学生所受到的诱惑太大,他们中的一部分人根本无法抵御生活的诱惑,加之享乐主义思想已在头脑中扎下根来,追逐

享受已成为一部分学生的生活目标,他们宁肯丢失人生最宝贵的诚信品德,也不肯放弃对生活的享受,于是在一部分大学生身上上演了一幕幕黑色的账。

一、透支殆尽的诚信

1998年闹洪灾,天津轻工学院没有一个学生的家被洪水冲走,但却一下子冒出几十个灾区特困生。一些非贫困生虚报家庭收入、冒领助学金和助学贷款的现象在我国高校已经不再是新闻,甚至一些高校出现了大家争戴"贫困生帽子"的现象。

(一)失传已久的爱心

其实我们的社会并不缺少爱心,而是爱心迷失在茫茫人海中了。在街边的tarbuck(星巴克)小舟记者见到了任女士,当时咖啡馆里正漂着的苏格兰民歌,很容易让人特别想起点什么。她似乎未曾化妆,穿着一身虽不张扬却十分得体的蓝色职业套装——熟悉这种时装的人都会知道,那个颜色叫做midnight blue。

任女士是北京一家期货公司的部门经理,事业蒸蒸日上,家庭幸福美满,在当过"北漂"的人中算是佼佼者了。或许是因为类似的成长经历吧,她对家境贫寒的学子有着一份特别的感情。她曾经资助过若干名大学生,累计金额近10万元,然而一次又一次的伤心使她渐渐对那些向她寻求帮助的人失去了信任。

任女士一见记者就滔滔不绝地说:"在我还在上大学的时候,在一本书上看到过狄更斯的话:'No man is useless in this world who lightens the burden of someone else.'(在这个世界上能为别人减轻负担的人都是有用的)这句话曾经让我很受触动,我相信人活着就应该为周围的人做点什么,无论是认识的人还是不认识的。"即便是从未见过这句话的人,也应该能明白它大概的意思。

"我不是那种习惯把自己藏在酒吧漂亮的屏风后面,一边喝

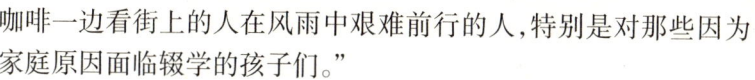

咖啡一边看街上的人在风雨中艰难前行的人,特别是对那些因为家庭原因面临辍学的孩子们。"

任女士的第一次产生以个人名义捐助贫困大学生的念头是在2001年。当她在报纸上得知一名来自海南的学生因为经济问题面临辍学时,内心受到了极大的震动,她立刻拨通了报社的电话。几天后,经多方辗转,终于见到了这名同学乔。

"那真的是一个很可怜的孩子,中等个儿吧,但却特别瘦。皮肤黑黑的,他当时穿的裤子很明显是由什么人——大概是他母亲吧,穿过之后又传给他穿……"

在倾听了乔的诉说,看到其优异的成绩后,任女士当即决定每月资助其生活费300元,以帮助他完成学业。在最初的半年里,乔还能经常打电话给任女士,向其汇报自己的学业;任女士也很欣慰,待其向亲生儿子一般,有的周末还会请他到家里玩。然而随着时间的流逝,乔与任女士的主动联系越来越少,而通电话的内容也多是抱怨钱不够花。任女士的资助也从300元升到350元,再到400元……最终达到500元。此外,他还多次以买书为由向任女士额外支取现金。但是任女士却觉得,只要乔能更努力的学习,成长成一个对社会有用的人,多出一点钱也无所谓,所以每次给他钱时,只是叮嘱利用好它们,就不再多说什么。

然而,一次偶然,任女士在街上碰到了乔。当时,她正开车路过一条繁华的商业街,在一个十字路口等红灯的时候,忽然看见一个熟悉的身影从车前的人行横道闪过,穿着时髦,包括当时颇为流行的一种肥肥大大的牛仔裤,其身边还搂着一个同样时尚的女孩,两人嬉笑打闹着,从马路一侧的人流中,钻入另一侧的人流。而且更加不可思议的是,那人似乎就是——乔?况且当时又并非周末……任女士的思绪很快被后面汽车的喇叭声打断,这才重新发动了汽车。

几天后,满心疑惑的任女士来到了乔的学校——但这一次却不是来探望乔的,甚至未曾告诉他。她直接找到了乔的主管老师,

方才得知,这一年多来乔在学校已经根本不再像一名来自贫困家庭的学生,而且学习成绩也大幅下降,因此学校已经停止了对乔在学费方面的补助,然而乔的生活依旧如故。最近,乔的确在追求一个女孩子,并且为此经常旷课。更让任女士感到难以置信的是,乔竟然还伪造了成绩单以骗取任女士的好感……就这样,任女士不得不终止了对乔为期一年半的帮助。

"我上大学的时候,只知道读书,根本不懂如何花钱——当然,也是因为本来就没有钱。好像也有男生追过我,可是恋爱的事我根本想都不敢想。我毕业以后才敢用潘婷来洗头发,二十四五岁了才知道口红和香奈尔5号。我一直以为,贫困生的生活就应该是这样。"看着手中的蓝山咖啡飘起悠悠的香气,任女士不无感慨地说。

"或许有人会觉得我是因为得知了他穿 Nike 或者佐丹努,做了我年轻的时候想都不敢想的事,出于嫉妒就不资助他了——不是的!是因为他在欺骗我。把那些他说要买书的钱花在了赶时髦、追女生上,还伪造成绩单!"任女士斩钉截铁地说,"他不该骗我!"

另一位让任女士伤透了心的人是家住文昌市的小东。2003年,小东以优异的高考成绩考入北京某著名高校,可是7000多元的学费却令家境贫困的他犯了难。本着"不让一个学生因为交不起学费而退学"的原则,学校方面暂缓了小东的各项费用,然而学费的重担还是像一块石头,压得小东喘不过气来。他甚至为了能多挣到一点钱,白天上课晚上默默的出去打工。就这样,小东的事迹一度成了京城新闻媒体的焦点。通过记者,任女士与小东一起来到中国工商银行北京分行某网点,将7200元现金存入小东用来缴学费的银行账户,并承诺以后还将支付小东大学四年的其他学费。与此同时,任女士还帮助小东联系了一份每月400元的家教,应该说,基本可以解决上学期间的生活问题。小东也当面表示,他不会再接受其他社会资助。

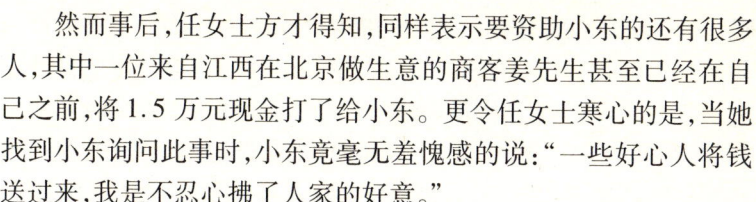

然而事后,任女士方才得知,同样表示要资助小东的还有很多人,其中一位来自江西在北京做生意的商客姜先生甚至已经在自己之前,将1.5万元现金打了给小东。更令任女士寒心的是,当她找到小东询问此事时,小东竟毫无羞愧感的说:"一些好心人将钱送过来,我是不忍心拂了人家的好意。"

"我觉得这种行为和诈骗没什么区别。"此时,她略显激动地继续说,"其实他就是在诈骗!被诈骗的不光有我,还有其他人,甚至包括那些还没来得及送钱给他的人。"

任女士现在还继续帮助着两个孩子,其中一个已经两年了,另外一个也半年多了。她不愿将它的行为称为"资助",反而更愿意当作是一种帮助。因为"资助"往往只是一种金钱上的给予,而帮助则更多的是心灵上的交流。

任女士还表示,不过她短期内不会再考虑开始新的帮助了——除非那些受助者可以让她百分之百的信任。

"如果真心付出是一种罪,我怀疑除了自己我还能相信谁……"此时心情很容易地随着街边的店铺里飘出林忆莲的歌声,弥散在夜色之中。相信任何人此时此刻的心情都难以归于平静。其实我们的社会并不缺少爱心,而是爱心迷失在茫茫人海中了。

(二)遗忘多时的贷款

当我在众人眼里失去了诚信的时候,我才发现原来我已一无所有。——小白

小白是某大学的应届毕业生。半年前,他在校园招聘会上如愿以偿的被国内一个知名大企业录用。然而,现在的小白却一点也不快乐,他一直在为毕业后的所作所为而懊悔不已。事情还得从小白准备找工作说起:

大四整整的一个学年,小白和他的同学除了作毕业论文,就是忙着找工作了。看得出来,小白似乎并不太着急。原来,他早已心有所属——每年国内一个知名的大企业都会到小白的学校来招

聘。小白所学的专业与该企业的需要十分对口。而小白各方面条件都还不错,尤其是自己的学习成绩更是过硬。小白相信自己在这方面一定会得到用人单位的青睐。事情也正如小白所预料的一样,他顺利的通过该企业前几轮的选拔,在最后的面试中,他被该企业人力资源部主任亲点,进入该企业工作。

就这样,他来到了新的城市,走上工作岗位。一切都显得格外一帆风顺,使他渐渐淡忘了自己曾在升入大四前领取过一笔国家助学贷款。而当时贷款的原因其实并不是因为他家里交不起学费,只是他看到别的同学申请了,而且其中有很多家境比自己还好得多。他便把国家的助学贷款当作了一种不占白不占的"便宜",丝毫没有想过日后还要偿还的问题。离开母校后,他再没同银行方面联系过,也没告知对方自己联系方式的变更,更不用说按期还款。

然而,正当小白的事业刚刚起步,一切工作都如火如荼地开展时。银行的一封寄给他的信却突然寄到了他的单位。原来,银行通过小白的母校查到了小白的工作单位。而这封信又恰恰被他的主管领导注意到。当领导得知银行的来信是催促小白按期还款时,对他的看法不禁发生了改变。"我们的企业是以诚信为本,立足市场的。如果我们的业务骨干连念书时欠下的贷款都不愿偿还,我们整个企业的诚信又从何谈起?"怀着这样的想法,该主管取消了小白原本已经初步确定的升职,周围同事对他的信任也大打折扣。虽然在意识到问题严重性之后,小白即使开始了贷款的偿还,但是仍旧难以改变单位领导和身边同事对自己不诚信的印象。最终,小白在巨大的压力之下,不得不辞去了在该企业优越的工作岗位。

小白的一句话令人印象尤其深刻:"当我在众人眼里失去了诚信的时候,我才发现原来我已一无所有。"在大海中航行的小船,如果找不到自己的坐标,弄不清经度和纬度,就会迷失航向。生活在丰富多彩的校园中的大学生,要想树立正确的诚信观,也需

要找到诚信的坐标。在我们今天的高校里,和小白一样,把国家助学贷款当作一种"福利"者,估计还大有人在。希望大家切莫像小白一样,直到一切都失去后才幡然若悟。

(三)渐渐消散的春雨

春雨未能救人水火,反而变成了劫贫济富的工具。

2005年8月的一天,对小红家而言,是个先喜洋洋而后灰溜溜的日子。金榜题名、光宗耀祖的小红,更是一整晚都以泪洗面。

小红在海南省某市一所中学读书,今年她以优异的成绩被北京一所高校录取。她的父亲为庆祝小红考大上学,在县城的某大酒楼摆起了"升学宴"。然而令人意想不到的事,这桌宴席的主角,竟是刚刚获得了被称为及时"春雨"的西部开发助学工程指标,将获得共计20,000元人民币以帮助其完成学业的"特困生"。

小红的申请表上写着:父亲是农民、母亲常年生病、家中人均月收入不足80元⋯⋯然而该大酒楼酒席规格是300多元一桌,加上烟、酒、饮料后约500元,当天共设了20桌,核算下来花费就是近万元。

通过进一步了解,小红的家早已离开了农村,在县城有一栋二层小楼,而父亲也是当地有名的商人。在她家旁边一家杂货店的老人指着马路对面一幢房子说:"那个漂亮的楼房一楼就是他们家的——他们家是开批发店的。"顺着老人手指的方向可以看到马路对面一家占有两间铺面的副食商行。"老钟非常有钱,这个商行的门面是他花30万元买的,加上里面的货差不多要50万元了,是个大老板。而且钟老板在县人民医院附近还盖了一幢楼,他们兄弟俩都住在那里,每人一幢楼房。"

而据小红的大姐小青讲:批发店并非小红家所有,而是她丈夫出钱,以她的名字在工商局注册开的。"我家是曾经辉煌过,但现在负债累累。"小青说。在父亲跑果品运输发财后,全家便搬到了县城石碌镇盖了新房。2003年非典期间,父亲把房子抵押贷了25万运销芒果,结果赔了十多万。后来又借债做其他生意,仍一路亏

本。如今已债台高筑,债主在被查封的房子里安营扎寨,父母没有收入,若不是亲戚接济,这个家早就垮掉了。

据了解,小红在高中也曾参加过扫厕所之类的勤工助学,并且基本每学期都获得400元的奖学金。她本人也反对父亲铺张浪费置办酒席的行为,害怕生出事端,没想到被发现。2005年9月10号是她启程北上的前一天,她仍旧以泪洗面,害怕她在大学中会受到怎样的目光。

作为一家之主的小红的父亲,对此事只是简单地辩解自己不是政府官员,办酒席也不算违规,便愤愤地离去了。

看来,小红也确实有她的委屈。但有一对矛盾不可回避:如果她家穷,大摆宴不合理;如果富,申请补助不合法。明知不好却不阻拦或阻拦无效更不符合情理。假如她家人犯罪她是否能以阻拦无效来逃避责任?

无论如何,还有一点可以肯定:小红家的情况不应该被划入西部开发助学工程帮扶对象之列。而且小红的申请书上所写的"父亲务农"、"家庭人均月收入不足80元"有虚假嫌疑。这一事件在当地造成了极坏的影响,政府所称的"春雨",甚至被当地老百姓戏称为劫贫济富的工程。

然而,小红又是如何顺利地进入助学工程的公示名单的呢?

据了解,海南省委宣传部、省文明办、省教育厅曾于当年8月派出调查组,深入93个村庄和16所中学,实地查看了93个拟受助学生的家庭(占推荐学生总数的58.1%),并随机询问了100多名村(市)民。但是,钟小红恰好不在其内。

大酒楼"升学宴"事件曝光后,省里相关人员表示,曾委托昌江县文明办、宣传部和石碌镇政府调查,得到的情况基本与媒体报道的一致。但是,昌江县文明办黄主任却说,他们并没有接受任何人的委托处理此事。而且小红是在海口市申请的,不属该办管辖范围。

对此,省文明办一位负责解释说:西部开发助学工程是首次在

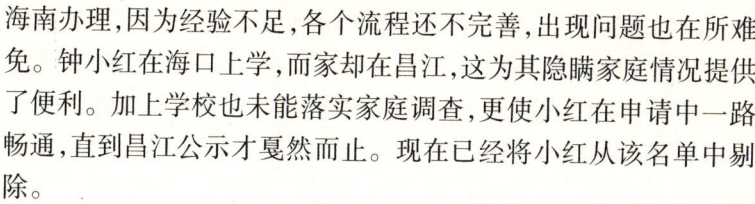

海南办理,因为经验不足,各个流程还不完善,出现问题也在所难免。钟小红在海口上学,而家却在昌江,这为其隐瞒家庭情况提供了便利。加上学校也未能落实家庭调查,更使小红在申请中一路畅通,直到昌江公示才戛然而止。现在已经将小红从该名单中剔除。

作为本次工程的最初一级申报单位,小红的学校也同样十分无奈。高三年级的许老师说,从发放申请表到确定申请名单,仅有短短两天时间,他不可能查清每个申请学生的家庭情况。即便在平时,一个几千人的学校,要求对每位学生的情况都了如指掌也很困难。所以,老师只好以学生的平日表现作评判。小红在校三年一直成绩优秀,和同学关系融洽。她住校生活很清苦,学校便每月发给她50元的少数民族补助,班主任也不时给她50元~100元的个人资助。她自己如不实说,谁也料不到她家竟是这样的情况。

尽管各个方面都有自己的理由,都有自己的难处,但我们应当看到,这一事件的影响是很坏的。父亲经商、家里拥有两层楼房和店铺,这样的家庭无论如何也算不得特困;上万元的酒席也绝不是月收入不足80元的人办得起的。如果不是有媒体及时曝光,国家为扶贫助学而洒下的"春雨"就真的被这样"济富"了。现在虽然有一个钟小红被曝光了,但在我们现行的助学体制里,是否还隐藏着更多的钟小红?到底有多少本应救人水火的资金就这样的被"济富"着?一边拿着国家的贷款维持生活,一边却又超前消费享受生活,这种畸形的生活态度确实令人嗔目。但是,这毕竟是大学生中的极少数。应该看到,现实中恪守"诚信"、追求"诚信"那感人的一幕幕就在我们身边上演……

二、人生中的坚守

从前,有一个青年,他不相信任何人,也没有任何人相信他,他感到非常孤独。一日,青年在大海边散步,一位老者叫住了他。"年轻人,你为什么如此痛苦?"老者问。青年人道出了原因,老人听过后,沉默了一会,随手从地上抓起了一把沙子,抛向空中。沙粒随风消散,散落在海岸上不见了踪影。"你能找出这些沙子么?"老人问到。年轻人苦笑了一声,摇了摇头。这时候,老人从怀里掏出一颗珍珠,扔向远方。"你能找到它么?"老人又问道。顺着老人抛出的方向,年轻人一眼就看到了那颗珍珠在沙滩上闪耀着光芒。一阵短暂的沉默后,年轻人幡然若悟道:"我明白了,我明白了。"此时,老人也露出了欣慰的笑容。

　　一颗沙粒掉在地上,再想找到它可能颇费功夫。但是,一颗珍珠掉在地上,我们一眼就能发现它。在丰富多彩的校园生活中,那些具有诚信品格的人,就如同沙粒中的珍珠一般,往往能在众人之中脱颖而出。也自然能赢得别人的尊重、信任。在人际交往中,拿出你的真诚来,你将不会缺少值得信任的朋友。

　　(一)十二年诚信的震撼

　　有一首经典的老歌这样唱到:"你从哪里来,我的朋友。"诚信,是我们可以终身依靠的朋友。它并不是凭空产生的,也非一朝一夕所能养成的。它的出现需要舞台,需要环境,也需要时间。它是一枚凝重的砝码,放上它,生命才能不再摇摆不定,稳稳的倾向一端。

　　2005年底,在中国的大地上传颂着一个响亮的名字,他自立自强的精神感动着所有的中国人,一时间就连"超女"的炒作也被他的事迹所覆盖。他就是我们大学生的楷模——洪战辉。

　　十多年前,河南一个农村家庭遭受重大变故:父亲突发间歇性精神病,饱受伤痛的母亲不辞而别,家中还有一个年幼的弟弟和父亲病后捡到的遗弃女婴需要照顾……这个家庭的重担压在当时只有13岁的长子——洪战辉身上。他用稚嫩的肩膀担起了全家生存的重担,既要照顾精神失常的父亲,又要抚养嗷嗷待哺的小妹妹,更要完成自己的学业,经历艰难困苦无数,居然一路支撑下来,

这种道德的力量震撼了所有人的心灵。

　　现实生活中,总有许多人面对生活的困境完全期待别人的帮助,把别人的帮助看成理所当然的事,并且心安理得的接受。洪战辉这个年仅13岁的少年却没有被吓倒,反而更加勇敢地挑起了家庭的重担。经历过无数艰难困苦,砥砺了他乐观坚强的性格。不但自己考上了大学,还把拣来的妹妹养大,送进学校读书。尽管生活过得相当艰难,但洪战辉却从来没有申请过特困补助,还多次拒绝了好心人的捐助,在他看来,"一个人自立、自强才是最重要的。"

　　洪战辉的动人事迹迅速传遍了大江南北、长城内外,甚至海外的华人也在网上留言,希望能够结识并帮助洪战辉。洪战辉说,直到2005年12月7日早上,他才知道他的故事在社会上引起广泛传播。在浏览了新华网、新浪网广大网友的留言后,他向广大网友写了一封感谢信,委托《郑州晚报》发布。洪战辉平静地谢绝了捐款。对于他来说,最困难的日子已经过去,现在纷至沓来的援助似乎都已经"迟到"了。

　　各位关心着我的朋友们:

　　我是洪战辉!非常感谢大家对我的关心!不知为什么,今天晚上总是睡不着,我认为我只是一个普通人,做的是一个普通人应该做的事情,没有什么轰轰烈烈,只是默默地走,不愿放弃。我所有的思维和做法也是一个普通人。

　　有些事情我也想不通,普通人就应该做普通的事,尽自己应该尽的责任,这有什么奇怪的。要奇怪的应该可能是现在一些普通人不去做或者不愿去做或是不敢去做普通的事情,要么是不去尽、不愿尽,不敢去尽作为一个人应该尽的一点责任和义务。做人应该有责任心,能担多大的责任,方能成就多大的事业,我认为就是这个道理。

　　大家不必要说三道四,也不必要感天动地。我作为普通的人,还会一如既往地去做我该做的事情,去尽我该尽的义务和责任,平

和、静心、无悔、无愧地走完这一生几十年,不是很好吗?

关于为我捐款的事,我的态度是,我决不会在网上和媒体上公布自己的账号,也请大家务必注意,去年,就有人冒充我的老师,以我的名义在网上公布捐款账号,我看到后非常生气,还报了警,请大家看到这样的捐款账号,不要相信。

不接受捐款,是因为我觉得一个人自立、自强才是最重要的!苦难和痛苦的经历并不是我接受一切捐助的资本!一个人通过自己的奋斗改变自己劣势的现状才是最重要的!我现在已经具备生存和发展的能力!这个社会上还有很多处于艰难中而又无力挣扎出来的人们!他们才是我们现在需要帮助的!

再次谢谢大家!真心感谢大家!大家让我看到了温暖和希望!有你们这些具有爱心人的存在,我们的国家和大家还有自己的小家定会越来越幸福!谢谢!

洪战辉
2005年12月8日凌晨1时

洪战辉说,他之所以不愿意接受别人的捐款,还有一个比较自私的原因,就是怕自己接受别人的捐款后,自己会有一种惰性,把自己的创业和自立精神磨灭掉。

听着洪战辉的话,看着洪战辉艰难走过的十余年,我们看到了夺目的道德光芒。人们坚守道德,这时是一种信仰和能力。洪战辉动人心魄的事迹让我们看到坚守道德的可贵,更让我们看到了坚守道德的巨大代价。

(二)平凡背后的美丽

贫困既不是耻辱,也不是光荣,而是一种平凡,会折射出不平凡美丽的平凡。

坦白说,欧阳叶叶算不上是一个标准的贫困生——因为她没有所谓的"三级贫困证明"。但是她的家庭拮据却是千真万确的事:父母均务农,没有可靠的经济来源,她和妹妹都在上大学,每年的开销自然不是小数目,除此之外还有一个弟弟马上就要升入高

中,即将成为家里新的纯消费者……

大一刚刚入学的时候,其他同学纷纷上交了一份又一份千篇一律的家庭情况自述,其内容无外乎是家庭如何困难、如何缺少劳动力、有多少兄弟姐妹云云,其目的也不过是能得到一份或多或少的减免学费、XX助学金罢了。唯独叶叶默默地选择了沉默,除了申请了一份国家助学贷款之外,她再没有接受其他任何资助。我们是学会计的,对一些金钱方面的问题会格外敏感。起初,作为她的舍友我多少有几分为她鸣不平的愤怒,但在随后与她共度的日子里,我发现自己渐渐被她的生活态度所感染。不知有多少次,在夜阑人静微雨轻叩窗棂的时候,我忆起那些每日发生在她身上点滴,竟会悄然地为之感动。什么样的感动呢?不是同情,因为只有弱者才需要同情,她以她优异的成绩和自强的生活证明了她并不是弱者;相反,她承受了比我们大很多的压力,却做出了比我们更优秀的成绩。

一个周末,叶叶从家教归来时,已经是晚上10点多了。我实在忍不住,便问她:"为什么你不像其他人一样以一个贫困生的身份心安理得的享受一些国家给予的补助?要知道有很多申请的补助的人,实际的家境要比你好很多呢!"

她告诉我:面对着几万块的学费和生活费,还有家里的日常开支,想到昂贵的费用会压得全家喘不过气来的时候,她也曾想过要去开一份特困证明。可是父母的一句话却让她这个自以为是条"光明之路"的想法退缩了:"你以为这么容易吗?首先你要想到的是还有比我们更贫困的人;其次你要明白,贫困不是一种耻辱但也不是一种光荣,我们要靠自己的力量去战胜贫困!"

或许是父母的要求吧,抑或是她自己决心对自己的人生负责吧,她没有带上可以为她带来补助的特困证明,却将一张纸贴在了衣柜的内面,上面记着她随身带来的10,000元是如何凑齐的:家里所剩无几的积蓄2,500元,卖掉两头猪1,300元,二叔借来1,000元,舅舅家出了1,500元,村里两个好心的村干部每人借了

500元,邻家的叔叔借了1,000元……

她告诉我,她曾经与父母站在农贸市场的摊位后面卖着自己辛辛苦苦种来的东西,一站就是一整天。当她离开农村来到城市以后,才明白在城市里的日子,没有钱真是寸步难行!她会守着每分钟两毛钱的公共电话不打,而走上两个标准操场跑道的距离到每分钟0.15元的长话超市给家里打电话。许多次,她压抑着自己花钱的欲望,节省每一分钱。或许是父母教会了她,亦或是生活教会了她:"贫困不是耻辱,但也不是光荣。"

虽然叶叶是贫困生,但是她也要活得自由自在。在贫困中,她学会该怎样去摆脱它,该怎样去生存,并自信贫困一定会离我远去。当别人穿着名牌,用着手机的时候,她不嫉妒,也不自卑,因为她明白"内心实在"才是最重要的。叶叶常会告诉我们:"我快乐着我自己。我过着富人所没体验过的生活,得到别人不能得到的东西!"

六月的校园充满着离别的气息,凤凰花的花香遮不住依依惜别的感伤。毕业在即,我选择了读研,而欧阳叶叶已经通过了宝洁公司的初试和复试,如不出意外会远去千里之外的一座城市生活。我们都即将踏上人生的征程,相信我会在以后马蹄扬尘的十字路口忆起自己曾与欧阳叶叶这样的一个贫困生朝夕共度四年的大学时光。在这四年里,她在自己辛勤耕耘收获的同时,也教会了我很多东西。他的父母告诉她:"贫困不是耻辱,但也不是光荣。"而又是她告诉了我:贫困是一种平凡中的不平凡。

远远地看着朴素的她在同学之中大方地与傍人说笑,我蓦然的觉得她是我们之中最美的——包括一种平凡的美和一种不平凡的美。

(三)时刻坚守的承诺

诚信是一个人一生的财富。——文轩

文轩是北京某高校的毕业生,在一家公司上班已经两年多了。因为家境贫困,四年的大学时光有一半是依靠国家助学贷款完成

的。按照文轩和银行的约定,她应当在毕业四年内全部偿还银行贷款。根据她现在的收入水平,两年内就可以完全还清。但文轩没有这样做,她决定按照合同约定,一笔一笔的还清贷款。对于还款,文轩有着自己的想法。

事情还得从文轩第一次贷款时说起。当时,学校邀请到银行的专业人士,为所有贷款的同学讲解有关贷款的知识。讲座给文轩留下了深刻的印象。她知道了一个从来没有和银行打过交道的人,她的信誉不如在银行有过信用纪录的人;一个按照约定还款的人,比其他方式还款的人,在银行的信用度要高。细心的文轩敏锐的感觉到良好的个人信用对日后成功的重要意义。她决定认真地把握现在,从眼前的事情做起。

很快,文轩就获得了银行贷款。与别的同学不同,文轩非常重视与银行的联系和沟通。家庭地址变了,联系电话变了,文轩总会及时的与银行联系,对自己的信息进行修改。毕业时,文轩主动向银行通报了自己的工作单位以及联系方式。她认真的做好眼前的每一件事,努力维护自己的良好信用。原来,文轩早就想好了,不久,她将开设属于自己的公司。它需要得到银行的支持。文轩很庆幸自己能在大学期间就能有机会为自己在银行的信用记录不断加分。她自己对未来能从银行获得一笔新的贷款充满信心。

古人云:"不积跬步,无以至千里;不积小流,无以成江河。"诚信品格的锻造不是一朝一夕形成的。文轩的故事告诉我们,诚信品格的锻造,良好信誉的形成,需要我们把握每一次遵守诚信的机会,成为一个诚信社会的合格人才。

《周易》上说:"人之所助者,信也。"你对社会严守信誉,银行自然也会对你以诚相助。相信在不久的将来,文轩必能实现自己拥有一家自己的公司的梦想。

二、诚信之花何以枯萎

大学校园如同人生的伊甸园,既有美妙的生活,也有危险的禁果。那么到底有多少人在偷食诚信的禁果呢?

(一)大学生到底欠了多少钱——大学生助学贷款还款情况简介

中国农业银行成都分行:大学生拖欠贷款比例达5%;

中国工商银行北京分行:大学生拖欠贷款比例达10%;

长沙中南大学:首批173人贷还款,第一期还贷率仅为26%。经3个多月银行和学校共同催收,仍有61人没有还贷,还贷率仍只有64.7%;

华南农业大学:96、97、98届毕业生应还贷学金总额为142.5万元,到1998年7月,实际回收71.9万元,回收率只有50.47%;

海南省:2000年开始发放贫困生助学贷款的现正遭受着一个极低的还贷率-37%。

据悉,工商银行北京分行从1999年始向各高校发放贫困生助学贷款。当时北京市共有43所学校和工行签订了合同,贷款总金额达4.3亿,毕业时需将就业单位地址及时通知工行,毕业后一年内开始持原有贷款存折按季度存钱还款。截止到2002年6月,工行已经按合同向北京市发放了1.8亿元款,从2001年始,有125名的学生进入还款期,但迄今仍有119人没有还钱,占到近10%,第一季欠款金额共计10.3万元。

据统计,1999年至2004年中,国家助学贷款累计发放52亿元,但还款率各家银行都难以启齿,最差的只有30%。

有人曾问过北京农行闵行长:"为何助学贷款给人的印象是雷声大、雨点小?"她委婉地解释说:"这是由于部分学校与银行的配合还不够默契,比如校方未能及时、准确地将毕业生的去向信息提供给银行,这在一定程度上影响了银行开展此项业务的积极

性。"而另一位农行某支行负责人在私谈时则肯定地表示,"助学贷款业务风险比较大,我们对此会很谨慎。"他一再强调,即使与高校达成了助学贷款协议,在具体实施细节上农行也会要求很严。

几年前开始推行助学信用贷款时,主流的声音普遍认为,"大学生属于综合素质高、就业前景好、创业成功率高、预期收入相对较好的群体,随着信用意识的增强和个人信用征询机制的建立,商业银行对他们发放贷款风险很低。"然而,北京工行一位不愿意透露姓名的人士却告诉记者,其他个人消费贷款群体中,不还钱的比例要远远低于千分之一。这就是说,大学生高达10%的欠款率要远远高于其他人群! 如此低的信用度着实给了鼓吹者一记重重的耳光。

一位不愿透露姓名的银行工作人员表示:"与其说这体现了国家为解决困难家庭学生就学的力度和决心,不如说政府逼着银行往悬崖里跳。"与助学贷款业务刚推出时各大银行争先推介的热闹场面相比,现在各家银行都不太愿意谈及助学贷款业务的情况。有记者打电话到北京工行了解助学贷款业务的情况时,专门负责新闻接待的先生直言不讳地告诉记者:"这块业务我们做得不好,不接受采访。"一位在银行工作的朋友也私下里告诉记者说:"助学贷款费力不讨好,谁都不愿意做。"学校操心,银行担心,公众寒心,已经成了不争的事实。

欠款不还涉及的是一个信用问题,而有意去骗取意在扶贫的助学贷款则完全背离了做人起码的诚实。可悲的是,这样的事情在全国高校中并不少见。甚至有学生说:"助学贷款不是在助学,而是在助消费!"话虽偏颇,却也不无道理。在无形中,助学贷款已经成了检验大学生信用的一颗试金石,遗憾的是,其表现并不令人满意。

一位三年前就未偿还助学贷款的学生,没想到他至今仍然没有还清,甚至根本没有这个打算。现在在他已经在某著名外企就职,在得到绝对不公布他姓名的承诺后,他说起话来才无所顾忌。

****

"这并没有影响到我现在的工作,为什么要还? ……我以后不再在这家银行储蓄不就行了。"他的想法异常简单。记者了解到,他目前并非没有还钱的能力,而是压根就不打算做这个"冤大头"(自己的话)。

尽管国家助学贷款的相关政策规定,当借款学生违约及介绍人、见证人不履行职责时,贷款银行可以定期以学校为单位在公开报刊及有关信息上公布助学贷款违约比例和借款学生姓名、身份证号及违约行为,同时公布其担保人姓名。但是,这种做法真正实施起来时多少让人觉得滑稽。不过,实在无计可施时,也不得不采取这种"不算惩罚的惩罚"。2001年底,西南财大就曾将已毕业的96、97级欠款学生名单在校园公布。银行的无奈,由此可见一斑。

在今天的校园中,诚信与守信的价值观已经不是滑坡了,而是快要消失了。

(二)谁来为大学生担保——无可回避的现实问题

贷款的担保问题一直以来就是制约银行大面积发放贷款的瓶颈之所在。最初所设想的仅仅以大学生诚信意识为基础的自我担保设想,似乎并未在现阶段的中国获得成功。取而代之的"毕业证担保"似乎成了各个高校的普遍做法。造成这一现象的原因又何在呢?

自我担保的成功实施,需要三个前提:

1. 大学生普遍具有很高的道德水平 依靠个人诚信来维系借贷关系的美好设想,给作为债务人的大学生提出了相当高的要求。虽然大学生这一群体在我国已经属于高素质阶层,但能否达到这一标准,社会普遍还是抱以怀疑态度。南开大学负责学生管理工作的刘唯真老师表示:盲目的要求我们的大学生具有如此高的道德水平,这与我国目前正处在社会主义初级阶段的基本国情是相矛盾的,所以"自我担保"至少目前还暂时行不通。

2. 学校具有强大的经济实力来保证这一美好愿望的实现 天津大学的李义丹处长认为:目前学校难以为学生担保的原因主要

有两个:一是缺乏担保基金。学校现行的"奖贷勤补免"的资助体系只需要一二百万就能运作起来,而为学生从银行贷款提供担保,最少也得上千万。这么大的数字对于原本财力就很紧张的学校来说,无疑是难以承担的。二是学校如果放开承担担保的口子,学生们就会一拥而上,就连能找到担保的也不找了。在学校眼中,连贫困生都真假难辨,就更不要说甄别特困生是否有能力自己寻找担保了。按规定,学校本应为部分特困生提供担保。然而现在的现实是,找不到担保的特困生不是少数,而是绝大多数。在这种情况下,学生、银行乃至整个社会都把期盼的目光投向了学校。然而高校方面却又不得不为苛刻的担保条件顾虑重重:学生毕业后如不能按期还款,学校则需负担其60%。银行便用这种方式,将经营风险转嫁给了学校。在这样的矛盾之下,一些学校做出明确规定:由学校提供担保的特困生只能控制在一定的比例之内。

3. 全社会建立完善的信用体制　必须承认,与西方发达国家相比,我国目前的社会信用机制还很不完善。虽然近年来越来越多的社会舆论关注于此,众多专家学者又纷纷献计献策,然而实质的制度建设在全国绝大多数地区仍然停留在起步阶段。想要做到让人人将诚信视为处世的基本原则,使有不良诚信记录者在社会难以立足,我们还有很长的路要走。

综上所述,在我国实行大学生信贷自我担保,不仅需要学校单方面的努力,更需要整个社会的进步和国家政策的支持。归根结底还是社会整体诚信水平提高的问题。尽管国家助学贷款在运行的初期遇到了这么多的困难,但是我们必须看到,这依旧是从根本上解决高校贫困生的方向。

(三)谁让大学生如此失信——社会的染缸与校园的净土

天津大学就曾流行过这样的一则形容国家助学贷款的童谣:不贷白不贷,贷了也白贷,白贷谁不贷?

这种思想产生的根源又何在呢?莫非大学生的诚信意识原本就如此淡漠?

古往今来,人性本善,还是本恶,一直是纠缠不休,仁者见仁,智者见智。公说公有理,婆说婆有理,谁也说服不了谁,谁也代替不了谁。在我看来,还是"人之初,性如璞"的说法更有道理,人性本无所谓善恶,就像一块璞玉,可为宝玉,也可为顽石。人性的善恶取决于后天的文化传承与社会环境熏陶。

从社会道德涵量的角度来看,任何一个社会,之所以产生悖信、违约现象,其根源都在于大的社会环境。社会是个大染缸,染料是黑的还是白的,决定了染出来的东西的颜色。所以,我们在讨论大学生诚信问题时,有一个前提是,大学生的诚信动机并非一成不变,也非生来如此,而是随着社会环境的变化而变化的。如果社会中不讲诚信的行为比较普遍,如果社会道德规范对不讲诚信现象并无特别的舆论压力,如果法律约束对不讲诚信现象姑息纵容听之任之,说到底,当违约背信行为被社会宽容、利大于弊,而诚实守信反倒成为另类,成为活该吃亏的冤大头时,那么,背信现象就会有其适合生存的社会土壤,就会随时随地、在各色人等身上产生。可叹的是,这种现象正是当今中国社会的实际情况。

因此,在这样一个大的社会背景和环境下,大学生违约、背信现象就显得不那么令人奇怪了。我相信,绝大多数学生在申请贷款时并没有赖账的打算,而且,在申请贷款前也都会计划如何还贷,但是,正是因为我们的社会还未建立起完善的信用监督系统,学生的信用无法实际监督,是否还款只能靠学生的自觉,而且开展助学贷款业务的银行在追贷方面也多少表现出无能的一面,甚至有着为数不少的欠贷不还不了了之的先例,所以,才会出现大学生观望、从众、拖延还贷的现象。笔者也相信,同样是背信、违约的大学生,如果身处社会信用机制健全的环境中,他们也可能会成为诚实守信的模范。所以,决定一个人是否诚实守信的关键,不在于个人信用度高低,而在于社会道德和信用机制的整体水准。

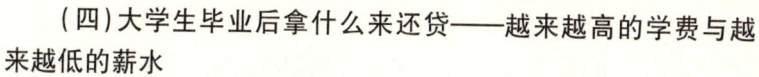

(四)大学生毕业后拿什么来还贷——越来越高的学费与越来越低的薪水

目前,社会竞争之激烈前所未有,钱是越来越难挣了。多达一年几千块的学费也不是那么容易有的。根据在北京地区的调查显示,64%的被访者认为,目前大学学费比较高。北京人虽是很爱面子,仍然有33%的人明确表示,以目前全家的收入,养活一个大学生有较大困难。37%的被访者表示养活一个大学生"还凑合"。表示毫无困难的家庭只占到30%。对这个问题,形成了三分天下的状况。

北京的条件比之边远地区有着天渊之别,但仍有41%的人在子女上大学时会申请获得贷款,其中只有17%的家庭是因为家里经济较困难,不得不贷款。11%的被访者认为子女通过自己的努力可以还清贷款,所以采用这种方法。还有一些观点导致被访者选择贷款上学,如贷款上学能激励学生好好学习;贷款是现代理财手段,是个新鲜事物,值得一试等等。

不愿意申请助学贷款的家庭以高收入家庭居多,36%的家庭表示由于经济条件较好,无需贷款。看来不少北京人的经济条件可以支付目前的大学费用。可以向亲戚朋友借;自己勒紧腰带也不借钱;担心贷款手续复杂等等原因也阻碍了人们贷款上学。还有一个重要的因素导致人们不敢轻易贷款。贷款上学,解了燃眉之急,但是还起来就不那么容易了。被访者普扁认为如果贷款,40%的大学生毕业后将无力在4年内按时还贷。而如果不能按时还贷,惩罚性的措施将接踵而至,大学生们将陷入困境。

中国人民大学新闻学院2000级学生赵刚详细介绍了助学贷款的发放情况:我们学校的做法是这样的,如果学生交学费或者生活费有困难的话就写申请,并填一个预审表,这个表由学校交给工行的业务人员审批,审批之后大家集合填写合同。手续办好后,银行把学费每年直接打到学校在工行的账号上,生活费每个月给贷款者打到活期存折里,或者给卡,直接去取。我去年贷款的时候是毕业4年之内把贷款和利息全部还清,一毕业马上还可以,毕业一年之后还也可以,但是它有一个最后期限,给你按四期或者五期分期计算好的,这样第一期还多少钱,利息、本金多少钱,到了四年刚好还清。

按国家有关规定,国家助学贷款的期限一般不超过8年,这意味着大学生如在一年级时开始贷款,就必须在毕业后4年内还清。而目前上学费用较高,一个大学生上4年大学,如果全部依靠贷款,那么4年下来,包括学费、住宿以及日常生活,最少也要贷款3万元。而现在的工作不好找,即使一毕业就找到工作,对于大多数应届毕业生来讲,收入不会很高。除去生活费及其他必要费用,每月的还款能力最多只在几百元以内。如此速度,按时还贷几乎没有可能。在调查中,被访者平均认为毕业的大学生最少也要用5年半的时间才能还清贷款。而毕业后的5年半是人生事业的起步期,如果花费近六年的时间还贷,意味着没有任何的物质积累。这时,当年的大学生已经快三十岁了。

我们的学费是越来越高了,可是大学生毕业后的起薪却越来越低。我的一位年过三十、正在清华大学读法学博士的朋友也告诉我,以他的情况,要想在北京毕业立刻获得高薪也基本是不可能的。这样看来,我们在责备大学生缺乏诚信的同时,是否也应当思考一下:我们大学生是否承担了太大的压力?

四、如何交出诚信——满意的答卷

如果生命是树,那么诚信就是绿色;如果生命是水,那么诚信就是流动;如果生命是火,那么诚信就是跳跃;如果生命是鸟,那么诚信就是飞翔。当代大学生在用自己的辛勤汗水浇灌着诚信之花;在用自己勤劳的双手采撷诚信之果;在用自己宽广的胸怀去迎着诚信的霞光。

（一）新希望

1977年，就是猫王逝世的那一年，乔治·卢卡斯为20世纪福克斯公司以《新希望》为题，推出了至今已享誉全球的著名系列电影《星球大战》(Star Wars，现该系列已推出六部，其中第一部名为新希望)。有人说所谓的希望意在燃起美国人在离开了越南和朝鲜之后自尊心的希望，也有人说是美国人对于自己经济增长再实现突破的希望。今天，当我得知一些大学和地区在助学贷款还款教育中卓有成效时，似乎觉得他们就是中国助学贷款的"新希望"。

据河海大学助学贷款管理中心统计，该校到2005年4月初按协议进入还贷期的162名学生中，已有160人全部结清贷款账目，占应还贷学生的98.8%，贷款回收率达到了98.7%。

该校助学贷款管理中心负责人张静芬老师说，提高助学贷款的还贷率，关键在于做好信用教育。如组织学生观看《信用天下行》教育片，使借贷学生感受到国家为帮助贫困生所做的努力，认识到信用对社会、集体及个人的重要意义；毕业生离校前，河海大学都要对借贷学生再次进行诚信教育，使绝大多数学生都能按时还贷。对少数未能按时还贷的毕业生，学校动之以情，晓之以理，做好跟踪服务；对遗失协议、存折的，告知补办方法及还贷方式；对暂时经济困难的，介绍其向工作单位的校友借钱还贷；对个别有经济能力却还想拖一拖的，敦请他不要因自己的行为造成师弟师妹们的借贷困难。学生一还款，即去信表示感谢。这样，162名应还贷毕业生中，除2人因就业等特殊原因尚未清贷外，其余全部还清了贷款。

我不知道在中国类似的新闻什么时候才能够算不得新闻，但是既然它在部分院校以及地区成功了，我相信我们离那一天的到来也不会太远。

（二）贫困者身份的监督

一些学校为了防止个别道德水平低下的学生混进贫困生队

伍，可谓煞费苦心。重庆工商大学：张榜公布贫困补助申请者个人信息，增加学生中的舆论监督。

采取张榜公布贫困贷款以及补助申请者家庭情况，以利用广大同学的眼睛监督。比如：某张姓同学的贫困原因是"父亲去世、母亲改嫁，现一人生活、无经济收入"。另一张姓同学的贫困原因是："家有四口人、父亲因车祸丧失劳动力，母亲在家务农，妹妹读初中患乙肝，现借款近2万元"。还有一同学的贫困原因是"一家四口均患乙肝"。校方此举的目的，无疑是利用群众雪亮的眼睛对贫困补助的申请者予以监督，杜绝虚假特困生套取特殊待遇的现象。这种做法虽然一定程度上起到了对申请者的监督作用，但学生家庭背景毕竟属于个人隐私之列，将其公之于众，又是对真正贫困者的一种伤害。

有法律界人士也对此举提出了不同看法：隐私权是公民就个人私事、个人信息等个人生活领域内的事情不为他人知悉、禁止他人干涉的权利。它包括个人信息的保密权、个人生活不受干扰权和私人事务决定权。所以，学生的家庭住址、家庭成员健康状况、婚姻状况属于隐私权范围，他人不得对外公开。

渝西学院学生工作处处长李德全称：类似的做法在他们的学校也采取过，但公示内容应仅限于学生的学院、班级、姓名等基本内容，具体到家庭情况，就确实不应公示了。

北京农学院：检查贫困补助申请者饭卡，监督其消费。为防止出现非贫困生申请助学贷款的现象，该校专门设立了学生助理检查申请者日常消费情况，同时还会不定期的抽查学生的饭卡。但该校做学生工作的一位老师还是无奈的表示："学校不可能去每个申请贷款的学生家里调查，如果学生不在食堂吃饭，可能连饭卡开支也查不出，只能做到尽量避免误给非贫困生发放贷款。"可见这样的办法虽然用心良苦，但是仍旧只能治标，难以治本。

中国科技大学：创建"一卡通"自动预警系统，通过学生饭卡了解学生消费情况来判断学生是否需要经济帮助。该校的"一卡

通"系统具有一项预警功能,即当一个学生每月食堂用餐超过60次总额低于150元时,无须学生申请,学生处就会主动核实情况,并默默地向该学生的"一卡通"中打入120元或150元,学生每人每年最多能获得此项补助10次。2004~2005学年度,该校就通过这种不见面的一对一资助方式,向1100人次学生发放了临时困难补助66万元。这一做法无疑在充分尊重学生人格的情况下对同学给予了及时的帮助,并有一定的监督作用。该校学生处的朱灿平处长称之为"低调的温馨"。

但复旦大学社会学胡守钧教授对此却表示了不同意见。他认为这种隐蔽的发放补助的方法,有可能产生另一的社会问题,即"低调腐败",不贫困者有意压低自己的生活消费以获得补助。而且,胡教授同时还强调:贫困补助不是个人隐私,只有公开,才能保证公平。

(三)面对贫困心理辅导同样重要

目前,无论是国家、社会还是高校,都把对贫困生的帮助集中在物质方面,认为解决他们的问题无非是给点儿钱不让他们因贫辍学就足够了,好一点的会想到为他们创造一个良好的学习环境即可。然而却忽视了这一特殊群体更深一层的需求——精神上的帮助。重庆工商大学和渝西学院张榜公布贫困补助贷款申请者家庭情况的做法,正是完全忽视了对贫困者的精神影响,甚至会产生适得其反的效果。

很多来自贫困地区的同学,在中学时代受所在地区整体消费水平限制,尚还感受不到由于家庭经济问题而带来的压力。但当他们迈入大学校门之后,身边的同学来自祖国的大江南北,大家的家庭状况也存在极大的差距,此一转变必然对其心理造成极大的影响。这一影响,准确地说是一种不平衡感,很难仅仅因为我们为他提供了各种经济援助而减退。当自身难以调节时,有可能进一步引发更为严重的心理问题。

贫困生的心理问题主要体现在三个方面:

1. 较强的自卑、闭锁的心理　我们必须接受失望,因为它是有限的,但千万不可失去希望,因为它是无穷的。——马丁·路德·金。

有报道显示,贫困生中有25%承认他们常常因贫困而感到自卑,53.7%的贫困生偶尔会有自卑感。这些学生内心充满愤懑、抑制和痛苦,给学习和生活产生一种无形的心理负担。部分贫困生有意见不敢表达,有才能不敢发挥,一旦遭受挫折就会更加自怨自艾,远离集体,行为孤僻、冷漠,形成心理闭锁。他们对外界有一种畏惧感和不安感,为了躲避这种畏惧和不安,他们会像蜗牛一样萎缩在自己的壳里,不参加社交活动,不参与任何竞争,不愿冒半点风险,在绝望与忧伤中过着离群索居的生活。我们应该引导他们客观地评价自我,摆脱自卑的阴影,走出自卑的樊笼,勇敢地面对现实中的自我,培养和塑造自己坚强的性格。

2. 极度的自尊心理　风暴使树木深深扎根。——克劳德·麦克唐纳

自尊是一种个体的心理品质,是个人对自己的心理品质的肯定性的评价,是个人要求得到别人尊重的一种心理状态。贫困生的自尊容易导致自我保护,表现为偏执和过激。比如他们中有些人行为举止傲慢,不肯遵守班级纪律,活动中动辄缺席。处理问题偏执,易浮躁激动,与同学相处,难以掌握分寸,给人一种难以接近,拒人于千里之外的感觉。如不及时加以引导,很容易加剧他们的偏执倾向,甚至滑向更危险的道路。曾震惊全国的云南大学马加爵杀人事件,就是由于心理倾向处理不当而酿成的悲剧。

但我们更应当看到,其实他们的内心十分脆弱,相比于普通同学他们更需要人们的关心和呵护。过于强烈的自尊,恰恰是他们自卑到极点的时候,采取屈从怯懦已经无法排解其自卑之苦,于是只得转为好斗。万不可伤害他们的自尊心,使他们与老师与同学拉大心理距离。我们要尊重他们的人格,避免挫伤他们的自尊,想方设法,将他们融入到集体之中,而不是游离于集体之外,使他们

有一种安全感、归属感,营造一个宽松的环境氛围。

3. **严重的依赖心理**　与其诅咒黑暗,不如自己点燃蜡烛。——斯特朗

从有关调查资料反映,北京某高校每年奖学金高达35%,而贫困生学生并不占多数。应该说这并不是一个偶然现象,在全国其他省份其他院校情况也大都尽然如此。我们必须指出,高校中的很多贫困生有怨天尤人、盲目自卑的心理,这种心理进一步发展的结果便是把任何希望都寄托在国家、社会、学校所给予的帮助上,万事都依赖别人,而不愿自己努力改变。因此我们必须加强对他们的心理教育,正确引导和激励他们逆境成才。要使他们认识到一时的生活困难和学习困难是由多方面的条件和因素所决定的,应坦然地面对现实,调整心态,消除等、靠、要的心态,树立战胜困难的能力和信心,变压力为动力,以健康乐观的良好心态投身到学习中去。克服依赖心理,培养自强自立意识,变输血为造血。

经济的援助往往难以越过贫困同学的心理障碍,这就要求学校方面给予他们更多的关注。这种关注不应当仅停留在口头上,能否扎扎实实的把工作开展下去是成功与否的关键。

据了解,在我国负责学生工作的高校教师队伍中,心理学知识并不普及,虽然大多数学校均配备了专业的心理学人才为同学提供心理咨询,但真正参与其中的贫困学生却并不多。我认为,我们的高校一方面应当在教师中普及心理学知识、加大心理专业人才队伍储备,更重要的是,能否变被动为主动,在发放助学补助、助学贷款的同时,为他们提供一些心理健康的评估,并主动与他们沟通。

(四)信用和谐社会的建立

我们看到西方国家有很多成功的助学系统,我们在加以借鉴的同时,必须意识到一点:外国模式的成功是以高度的社会信用体制和公众道德意识为基础的。因此,纠正大学生面对困难补助、助学贷款方面的失信行为,时刻不能忘记构建诚信社会大环境的重

要性。

值得欣慰的是,很多人已经意识到了这一点。我国的高校正和社会一起,在这方面做着越来越多的尝试:

上海的《大学生信用档案》

2002年,复旦、交大、同济等近50所上海高校为申请过助学贷款的近20 000名大学生首次建立《大学生个人信用档案》,旨在通过与商业银行的合作,对助学贷款偿还情况以及其他信用记录进行跟踪与补充。

个人信用档案的建立意味着,凡曾申请过助学贷款的上海大学生都将有案可循,如果学生在毕业后未能按时还款,将会被记上一笔不良记录。据有关负责人介绍,这次特别为助学贷款单独建档,不仅是为了对大学生进行还款督促,发挥信用惩戒的杠杆作用,也是为了通过这个系统,对还款信用良好的个人记录进行反映,以体现信用的价值。

青岛海洋大学的《大学生信用档案》

无独有偶。青岛海洋大学也推出了《大学生诚信档案》,内容包括:大学生本人承诺书、学生的个人基本情况、品行说明、学习成绩、健康状况、经济状况、信用记录等。据悉,监督是大学生诚信档案最主要的功能,通过档案中的经济状况,学校将对申请到国家助学贷款的学生实行动态管理,当学生通过奖学金、勤工助学获得的资金达到一定数目时,学校将会建议学生提前还款;在信用记录中,如果学生的品行有不光彩记录的情况出现,学生将得不到学校的无息贷款和国家助学贷款。

合肥学院的《诚信协议书》

2004年底,安徽合肥学院与在校大学生签订《诚信协议书》,从守纪、学习、生活、交费、信贷、就业等多方面对学生的诚信义务进行了详细规定。学生的诚信表现将被记录在案,一旦有失信行为,在校期间的评优、评奖、申请助学贷款、就业推荐等将受到影响。合肥学院曾向媒体证实,全校99.9%的学生自愿签订诚信协

议后,2004~2005学年度的学费上缴率由此前不足60%上升至89.73%,补交学费总金额达850余万元。在2005年举行的英语四、六级考试及期末考试中,没有出现代考、替考现象,舞弊事件大幅度减少。签订诚信协议强化了大学生诚信意识,提高了他们的诚信自觉性。

助学贷款风险防范措施正在陆续出台。然而,一位教育界人士不无担忧地指出,各类《大学生信用档案》、《诚信协议书》的背后,实际上表明了社会对一些糟糕的大学生信用状况的一种态度!以上各个院校之所以要和大学生签订合同式的诸多文稿,正是由于在学生中存在着诸多不诚信现象,有的甚至影响到了学校的正常运转,如恶意拖欠学费。类似的现象并不罕见,最典型的是一些享受助学贷款的大学生,毕业后不按照合同履行还款义务。这些都在一定程度上影响了社会对大学生的诚信评价。

当初合肥学院与大学生签订诚信协议,受到了不少人的怀疑与批评,现在学校靠一纸诚信协议换回850多万元拖欠学费,也大幅度减少了考试舞弊事件,这个结果足以对那些怀疑与批评作出正面回应,也可以增强人们对大学生诚信水平的信心。事实上,从全国范围来看,随着政府进一步加强对助学贷款工作的管理与监督,以及银行贷款风险补偿机制的建立和完善,大学毕业生欠款不还的现象越来越少。这说明只要采取积极的举措,把体制上的一些关系理顺了,把机制上的一些障碍排除了,大学生的诚信建设是可以取得明显进展的。毕竟大学生是综合素质高、诚信潜质良好的群体,他们既需要接受诚信道德教育,同时也是诚信道德的教育者,有理由相信,大学生完全可以"先诚信起来",成为社会的诚信表率。

在篆乱接踵的东周,《中庸》的竹简里还能辨出"诚者物之终始,不诚无物"的字样。那位生活于两千多年前的伟大思想家的所思,已经幽眇莫辨。然而在这个简洁的表达里,我们却分明感受到"诚"之一念对于人心的作用。在中国古代,诚一直是自明的,

如同山川河岳朗现于日月星辰。

历史循代而下，人心巧伪日生。终至于晚近三百年诚信之义蔽于天下。晚清以降，西学东渐。国民震于西方诚信制度，重新褒扬诚信。于是益发迷失。因为外在的社会制度，仍不能挽救人心的缺失。

诚信是一种直面的勇气。20世纪初鲁迅先生大声疾呼："要睁了眼看"。有太多的事，我们出于怯懦而文过饰非。

诚信是一种坚韧的操守。尾生约人不至，洪水漫淹，抱柱而死。有太多时候，我们出于犹疑而背弃信约。

我盼望着，什么时候，诚信这个词能不再意味着 credit card 上透支的余额，而成为人心里不容已的冲动。对不诚不信者的惩罚，能不再是一套哪怕无比健全的惩罚制度，而是路人一致的义愤。那个时候，恐怕上面的讨论都变得没有意义，诚信也得以退出论辩的视野，沉淀成这个民族的一种德性。

大学生健康成才丛书——聚焦诚信

| 第五篇 |

美丽"网"事,哀愁相伴——网络中的诚信问题

　　1969年10月29日晚,在美国加州大学洛杉矶分校的一间实验室中,雷纳德克兰罗克教授和他的学生,通过远程联网,将"LO"这两个字母发送到了斯坦福学院的一台计算机上,这次实验是人类历史上第一次通过互联网发送信息,被认为是互联网络诞生的标志。从此以后,网络就以它自身方便、快捷的优势,飞速的发展。这个在上世纪90年代初期对我国大多数人来说还十分陌生的事物,现如今已经进入到了千家万户,被我们所熟悉、所利用,在我们生活中占的比重越来越大,甚至已经成为一些人生活中不可缺少的一部分。前段时间,中国互联网络信息中心(CNNTC)在其发布的"第十次中国互联网络发展状况统计报告"中提到,截止2005年6月底,我国上网用户总数已达1.03亿,在用户数量上我国已经成为世界上仅次于美国的网络大国。发展速度之快令人感叹,而在网络发展的同时,也带来了不少的副产品,网络诚信便是其中的一项,这个自网络诞生之初就出现的话题,现在越来越突出地摆在我们面前。

　　说到网络诚信,我记得曾经看过这样一幅漫画,说的是两个网友见面时的情形:一个西装革履的猪八戒,手中捧着一大束玫瑰花,站在一位满脸皱纹,腰佝偻得像虾米一样的老奶奶旁边,老奶

奶吃惊地望着猪八戒,说:你就是齐天大圣?猪八戒也一脸的茫然,惊讶地说:你……你就是瑶池仙子?

看过之后,想必大家都明白漫画中的意思了吧!网络中的"齐天大圣"和"瑶池仙子"肯定是将自己说得天花乱坠,结果一见面原形毕露,双方的尴尬就是必然的了。看完漫画,笑过之后,我们不禁会有这样一个疑问:网络中的东西都是真的吗?我们该不该相信网络中的内容呢?面对越来越多的网络欺骗行为,面对日趋严峻的网络诚信现状我们将何去何从?

所谓网络诚信,是指网络环境下彼此以诚相待,相互信任的一种社会风尚。互联网络即具有虚拟性又具有现实性,其虚拟性表现为,大家都处在一个虚拟的网络环境中,无法知道与自己聊天或游戏的人的真实身份,只能通过对方留下的个人信息有所了解,而这些信息本身的真实性无法保证。另一方面,网络也是现实生活中的一部分,它具有一定的现实意义,网上购物,查阅资料这些事情虽然可以在网上进行,但却都是来源于生活的。正是由于其本身的性质,一些不法之徒将网络用来为自己的一些不正当的利益服务,将其邪恶化,在上面散布假信息,进行欺骗。网络就像一把双刃剑,有利,有弊。如果使用不当,它就会给我们的生活带来负面影响,甚至对我们自身造成伤害。当我们在网上阅读新闻,了解时事政治之时,可能被充斥于其中的假消息所迷惑;当我们在网上购物,体验方便快捷之时,可能发现自己拿到的商品与网上介绍的商品不一致;当我们在网上游戏,享受休闲娱乐之时,也可能陷入网络赌博的泥潭之中;当我们在网上交友聊天,分享网友的喜悦时,也许就会碰见上面漫画中所出现的情景,是呀,在网络这个虚拟的环境中谁又能保证坐在网络那一端自称为"齐天大圣"、"瑶池仙子"的人不是猪八戒,老奶奶呢?

当代大学生是网络的崇尚者,他们渴望网络,希望在网络这个虚拟的环境中充分张扬自己的个性,宣扬自己的观点,拥有一个属于自己的新世界。据联合国贸易和发展会议的报道,2001年我国

的网民有5660万,其中近60%是18～24岁的青年学生,特别是在校大学生。近年来,关于大学生在网上不诚信的事例越来越多,有调查显示:31.4%的被调查者并不认为"网上聊天时撒谎是不道德的",有37.4%的被调查者认为"在网上做什么都可以毫无顾忌"。大学生是社会的精英,是即将踏上社会的主力军,在这种情况下,大学生的网络诚信问题,就更应该得到社会的关注,引起有关部门的高度警惕。

一、难以摆脱的诱惑

我们经常听上一辈的人说:现在的大学生,面对的外界诱惑越来越多了。确实,在这个信息交流十分方便快捷的时代里,除了课本之外,大学生可以接触到的东西越来越多,内容也越来越丰富。这就使一部分大学生在课堂之外更多的被其他的事物所诱惑。而网络就是这样一种让人一旦上瘾就"难以摆脱的诱惑"。

(一)沉溺网络难自拔

随着网络技术的日益普及,一种新的现代文明病——网络成瘾症越来越引起人们的关注。国外由于网络成瘾症的日益增多,已有很多地方办了电脑疾病门诊。一份对在校大学生的调查表表明,几乎有75%的被调查者有网络成瘾的倾向。美国心理学会曾对496名长时间网络使用者进行了问卷调查,结果显示有396人有成瘾症状。美国广播公司亦在调查中发现,网民中有6%的人患有网络中毒症。患有网络成瘾症的大学生上网后精神极度亢奋,并乐此不疲,长时间使用网络以获得心理满足,上网后行为不能控制,或通过上网来逃避现实,并经常出现焦虑、忧郁、人际关系冷淡、情绪波动、烦躁不安等现象,严重危害了自己的身心健康。

一份针对某市4所正规高校的调查表表明,一所招生规模在5000人左右的大学每年约有50人左右退学,其中80%的退学大学生都和网络成瘾有关,主要表现为长时间沉湎网络导致旷课或者所"挂"科目过多。

晓宇是一个从偏僻农村考入大学的学生,进入大学后,他同宿舍的几位同学几乎都是玩网络游戏的高手,晓宇自知自己家里的经济状况,刚开始时,尽量抵御着上网的诱惑,同学们讥笑他是老土,渐渐地就远离了他,他感到自己很孤独。一次偶然的机会,晓宇上网玩了一次网络游戏,网络游戏中疯狂地打打杀杀使他过足了网瘾,从此以后他就像刹不住闸的车,任凭车轮滚滚而去。

晓宇家里每个月给他寄200元生活费,学校补助40.6元,本来也只能够吃饭的,但他却能每月花费100多元去上网玩游戏,经常一天只吃一顿饭,一个男生瘦得不到90斤。

他开始逃课,或者是通宵达旦疯玩了之后,第二天上课时便呼呼大睡,不及格的科目也越来越多,逐渐到了退学的边缘。老师发现这个情况后,经常找他谈话,每次都苦口婆心,而他似乎也决心痛改前非,一个劲儿地保证从此不再玩网络游戏,可第二天一大早又一头钻进了网吧。

在学校说要给晓宇办退学手续时,因为他家穷得没有钱装电话,他才把一个亲戚家的电话告诉了老师。第二天下午,这个亲戚骑自行车走了十几公里山路,把这个事情转告了晓宇父亲,于是他父亲坐第二天的第一班车来到了晓宇学校所在的城市——哈尔滨。

当晓宇父亲风尘仆仆来到学校的办公室时,年级辅导员真不忍心把现实告诉他。看得出,他很紧张,沧桑岁月磨砺的坚毅性格,几乎就要崩溃,眼里闪动着泪花。一个老实巴交的农民,一身冬衣,满是补丁,满脸的沧桑,颤抖着双手,几次差点跪倒在地上。老师很同情晓宇的父亲,人生最大的悲哀莫过于没有希望,而当自己一生的希望就要破灭时,那是一种锥心刺骨的痛。那一刻,不要说晓宇的父亲,就连在场的老师也都万分地难过。

晓宇父亲告诉他的老师,他现在的心里只有恨,想死的念头都

有了。他全家一年的总收入才5000多块钱,家里还有病重的老母亲。晓宇玩网络游戏每个月花费100多块钱,相当于每天卖八斤玉米的价钱,一年下来差不多2000多斤!他曾是全村人的骄傲。他所在的村子多少年才有一个学生能考上重点大学。全村人敲锣打鼓地送他上学。去年的学费,家里借高利贷,卖了一头牛才把这个窟窿堵上。可这学期的前两周,他就将近500块钱花费在网吧。他父亲说,家里至今还欠着1万多块钱的债。他父亲生气地说:这是一个怎样的儿子!

某高校一位大二男生曾来到校心理咨询中心求助:"暑假里天天'挂'在网上,'网瘾'越来越大,现在开学上课了,还是难以自拔,特别痛苦。"

他这样描述自己的"状况":平日里无精打采,一上网就处于亢奋状态。每天虽然告诫自己不要泡吧了,可一到傍晚,还是不由自主地走进网吧,一玩就玩到了凌晨,想停也停不下来。刚进大学时成绩还不错,后来"红灯"越挂越多,差点被除名,学校最后同意让我试读一学期。爸妈为了管住我,甚至在学校附近租房子住了下来。

"真可惜!"一些高校分管学生工作的老师感叹:现在因成绩不合格而退学、试读或留级的学生中,由于网络成瘾而荒废学业的占70%以上。大量的时间花在网上,哪有精力和时间来读书?从中学到大学,学习环境和方法的变化很大,学生如果不能把握自己,上网成瘾,浪费了宝贵的学习机会,人生的轨迹恐怕就大不一样了。

有位学生告诉记者,他心情不好时,常常上网发"帖子",召来了许多共鸣者,大家发发牢骚,还相互安慰一番。久而久之,他也觉得自己对网络依赖过度,虽然知道许多现实生活中的问题靠网络是解决不了的,但不知道怎样面对面地与他人交流沟通,释疑解惑。

网络游戏,近年来风靡一时,很受青年人的推崇,什么大话西

****

游、仙剑奇侠传、传奇、魔兽世界,各类游戏,应有尽有。有调查结果显示:我国网络游戏玩家中,男性网友大约占98%,其中学生占55%。要说起玩网络游戏的初衷,大多数人会说是为了休闲娱乐,放松一下自己。可一旦陷入了网络游戏的泥潭,你就会发现,在这个虚拟的世界中,许多人还是为了在游戏中不断升级,使自己变得更强大。因为在这里,如果你级别低,就没有人理你,没有好的装备,你说的话也没有人相信。总之,你只能任人宰割。而如果你达到了相应的级别,就会一呼百应,享受很多特殊的权利,使自己有一种很强的成就感。正是因为这样,很多人愿意在网络游戏中花费大量的时间和金钱,以满足自己的某种欲望。甚至为了网络游戏而荒废了自己本应该做好的事情。

小方,本是西安某知名大学的学生,高中时,他的学习成绩很优秀,在整个县城都是很有名的,再加上平时很听话,深得老师喜爱。高考过后,小方如愿以偿地进入了自己梦寐以求的大学校园,然而由于刚刚踏进大学校门,进入一个陌生的环境,一时还不能适应,总觉得高中三年那么辛苦,现在考上了大学,就像飞出笼的小鸟,可以好好放松一下了,就这样,在班上其他几个同学的带动下,他迷恋上了网络游戏,觉得在游戏中,他就好像进入了另外一个完全不同的世界,在那里,他可以干许多在现实中不能干得很刺激的事情。经常是放学后去商店买几个面包,当作下午饭,直接带到网吧,然后就坐在电脑前,直到晚上宿舍要关门了才回来。开始的时候,还是在课上完之后,最后就直接旷课打游戏,晚上有时候也不回宿舍,在网吧上夜机,到最严重时甚至几天都不回宿舍。班长到宿舍找小方,劝他不要再打网络游戏了,再这样下去会耽误学习的,可小方觉得大学里的课程简单多了,自己基础又好,到考试时看一下书就好了,对班长的话也没在意。结果第一学期期末时,小方有两门功课不及格。

假期,成绩单寄到家,小方的妈妈非常生气,一向成绩优异的儿子,竟然有两门功课不及格,询问儿子情况,小方也是支支吾吾,给自己找一些荒唐的理由,说是什么自己还没适应大学的生活,大学里的考试自己不习惯等等,为了督促儿子学习,小方的妈妈假期让他在家看书。原本打算假期好好给自己游戏里的人物升一下级的,这下全泡汤了,小方很是无奈。

转眼间快开学了,在家早就坐不住了的小方,说自己要回学校看书,早早地回到了学校,这下好了,没有人整天管着自己,到学校的第一天他就一头钻进了网吧,一玩就是好几天。新的学期开始了,可小方却没有一个新的气象,还是沉迷在网络游戏中不能自拔。每次父母打电话来询问学习情况时,他总是编一些好听的话来欺骗父母。眼看到了学期中,辅导员了解到了这个情况,多次找小方谈话,跟他讲了很多道理,还给他讲了许多学校里面因为玩网络游戏而不及格科目太多,被迫留级的事情,希望引起小方的注意,使他有所收敛。可每次,小方总是表面上答应,没过几天就又回到原来的样子了。

玩网络游戏不但耽误学习,而且会花很多钱,这对于每月只有500块钱生活费的小方来说,也是一个负担,为了能有钱玩游戏,他就骗父母说学校开了一个学习班,自己要报名,还要买一些参考书籍,父母支持小方学习,把钱寄了过来,可他却用这些钱来玩游戏。就这样,一学期下来,小方的功课几乎门门都挂了红灯,由于不及格科目太多,在大二第一学期,学校决定让他留级,并给家长发了通知,本以为儿子在学校一直都很用功学习,现在小方的家长才知道了真实情况,才知道儿子平时一直在骗他们,这令他们十分痛心,问小方为什么对网络游戏如此沉迷,他说:"我总觉得一坐到电脑跟前,整个世界就是我的了。"

如何解释这一现象?有专家指出,上网占据了身心,只有不断增加上网的时间和投入程度才感到满足,无法控制上网冲动,每当不能上网时就会烦躁不安或情绪低落,将上网作为摆脱痛苦的唯一办法。高校心理咨询师指出:网络成瘾,使不少大学生的人际交往能力减退,他们往往沉溺在虚拟世界里,逃避现实世界。上网排

* * * * * * *

遣心理困惑虽然可行,但过分依赖网络却是舍本求末。大学时期,是重要的人格发展期和社会关系建立期,如不注意培养自己的人际交往能力,反因上网成瘾而萎缩,今后如何直面社会,参与各种交流、合作、竞争,就成了问题。

(二) 网购——让人又爱又恨

"你网购了吗?"对于新新人类网上购物早已不是什么新鲜事了,网上购物这种随着网络发展和人们生活需求的提高而出现的新事物,正在被越来越多的人所接受,已成为年轻时尚人士,尤其是大学生的喜爱。网上购物十分方便,鼠标一点,成千上万的商品便摆在你面前,任君选择,你还可以选择不同的购物方式,有时如果遇到了做活动,促销打折,说不定还会以意想不到的超低价买到心仪已久的物品。足不出户,就能买到物美价廉、称心如意的产品,这对于如今工作繁忙,没时间逛街的人来说,是再好不过的了。然而网上购物,与在现实中到商店买东西毕竟不同,你看不到店主,也摸不着商品,只能通过网上的照片和文字介绍了解产品的价格、功能。由于买卖双方不能直接见面,传统的"一手交钱一手交货"的购物方式被打破,"交钱"和"交货"这两个步骤需要异步、异地的完成。正是因为这种特殊的方式,网上购物就要求买卖双方必须都讲诚信,任意一方的失信,就会给另一方造成损失。

数码产品,如今已经成为现代青年的新宠,尤其是对于大学生这个活跃的群体,数码产品更是大家所追逐的。然而由于其价格不菲,对于一般学生来说,一时不能接受,只能望而却步。这时,易趣网上的一条消息引起了北京某高校张同学的注意,原来张同学十分热爱摄影,一直想买一架数码摄像机,可是几千元的价格对于每月只有500元生活费的他来说可不是一个小数目,不愿意向父母开口要钱的张同学有一次听一个同学说在网上常常能买到十分便宜的商品,于是他对网上购物产生了极大的兴趣,并经常在网上搜寻,希望能找到一部物美价廉的数码摄像机。功夫不负有心人,前段时间,张同学终于在易趣网的一家店铺见到了一部自己很喜欢的数码摄像机,其价格比市场价低了很多,他十分高兴,同时为了确定消息的真假,他直接打电话给店主,进一步询问情况。店主声称:这部摄像机是从国外走私进来的"水货",因此价格十分便宜,质量方面完全可以保证,绝对没问题,并说已经卖出了好几部,余货已经不多了。听了店主的保证,张同学心里踏实多了,加上价格方面本来十分优惠,购机心切的他没有多想,第二天就把钱汇入了店主所指定的账户中,然而几天过去了,却一直没有收到自己所购买的数码摄像机,也没有接到店主的任何通知,再打电话给店主却怎么也打不通了。这时他才怀疑是自己上当受骗了,于是到学校的BBS上打听情况,此时才发现,这件事上当受骗的还不止他一个,很多同学都因为价格很低,简单地询问了一些情况后,就草率地把钱汇了过去,结果是"肉包子打狗,一去不复返"。本想买一个便宜的摄像机,可摄像机没买成,还把自己省吃俭用攒下来的钱给赔了进去,真是"抓鸡不成,反蚀把米",张同学后悔地说,全当是用钱买了一个教训。

　　成都某高校一同学小林,平时酷爱运动,对运动鞋也情有独钟。上个月他在网上看见了一新款篮球鞋,十分喜欢,于是按照地址直接汇款过去购买,过了几天,篮球鞋果然按时送到,他十分高兴,结果打开一看,却是一双已经被人穿过的旧鞋,真是让人哭笑不得。"一朝被蛇咬,十年怕井绳",小林说,几百块钱买一双旧鞋,网上的东西真是不敢相信,这是他第一次在网上买东西,他以后再也不相信网络购物了。

　　像上面这些网上购物被骗的事情在我们的实际生活中还有很多例子,特别是近几年来,网上购物的敲诈行为不断上升。2003年,网上购物位列国家工商行政管理总局公布的消费者申诉举报的十大热点之一。网上购物不诚信,不仅给消费者本身带来了损失,同时大家也对网络购物这个新兴的事物产生了怀疑。那么我们怎么避免在网上被骗呢?我觉得主要应该注意两点:

　　第一,我们在网上购物时要认准一些大型的购物网站,这些网站一般都有严格的管理办法和正当的进货渠道,网站本身的严格把关,已经给我们进行了第一道筛选,再加上,他们一般都拥有比较完整的物流系统,能够及时发送货物,很少会出现骗钱或者货物质量不过关的现象;第二,对于网上的商品,特别是一些比较贵重的物品,在购买之前,我们一定弄清楚它的来龙去脉,即使对于一些"根红苗正",四码齐全的商品也不能掉以轻心,说不定,骗人的伎俩就在这里。我们应该认真了解清楚,对于网上的照片、文字介绍,不能不信,也不能全信,必要的时候,要电话咨询商品情况,不能图一时的小便宜,草率地先把钱汇过去,"丢了西瓜,捡了芝麻"。

网络购物中的诚信,需要每一个参与者的维持。小刘现在是一名大二学生,刚上大二时,他看见周围一些同学做起了小生意,有的在宿舍楼里卖一些小食品,有的自己买打印机低价打印,有的还在宿舍楼里卖文具。心里有一些痒痒的小刘也想找一些事情来做,可想来想去觉得能做得都让别人做完了,这时他想起了自己的二哥。小刘的二哥自己开了一家电子商店,主要代理 MP3,常会遇到一些次品,需要修理。于是他就想用低价从二哥那将修理过的次品买回来,在网上以稍微低于市面的价格卖给别人。开始一段时间还好,卖出了几个 MP3,可是过了几星期,邻班一个同学说买小刘的 MP3 坏了,深知内情的小刘忙将 MP3 拿到二哥那里,修好后又还了回去,可过了几天又坏了,如此竟反复了 3 次。这时邻班的那位同学产生了怀疑,问他这 MP3 是从哪来的,自知理亏的小刘支支吾吾说不出来。觉得在自己同学面前干出这种事来,心中十分惭愧,直到现在,他见到那位同学时,还觉得不好意思。

尽管网上的消费陷阱、黑客盗取资金以及网上消费商品品质的投诉等事件时有发生,但这些显然都不能阻碍网上消费的发展步伐。网上购物已日益深入人心,是大势所趋。小梅是一位研究生,已经拥有 3 年的网购史,从 2002 年期开始尝试网上购物。是一个偶然的机会,她在网上瞎逛的时候,发现一家商务网站上的碟

机不错,就发了张订单,才开始也是抱着试试看的心理,没想到第三天就在学校收到网站邮来的碟机,品质也很好,后来她就一发不可收拾了,想买什么的时候,总是先到网上浏览一番,现在包括自己用的手机、MP3、电脑什么的,甚至有些衣服、鞋子都是从网上买的。

山东某高校的小雨是古典音乐爱好者,以前她对网络购物这种东西从不"感冒",总觉得网上说的东西就是没有自己亲眼见到的东西踏实,再加上她老听电视、报纸上说网上购物被骗钱的案例,因此她对这种东西是敬而远之。有一次,小雨想要买一张早已经绝版了的CD,跑了很多家音像店都没有买到,只有选择网上购物,在查到了哪家店铺卖这张CD时,小雨十分谨慎,打电话向店主询问了这张CD是由哪家唱片公司发行的,总共有多少首歌,甚至了解到了一些店主的进货途径之后,她才将钱汇了过去。没过两天,CD就寄到了学校,质量也挺好,店主还发短信问是否收到货物、质量怎样。这让小雨很是感动,她说:其实网上购物并不是那么可怕,只要自己留心,多了解一些关于商品的详细情况,就不容易上当受骗。

(三)扭曲的"心灵"之约

网上交友聊天,在大学生的网络生活中占很大一部分比例。有调查显示:有60.6%的大学生在上网时会利用OICQ等聊天工具网上聊天。网络聊天的方便快捷为我们与老朋友联系,重新结识新朋友提供了一个很好的环境,大家在这个环境里相互沟通、相互了解。然而对于一个陌生的聊天者,我们并不能知道他到底姓甚名谁,只能通过他自己在网上留的个人资料,和与他聊天间接的来认识他,这就给了那些故意撒谎、心怀鬼胎的聊天者以可乘之机,如果自己不多加小心,就很可能落入别人的圈套。

小净,某外语学院学生。长相姣好、性格开朗的小净上大学后对网上交友聊天产生了浓厚的兴趣。她觉得网络为自己提供了一个很好的场所,在这里,可以和各个年龄段、从事不同职业的人聊天,听很多以前从没听过的事情,大开眼界,还能交很多朋友。有了高兴的事情可以和大家一起分享,自己心里难过的时候,也有许多人来安慰自己。正是有了这种心思,小净经常坐在电脑跟前,跟网友们聊得热火朝天。有时遇到了聊得很投机的网友,还会和人家约出去见面。虽然宿舍舍友都劝她和网友见面要小心,她有时也在网上看见一些网友见面被骗的新闻,可总觉得自己已经有了一些经验,和网友见面并没有其他人说得那么可怕,那些都是电视新闻上说的事情,离自己太远。

　　一次,小净在网上认识了一个年轻的公司职员,这位公司职员在网上的一段留言引起了小净的注意:虽然我们只是萍水相逢,但错过了我,你就会错过精彩。很快,小净就和他聊了起来,从校园到社会,从学习到工作,从时尚服装到流行音乐,两人无所不谈。大概过了有两个星期,对方约小净一起吃晚饭,小净也觉得这次是遇上知音了,没多想就答应了下来。晚上,两人在饭店见了面,吃饭时,年轻的公司职员给小净讲了许多发生在自己公司的有趣事情,逗得她哈哈直笑。晚饭后,在年轻公司职员的提议下,两人又到KTV唱歌,可是唱着唱着,小净就觉得对方的话越来越不对劲,借着模糊的灯光,还老往小净身上蹭,开始小净还以为是多喝了一些酒,最后他竟然上来想一把抱住小净,气愤的小净,一把推开对方,冲了出去。回到学校后,她哭着对舍友说:自己以后在网上一定要多多留心,再也不随便跟网友见面了。

　　俗话说:知人知面不知心。而在网上聊天,我们只能通过言语来了解一些对方的情况,连"知面"都达不到,更何况"知心"呢!其实很多时候,只要我们稍微留心就会发现对方说的话是真是假,而即使是这样,还会有一些同学上当受骗。因此,网上交友,我们应该提高警惕,对方说的话我们应该有自己的判断,不能将对方的任何要求都听之任之。

　　网上聊天,除了要留心防止上当受骗保护自己外,作为大学生,我们本身也应该讲诚信。不能觉得反正网上谁也见不到谁,说

话可以无所顾忌,不用为自己的言行负责任。小茜是重庆某高校学生,前段时间刚和男友分手的她,心情一直很低落,于是把自己的全部感情都寄托在了网络上,整天上网聊天,向网友倾诉她苦闷的心情。这时,一个山东的网友小磊把她从失恋的泥潭中拉了出来。小磊是小茜前段时间无聊的时候随便加到QQ里的,聊了一阵后,发现两人还挺投机。这两天小茜每次上网都会和他聊几句,向他诉说一些自己的心事,每当这时对方都会说一些让她很感动的话,还不时地讲一两个笑话逗她开心,每当这个时候,小茜都觉得自己的心情能好一些,于是就愈来愈喜欢和小磊聊天了。原来,小磊高中毕业差几分没考上大学,就到本家的一个叔叔开的公司里上班,他平常是个很幽默的人,在公司的人缘也还好。每次上网聊天时,他都会给小茜讲很多很有趣的事情,小茜也愿意把自己的一些心事告诉他,要是有什么不开心的事,他总是三言两语就能把小茜逗得忘记了烦恼。慢慢地两人越来越熟悉了,有时还在网上视频聊天。一天,小茜又和小磊视频聊天,突然,不知小磊从哪拿出来一束玫瑰花,冲着镜头,郑重地对她说,"你能做我的女朋友吗?"面对这突如其来的一幕,小茜一下呆在了那里,虽然自己对小磊亦有一些好感,可这毕竟与爱情差得还很远,甚至两个人还没见过面,怎么能答应这种事情呢。可如果直接拒绝的话,又觉得不太好。愣了十几秒钟,小茜说:"我们面都没有见过,你就说这种话,要是真想让我做你女朋友的话,就到我们学校来找我吧。"说完她心想:我们离得这么远,现在他肯定不会来看我的,这样也就给自己找到了一个借口。这件事过去,小茜也没有多想什么,以为就这样完了。过了几天,小茜正在上课,突然接到一个电话,竟然是小磊打的,他真地到学校来看她了,小茜一下慌了手脚。晚上小磊约她在学校旁边的一个餐厅吃饭。吃饭时,小磊把早就准备好的玫瑰花又拿了出来,小茜见状,向小磊解释道:我们这才是第一次见面,彼此对对方了解的都不是很深,这种事情不能这么草率就决定的,而且就算我们在网上谈得很投机,在现实生活中,我们也

****

不一定能相处得很好。可小磊就是听不进去这些东西,非要让小茜答应,还说小茜说好见面就会答应作自己女朋友的。于是,这次晚餐,也是他们的第一次见面就这样不欢而散了。第二天,小磊又打电话来,小茜仍拒绝了他。就这样,第三天,第四天……小磊每天都找小茜,开始时,小茜还会和他一起出去,最后就只接电话,推说自己有事情。又过了两天,连电话都不接了,让舍友告诉他自己不在。小磊明知道小茜在躲着自己,可也没办法,但他心中十分生气,觉得自己被人耍了。一天晚上,小茜上完自习,正往宿舍走,突然从路边闪出一个人,仔细一看,原来是小磊。小磊气急败坏地说:你到底愿不愿意作我的女朋友? 小茜脱口而出:你别想了,我们两个是不可能的。小磊听了,上去就对小茜拳打脚踢。小茜还没来得及呼喊,就倒在了地上。

有很多时候,我们觉得在网上聊天,谁也没见过谁,说话就可以放开一些,而不去想自己的话可能会造成什么样的后果,其实很多情况下我们并没有想故意欺骗对方,只是因为自己一些没有经过认真思考的话,而导致了意想不到的后果。因此网上聊天,我们不仅要多多留心,不让自己上当受骗,还应该对自己在网上的每一个行为都负责任,只有抱着这种态度,才能真正防止网络不诚信的事件发生。

(四)玫瑰色的陷阱

随着网络的迅速发展和普及,网恋这种特殊的恋爱方式,正在成为年轻人新的生活方式。而大学生之所以钟爱网恋,不外几个原因:第一,距离产生美。大学校园本来就充满着浪漫的气息,大学生又对新事物有强烈的猎奇心理,容易被网上陌生人的神秘、浪漫和新鲜吸引,陷入爱河不能自拔;第二,寻找自我。有一些大学生性格内向、敏感、抑郁、自卑,缺乏社会交往,自我价值感低,不敢向身边的女性表白情感,而网络正好给他们提供了掩护自尊、获得异性认可的虚拟环境;第三,学习压力。一些学生进入大学后成绩落后,自信心就下降,丧失学习动力;而另外一部分学生,没有学习

目标,生活空虚寂寞,于是到网上寻找刺激;第四,大学生普遍有"凡事都想体验"的心理特点,对网恋也不例外。这些因素导致大学生经常忽视了现实的爱情生活,回避真实的情感,而在网上,又容易轻易地付出情感。这也是因为他们忽略了网络中潜伏的危险。网络专家研究认为,网络世界中,人们以匿名方式出现,容易诱发人性恶的一面,许多人可能会从恶作剧开始,发展到故意搞情感欺骗。犯罪分子也会利用大学生的心理特点和网络的间接性,实施诈骗。

小园是刚刚考上大学不久的新生,性格内向的她,初来乍到,备感感情的孤独,看到班上有的女同学谈恋爱的那种幸福的神态,她非常羡慕,也盼望着丘比特的爱情之箭能射中自己,可令人遗憾的是自己心中的白马王子始终没有出现。一次偶然的机会,她和同学结伴上网娱乐,在虚拟的情感世界里寻求刺激,认识了一个网名叫"潇洒王子"的男青年,其后他俩经常相约在网上"谈心",谈天说地,大有相识恨晚之感。从此以后小园每天只要一有时间,就到网吧去和自己的"潇洒王子"聊天,在"潇洒王子"的盛情邀约下,他们终于要见面了,小园随他去附近一家烧烤摊。晚11时30分,被幸福冲昏头脑的小园,在男青年花言巧语的劝说之下,一杯又一杯的酒灌进了肚中,不胜酒力的她被灌醉并逐渐丧失自控能力,在"潇洒王子"的搀扶下去一家宾馆开房。次日凌晨,小园酒醒后发现"潇洒王子"早已不见人影,而自己的手机、五百元现金、银行卡,甚至连耳环都不翼而飞了。面对此情此景,大梦初醒的她才恍然大悟,所谓的"潇洒王子"只不过是个骗子,他正是利用少女多情、单纯、好梦想的心理,来达到自己的罪恶目的。

阿峰是一位大学毕业生,有一份还算不错的工作,事业顺利的他,在感情世界却是一片空白,也有好心的人给他张罗介绍女朋友,但他总是觉得不满意,偏激的阿峰认为,现在的好女孩已经不存在了。

有一次,同学聚会,看到大部分同学都有女朋友,甚至有的同学还结了婚,尤其令他惊讶的是同学中有一个人是在网上找的女朋友,那女孩长得很漂亮,有气质,而且落落大方、谈吐不俗,这让阿峰内心蠢蠢欲动。聚会之后,他特意在网上申请了一个QQ号,并取名为"疯狂帅哥",果然,没多长时间,一个叫"玫瑰女孩"的和他聊了起来,女孩侃侃而谈,谈吐非常得体,这令阿峰激动不已,并很快地就坠入情网而不可自拔,他感到了一种被人们经常所说的虚拟的激情,激活了他内心世界中对美好事物的向往。在他的要求下,女孩终于同他见面了。那是一个春天的午后,阳光灿烂,阿峰早早就来到了他们相约的滨江公园大门口,他怀着忐忑不安的心情等待着心中的"白雪公主"出现。不一会,一个看上去清新、飘逸的女孩向他走来,这让阿峰觉得真是受宠若惊,他一个下午都陪着他的"白雪公主",感到自己已完全被幸福所包围。接下来的日子,阿峰陪他的这个女朋友逛街、购物、看电影、吃饭。

时间转眼已过去了一个多月了,阿峰竟为自己的女朋友花销了8000多元。这时他觉得两人交往感觉还行,就提出想到女方家去看看,可女朋友总是推三阻四的找各种理由搪塞他,阿峰觉得很郁闷。一天,女朋友笑眯眯地来找他,说家里要买新房子,还差2万块钱,要阿峰借给她,并说自己父母也想见见阿峰。阿峰虽然对这件事情有一些怀疑,但禁不住女友百般地献媚与撒娇,特别是女友的山盟海誓、女友的小鸟依人,让阿峰完全失去了理性的分析能力,他倾其所有,把2万块钱交给了自己心爱的女朋友,并等待着幸福时光的到来……谁知,阿峰女友在拿走钱的第二天就失踪了,打电话电话停机,到她说的单位找,那个单位的人居然说不认识她,阿峰完全傻了,这时才知道自己受骗了,立刻打电话报警。最后那个女骗子终于落入了法网。原来这个女孩是一个专门在网上找像阿峰这样有一定经济基础的男人来骗钱的。

卉20岁,在某高校二年级就读。几个月前,她在因特网上结识了一位"情投意合"的网友,便情不自禁地陷入了"网恋"之中。从此,她经常在网上坚持到深更半夜,与对方"情话绵绵"。很快

学习成绩直线下降。

不久,卉下定决心要约她的"网上情人"见面。约好见面的那一天对卉而言是个黑色的日子。那天,她等了好几个小时,网友却迟迟不露面。起初激动而羞涩的心情逐渐变得绝望,她总觉得来来往往的人都在嘲笑自己,最后简直不知道自己是怎样回到学校的。

从那天起卉的情绪便有些失常。想来想去,她竟然认定这是同班的一位男生在网上化名同自己开玩笑,就前去质问。男生莫名其妙,极力否认。但卉执意认为是对方在"考验"自己,始终纠缠不休。

不久以后,卉被送进精神病院时,已是思维破裂、语无伦次,一时情绪激奋,一时心灰意冷。经医生诊断确认,她患上了精神分裂症。包括卉在内,该医生已接诊了三位因"网恋"失败导致精神失常的大学生。其中,有位男生同自己的"网上情人"见面后,感到对方同自己期盼中"白天鹅"式的姑娘相距甚远,极度失望,而导致严重的心理障碍。

网上的交往依靠什么来沟通?你是如何看待网络上的人际交往的?它与现实生活中的人际交往有什么区别?如何分清真实和虚幻的界限?当遇到心理问题时应该怎么办?这是大学生在网上交友之前必须要弄清的问题。

(五)破灭的致富梦想

网络是一个开放的虚拟世界,这里充斥着大量的信息,广告便是这些信息的组成部分之一,什么"一年能赚一百万"、"早投资,早致富",类似的广告举不胜举。虽然有些广告我们一看就知道是骗人的,可在巨大利益的驱使下,仍会有人上当受骗。一提到网上的这些广告,刚上大二的小刚就会想起自己前一段时间干的一件傻事。

大概在两个月前,小刚在网上看见了一个名为"轻轻松松赚钱"的广告,上面说,只要你每天能连续六小时点击一个他们提供

的网页,就可以在月底得到八百块钱的收入。猛一看,小刚觉得很不可思议,这么简单,一个月就能赚八百,没有道理呀。可嘴上这么说,心里却想:要真是这样,岂不是天上掉下一个大馅饼!于是他按广告上的电话,打过去咨询情况,接电话的是一个小姐很甜的声音,她向小刚解释道:这是他们公司为了增加他们刚办的一个网站的点击率,吸引更多广告商而做的一个活动,这个活动也是限期举行的。接着,对方还详细地把自己公司开的网站介绍了一下。最后,那位小姐甜甜地对小刚说:"先生,如果你愿意的话,就请留下你的银行账号,以便于我们到时汇钱给你。"小刚听完,心想:原来是这样呀,不就是一天要上六个小时网么,又不费什么大事。"先生,你还犹豫什么呢,这么好的赚钱机会,过了这村就没这店了。"对方见小刚还在犹豫,又不失时机地劝道,"好吧。"小刚把账号给了对方,从此就开始了自己一个多月的、"废寝忘食"的工作。

本以为不费什么事就能弄好,可刚干了半个月,小刚就知道自己错了,自从打算干这件事的那天起,就取消了自己的午休,结果弄得下午上课老是没精打采,还常常是一上课就睡觉,等自己醒来,已经差不多下课了,有时早上六点多就起床,上一个多小时网,然后早饭都来不及吃就跑到教室上课。不仅如此,再加上这学期本来课就比较多,自己的课余时间大多都用在了上网上面,很长时间没去上自习,课也拉下了很多。每遇一些老师不点名的课,他就直接不去了。同宿舍的舍友见他整天上网,连上课也不顾了,就问小刚怎么了,于是他就把事情告诉了他们,舍友听了后,都说:这是真的么?哪有这么便宜的事呀,到时候如果拿不到钱上当了,岂不是白忙乎了。可小刚却说:不会的,电话上都说得那么清楚了,不会骗人的。虽然嘴上是这么说的,可心里还是有些顾忌,毕竟这种赚钱的方法也太简单了。可自己都做了大半个月了,现在如果不做就前功尽弃了,这样太可惜。小刚心里盘算着:先做完一个月再看吧。眼看着一个月的时间到了,小刚这两天特别高兴,每天都拿着存折到银行看一下,看钱到了没有,一下就能赚八百呢,自己早想要一个MP3了,虽然累一些,可也值了。就这样,一天又一天,可一直没有什么消息,转眼间,又过了半个月了,存折上还是一分钱都没多,小刚有些沉不住气了,又打那个电话,这回接电话的变成一个男的了,小刚在说明来意后,对方用带着诧异的语气说:"哪有这种事情呀,我们从来就没有做过这种广告,你搞错了吧?""怎么会呢,上次我也是打的这个电话,有一个小姐还给我介绍了你们的一些情况了。""一位小姐?我们这从来就没有过,你肯定弄错了。"这回,不等小刚说完,对方就挂了电话,再打过去,就一直占线了。小刚憋了一肚子的气,干了一个月,就这样被对方的几句话给否定了,虽然做的事情简单一些,可也是自己的心血呀。接下来的两天,小刚仍不死心,每天都打电话过去,可不是占线,就是他一说明原因,人家就把电话挂了。这下小刚真没办法了,自己是个大学生,每天都要上课,总不能天天去找人家讲理吧。现在一想起这件事情,小刚就觉得当时自己太天真了,"哪有那么便宜的事情,都怪我当时太贪小便宜了!"

的确,网上的一些类似的骗人广告,就是抓住了一些人爱贪小便宜的心理,虽然他们的广告一看就让人有所怀疑,可由于上面描述的利益十分诱人,还是会骗到一些网友的。这时我们就应该多想一下,天下没有免费的午餐,天上怎么会无缘无故地掉馅饼呢?

(六)网络黑客要提防

黑客在英文里是"hacker",原意是指对于任何计算机操作系统的奥秘都有浓厚兴趣的人。而现在一提到黑客,有许多人就想到了那些利用计算机技术,获得非法访问权,不怀好意的侵入远程的计算机系统中进行信息窃取或破坏等一系列行为的人。正是由于有一部分这样的人和他们制作的小程序,使我们的网络秩序遭到破坏,使我们在网络上的安全也无法保障,有时还会使自己遭受巨大的损失。

22岁的朱仁普,就是某大学的一个在校生,让所有人瞠目结舌的是他是一名"黑客"。朱仁普是一个网络游戏爱好者,平常一直热衷于网络游戏,然而价格不菲的网络游戏充值卡却让他有些吃不消。有一次一个网友无意间给他介绍说,某公司在2002年时公布了一个网络漏洞,只要用一个口令就可以获得超级管理员的权限,免费取得游戏充值卡。得知这一消息,对朱仁普来说无疑是雪中送炭,他马上到网上试了试,果然很灵,于是就经常用这种漏洞,非法进入北京某科贸公司的网络系统,窃取游戏充值卡。如果仅仅是这样,朱仁普还不至于酿成大错,然而在利益的趋势下,他萌生了窃取充值卡卖钱的想法,并分别在2003年12月和2004年1月以同样的手法进入同一公司网络系统,非法获得了总额达20余万元的游戏充值卡。北京这家科贸公司在发现了自己的损失后急忙报了案。天网恢恢,疏而不漏。正当朱仁普暗暗高兴,以为自己发了一笔横财,并将自己盗窃来的网络充值卡,在网上以低于实际金额的价格进行销售时,公安机关通过他在网上留下的银行账户,找到了朱仁普,并依法实施了逮捕。直到这时他才如梦初醒,直呼后悔,然而这时一切都晚了。

　　盗窃,无论在现实中,还是在网上,都是一种极不诚信的行为。在上面这个事件中,虽然最后使破坏者得到了应有的惩罚,然而,这种行为本身是我们不愿意看见的,如果这种行为不能得到及时的制止,那网络秩序可想而知,网络安全就更谈不上有所保障了。

二、网络——播撒诚信之花

　　面对着网络交易中那诱人的价格,面对着网络另一端有可能是自己红颜知己的网友,面对着在网络游戏中大家娱乐休闲的笑容,面对着网络给我们带来的一切一切的便利,我们又怎能说"不"呢?那么网络中的信息是不是都不能相信呢?事实并不是这样,我们只是看见了网络中那阴暗的一面,其实大多数信息还是真实的,绝大多数大学生在网络中还是讲诚信的,只要我们能够留

心,遇事多想一想,就会避免遇到上面说到的那种种麻烦。

(一)诚信经营树品牌

诚信跟品牌打造有非常紧密的关系,可以说是品牌打造的催化剂,若企业想要很响品牌,没有诚信的话,保证长不了。在现实交易中是这样,网上交易,供求双方不能直接见面,这就更需要用诚信来赢得消费者的信任,才能在残酷的竞争中立于不败之地。在这方面我们有许多例子。

IBM,即国际商业机器公司,1914年创立于美国,是世界上最大的信息工业跨国公司。2004年7月4日,许多网民在IBM中国官方网站上看见了一则令人十分吃惊的消息:市场价一千五百块钱左右的阿帕奇USB2.0托盘便携式康宝,现在却仅以一元钱在网上出售。看到这个几乎是白送的价格,网友们都很兴奋,马上在网上填好包括所认购产品、数量及自己的姓名、电话等个人信息在内的订单,在确认订购后,网页上显示出"IBM公司已经收到您的在线订单,我们的电话业务代表会在一个工作日内与您联系,确认订单事宜"。随后用户还收到一封IBM发来的电子邮件确认单,确认订购成功。一时间闻讯的网友纷纷登陆下订单。面对如此诱人的"馅饼",那些已经下单购买的网友也是心存疑虑,怀疑是不是IBM把价格和商品给标错了,担心IBM公司会不会反悔。可转眼又一想,就算是上当受骗也就是一块钱,没什么大不了的。果然,大家的怀疑,马上得到了证实,一些消息晚了点的网友,在广告登出后四十多分钟后赶来,这则广告已经被取消了。过了两个月之后,在大家都将这件事慢慢遗忘了的时候,很多当时订货的网友却接到了IBM公司的电话,电话中说:康宝已经到货,让他们到本人所在地的蓝色快车服务中心收取。将信将疑的网民们,直到最后货拿到了自己的手上,才相信了这件事情。最后,大家了解到,原来,这批阿帕奇USB2.0托盘便携式康宝本是IBM公司在一个促销活动中卖出笔记本电脑时,随机附带的一个赠品,而由于网站工作人员的疏忽,错误地将其当作促销品出售,并且标价仅为一元。在随后IBM中国网站发表的一份题为《IBM就"一元产品"的声明》的文章中说,IBM中国网站在近日的一次市场活动中,因人为错误导致"一元产品"的网上标价,引起部分中国消费者的误解,对此,IBM中国有限公司深表歉意。作为一家全球化的跨国公司,IBM是一贯秉承商业法则和国际惯例的。同时,作为一家享有良好商业信誉和恪守客户承诺的公司,IBM不仅为客户带来商业价值,更是客户最可信赖的合作伙伴。为此,IBM愿意按照相关手续、流程来完全履行所有在线订购意向,以回馈广大用户对IBM公司的信赖和支持。根据保守的估计,正是因为这一纸承诺,IBM公司损失了至少有150万元。然而他们换来的却是消费者千金难买的信任。

事实上类似的事情并不少见,2003年11月底,韩国IBM公司也出现了网站报价出错的事件。当时IBM韩国公司在其网站上将实际售价1662美元的笔记本电脑错误地标价为83.1美元,在网站公布了错误价格的一个小时之内,很多消费者已经成功地订购了货物。最后,IBM韩国公司以原价35%的折扣,将笔记本电脑卖给了订货者。2003年10月,日本著名丸红公司在其网站上也犯了同样的错误,当时它将其销售的电脑以实际价格的10%为标价公布在网站上,虽然及时发现错误,但却已经有1500位消费者下了订单,为了维护公司的声誉,丸红公司慷慨地为1500位订货者买了单。

有人说,他们这么做可真是亏大了。从表面看来确实是这样,然而仔细想一想却不尽然,虽然他们在经济上暂时损失了一些,然而他们得到的却是消费者的信赖,这比花上几百万,甚至几千万来做广告更有实效,正是因为这种以自身的经济利益来换取顾客信任的做法,才使这些公司在激烈的市场竞争中站住脚,真正在消费者心目中树立起自己的品牌。

(二)千里姻缘网络牵

网络,有时让你觉得真是一个很奇妙的东西,通过它,可以让

两个素不相识的人相识、相知。它甚至可以让两个有着完全不同的语言、文化和生活背景的人,从相互认识,到相互了解,再到相互爱慕,最终走上婚姻的红地毯。然而,这同时,两个人都必须付出一样东西,那就是真诚。

当年三十七岁的吴木兰,在深圳已经打了十几年工了。十几年前,她从河南老家一个师范学校毕业后,在家乡一所学校当了一名语文老师,三年后,因刚刚离婚,想换一个环境的她只身来到了深圳,并先后干过包括制衣厂领班在内的好几份工作。五十七岁的蒂明斯基,曾经是波兰政坛黑马,1990年和当时的风云人物瓦文萨争夺波兰总统宝座失败,如今又重新杀入2005年的波兰大选。而现在,这两个互不相干的人却走进了婚礼的殿堂,组成了幸福的家庭。是什么成就了这一切呢?是网络!

早些时候,在朋友的介绍下,吴木兰在一家交友网站进行了注册,并投放了自己的简历和一部分照片,就是在那里,她认识了现在的丈夫,当时居住在加拿大的蒂明斯基。两人开始的交流并不十分顺利,不熟悉英语的吴木兰得借助翻译软件,才能与对方交流。然而语言的障碍,并没有影响到两个人的相互了解,在初步了解到了吴木兰的一些情况后,蒂明斯基委托他在香港的朋友专程到深圳约吴木兰出来吃饭,席间还给她拍了很多照片,在与吴木兰进行了一番面对面的交谈后,他觉得吴是一个很真诚的人,并在回到香港后,把自己的经历和感想告诉了远在加拿大的蒂明斯基,"朋友给我的照片和报告对我作出决定很重要。"在最后的采访中,蒂明斯基这样说。经过几个月的接触,蒂明斯基提出要吴木兰办理前往加拿大的签证并寄来从深圳到北京办理签证的路费。但她的签证申请被加拿大驻华使馆以无结婚证为由拒绝。蒂明斯基找到他的朋友、所住地区的议员,请他向加拿大政府质询。最终在加拿大移民部长的关心下,吴木兰才拿到签证,于2004年4月前往多伦多和蒂明斯基完婚。经过短暂的网恋,两人闪电结婚,开始了一段异国情缘。在最后记者的采访中,吴木兰说:我在网上和他

聊天时,从没问过他的身份、财产等问题,我把我的真实情况告诉他,并告诉他一些我的想法,我觉得自己很真诚。当记者问到"网络上的骗子很多,为什么你就这么相信他"时,吴木兰说:"我觉得这就要看你抱着一种什么心态了,他是想真心交往还是想做游戏,从交谈上你就可以感觉得到。""其实跟有的人交往,并不需要深交你就会发现他的真诚。和他交往我就感觉到了这一点,我相信他。感觉他很实在。"

婚后,吴木兰和蒂明斯基过着幸福的生活,他们全家九口人(蒂明斯基以前的四个孩子,蒂明斯基的姐姐和她的孩子,还有吴木兰的女儿)生活得很融洽,他们常出去旅游,去过美国很多地方,还到墨西哥玩过,坐过热气球,玩过很多很好玩的东西。是什么让吴木兰从一个"灰姑娘"一夜之间变成了一个"王后",与其说是网络中的机缘,不如说是吴木兰本身的真诚,正是因为这样,才让蒂明斯基在众多网友中选中了她,如果没有自己的真诚,怎么会有现在自己童话般的生活。

同样的异国婚姻也发生在侯蕾和查尔斯身上。家住包头的侯蕾在十二年前的一次车祸中,由于脊椎骨被撞断,伤至骨髓,导致腰部以下截瘫。当时她大学毕业不到一年,在包钢某中学做一名见习英语教师。而查尔斯家住美国加利福尼亚的一个叫柳溪的小城,在一次骑摩托车时,不幸与一辆汽车相撞发生车祸,从此,查尔斯高位截瘫。和侯蕾一样,除了头和胳膊之外,他身体的其余部位都不能活动。

侯蕾瘫痪后的几年里,她的父母带她去了很多家著名的医院,可都是无功而返,医生对她的情况也束手无策。这时,侯蕾用英文在网上向美国残联网站发信,想了解美国医学界对高位截瘫患者先进的治疗方法。第二天,对方回信,一方面让她把自己的病历状况写清楚,好对症下药;另一方面讲明美国这类患者有23万人,其中有些人有自己的网址,可与他们交流一些治疗方面的经验,而查尔斯就是这1/23万,就是这样,侯蕾认识了查尔斯。在交谈中,侯

蕾了解到,虽然瘫痪,但坚强的查尔斯不想在生活上依赖任何人,他在学会生活上的自理之后,开始在当地政府部门做一些杂务,后来他又开了一家书店,再后来还开了一家餐馆……总之,在几年的时间里,查尔斯一直在做着别人认为只有正常人才能做的事情。两年前,他开始致力于社区的儿童教育工作,并几次得到当地政府的奖励。这使得一开始就让侯蕾对这位身残志坚的异国青年产生了一种敬佩之情。经过更深一步的了解,侯蕾还发现查尔斯是一个很乐观幽默的人,他会经常给侯蕾讲一些自己身边发生的趣事,还给她介绍了不少生活自理的方法。就这样,两人来来回回交往的越来越频繁,而爱情也悄悄地降临在他们两个人身上。2005年9月,在美国加州的查尔斯正式向侯蕾求爱,表示希望能来到中国和侯蕾生活在一起。今年六月初,查尔斯终于达成心愿,来到中国,并于七月一日在包头的一家酒店里和侯蕾举行了隆重的婚礼。两个轮椅上的异国网友,终于结成了患难与共的夫妻。

(三)网络救急保性命

除了上面的那些情况外,网络有时还会给我们带来意想不到的帮助。

朱令,清华大学化工系九二级学生。1994年12月,她因不明原因发病,腹、腰四肢关节痛,到北京同仁医院治疗,住院一个多月,可病因一直无法确定,最后头发全部掉光。这时病情却出现了一定的好转,于是就出院了。寒假过后回校上学,她的头发已经长出了一寸左右,但人看起来依然很虚弱。开学一周后,她再次发病,双脚疼痛难忍、双手麻木,并再次脱发。1995年3月9日,朱令来到北京市协和医院神经内科专家门诊就医。这次,医生们仍找不出病因,时间一天一天地过去,朱令的病也不断地恶化,她体内的毒素一再深入侵蚀身体。3月22日,因为吃东西开始呛,医院对她做为了抢救和维持生命必需的气管切开术,手术中她产生昏迷,三天后的晚上11点,出现吸氧不稳定的情况,幸好守护在侧的父亲及时发现,才避免了一次危情。就这样,平时相貌秀美,聪

慧可人,多才多艺的女孩,现在却被病魔折磨得死去活来。更可怕的是,面对她的病,医生们也束手无策。看着昔日的同学,现在成了这个样子,大家心里都不是滋味,这时,有人想起了网络,同学们积极地行动了起来,将朱令的病症翻译成英文,通过因特网向全世界传播这个消息,并寻求帮助。在随后的时间里,收到了来自世界各地的回信1 500多封,其中有30%认为是铊中毒,还有一些回信中提供了治疗方案,后经专家诊断,朱令体内的铊含量确实很高,达到了致病量,做了相应的处理后,病情得到了控制。

(四)摆脱网瘾更成功

网络以其自身的魅力吸引着人们,许多人陷入其中而不能自拔,轻则耽误一时的生活,重则破坏家庭幸福,辜负了周围亲人朋友对他的关心和爱护。甚至有人为此付出了生命的代价。然而让我们感到欣慰的是,有一些人在认识到了网络给自己带来的不幸时,毅然地离开了网络,不但自己戒掉网瘾,还帮助其他仍然陷入其中的人离开网络的阴影,重新正确对待人生。

陕西青年学者王阳虎,就是这样一个不但自己成功戒掉网瘾,还开办了陕西省第一家民营戒除青少年网瘾的机构,帮助其他有网瘾的青年。现在的王阳虎可以说是事业如日中天,家庭美满幸福。然而几年前的他却是另一番景象。1992年,23岁的王阳虎大学毕业后在韩城矿务局做了一年中学教师,第二年调入龙门钢铁集团从事企管工作。随后,不满现状的他开了一家化肥公司,然而生意一直时好时坏,并不十分景气。2000年王阳虎又转行到一家啤酒厂从事广告策划,2001年被分配到渭南做该啤酒厂的总代理。正在这时因为业绩平平,加之感觉自己毕业多年,一事无成,心中十分迷茫沮丧的王阳虎渐渐地迷上网络。最开始他只是上网看娱乐新闻、小说、电影,调节一下心情,但不久就迷上了聊天、打游戏,并且沉溺于其中不能自拔。自从王阳虎迷恋上网络后,他对周围其他的事物都显得漠不关心,在事业上也没有以前那么卖力了,由于他的玩忽职守,啤酒销售业绩一落千丈,大不如以前,公司

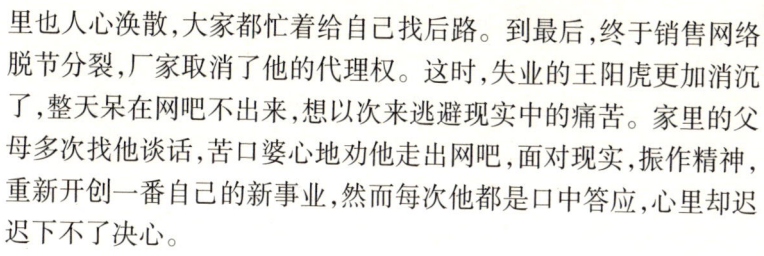

里也人心涣散,大家都忙着给自己找后路。到最后,终于销售网络脱节分裂,厂家取消了他的代理权。这时,失业的王阳虎更加消沉了,整天呆在网吧不出来,想以次来逃避现实中的痛苦。家里的父母多次找他谈话,苦口婆心地劝他走出网吧,面对现实,振作精神,重新开创一番自己的新事业,然而每次他都是口中答应,心里却迟迟下不了决心。

2001年8月13日是王阳虎终生难忘的日子。这一天,已在网吧上网三天四夜的他正在打呼噜,却被妹妹摇醒。睡眼惺忪的他看着眼前站着自己妈妈、妹妹、表哥,还不知道发生了什么事,于是不以为然地问:"妈,有啥事吗?我再上一会儿就回去了。"这时,一向性格温和的妈妈发了疯似的,哭着扑上来,一巴掌就把王阳虎打得半蹲到了地上,说:"你这没出息的东西,整天混在网吧不上班、不管家,你奶在医院急救呢,你就好好上你的网吧!"

"是我妈一顿打把我打醒了,我好像一下明白了许多道理。我奶、我爸、我儿子的面容在我脑子里一遍遍地过电影,上学时的艰难,工作后的迷茫,上网时的沉沦,这些心理全纠缠在一起,我一下子从网吧冲了出去。"王阳虎说,就在这一天,他开始下决心摆脱对网络的迷恋。刚开始时,王阳虎无事可做,无聊和郁闷使他坐立不安,看书看不进去,和别人谈生意也谈不好,总之干一切事情都不顺心。在考虑了一段时间之后,他打算暂时到一个远离家乡的地方,将自己封闭起来,在潜心戒网的同时,也读一些书籍。于是带着为数不多的钱和几本心理学书籍他来到了云南丽江,在这个风景如画的地方,他开始了自己长达几个月的戒网生活。除了早上跑步,王阳虎还坚持每天洗冷水澡。上午他会背着背包,到附近的各个景点游历欣赏风景,探访少数民族的淳朴生活,在大自然中忘掉烦恼,逐渐摆脱离开网络后的失落和不适。下午和晚上,他就在旅店里自学心理学书籍,按照书中的理论,结合自己的心得体会,探索摆脱网络的方法。经过两个月的学习和反思,王阳虎对网络有了重新的认识和定位。通过学习,他还对心理学产生了浓厚

的兴趣,并决心在这方面做一些研究。

2002年1月,从云南返回陕西的王阳虎又自费上了四川大学教育心理学专业研究生班。在读研期间,王阳虎发现,现在社会上,有越来越多的人因为迷恋网络而耽误了现实中的生活,特别是一些青少年更是如此,于是他就想如何能将网络和心理学结合起来,帮助这些沉迷于网络的人,走出这个阴影,早有了这个想法后,他将这个课题作为自己研究生时的主要研究对象。研究生毕业后,王阳虎回到了陕西,为了能帮助更多的人,他开办了陕西省第一家民营戒除青少年网瘾的机构。在这里,许多的沉迷网络的学生经过一段时间的培训后,成功地戒掉了网瘾,恢复了自己的正常学习和生活。

已经取得了初步成功的王阳虎说:"应用心理治疗原理和拓展训练手段戒除网瘾,只能使孩子们发生'惊回首'的暂时性转变,要让孩子们持续健康地成长,还需要社会各方面相互协调,形成合力。在这方面,我愿意成为一个先行者和倡导者"。

三、网络失信源何处

网络的产生原本是为了方便人们的生活,让我们能过更好的享受高科技给我们带来的便利,然而不诚信事件的发生却让我们事与愿违,甚至给我们的生活带来更大的麻烦。这就使我们不得不认真地思考一下到底是什么导致了这些事件的发生。

(一)诚信本在现实中

当今社会,我们正在经历着一场前所未有的诚信危机。生活中,盗版光碟、假证件、假文凭、偷税漏税、走私、商业欺诈屡屡发生,连一向被大家认为是社会一方净土的大学校园也幸免于难,考试作弊、论文抄袭、简历注水,这些现象对大学生的道德素养产生了巨大的冲击,并进一步反映在网络上。

今年五月，来自某省的男青年阿辉到湖北和约好的女网友见面，然而令他没有想到的是见面时却被网友及其同伙绑架。原来阿辉前一段时间在网上认识了一个女孩，女孩说自己是一个在校大学生，刚刚失恋，心情很不好，想找一个人聊聊。开始的时候两人谈得挺投机，对方挺年轻的，又比较漂亮，还是个大学生，而自己又还没有女朋友，于是他就想着能和女孩见上一面，进一步了解一下对方，当阿辉提出要到女孩的家乡和她见面时，本以为会被拒绝，谁知对方一口就答应下来，还催促阿辉赶紧定下见面的日期，说自己好做准备。阿辉见对方答应了，心里十分高兴，稍微准备了一下，过了几天就去了。一下火车的阿辉，不顾旅途的疲劳，就直接来到了约好的见面地点，见面后，两人都很高兴，有说有笑，当阿辉提出先找一个旅馆住下时，网友说自己可以找到一个地方，于是将阿辉带到了一个出租的房子里面，谁知阿辉刚进去，就被一伙人殴打捆绑了起来，还没反应过来的他就被抢走了身上所有的东西，看着刚才还和自己有说有笑的网友现在却和匪徒站在了一起，才知道自己上当受骗了。抢了东西的歹徒还不死心，还要让阿辉说出银行卡的密码，开始时他不说，歹徒们就先用绳子勒住阿辉脖子，直到勒昏死过去后再用凉水泼醒，还用铁锤砸他的手指，或用铁锹把像擀饼一样擀他的手指，受不了折磨的阿辉没办法，只好把密码给了他们，结果歹徒把里面的几千块钱全部取了出来。得手后，他们把阿辉打晕，逃走了。醒来后的阿辉，挣扎着到派出所报了案，最后在警方的努力下，终于将罪犯逮捕归案。经审问，骗阿辉的女网友名叫刘玲玲，原本是当地的一名大学生，在校期间，刘玲玲学习成绩不好，多次违反学校纪律，并经常和社会上一些无业青年混在一起，还敲诈同学校的学生，屡教不改，最后因考试作弊被开除。离开学校后，她还是没有吸取教训，仍然和社会上的青年一起不务正业，到处合伙骗取别人的钱财。年初，他们商定在网上利用刘玲玲的女色做诱饵，寻找猎物，等把对方骗到当地后，再实施绑架，阿辉则是他们的第一个目标。

****

网络诚信是来源于现实诚信的。网络虽然是一个虚拟的世界,然而上网的我们却都是生活在现实中的,这就难免会把一些自己在现实中的行为、想法带到网络中去。上面的这个例子对我们也许会有一定的启发。

因此,要在网络中讲诚信,我们就需从现实生活做起。那是不是现实中讲诚信的人,在网络中就一定会讲诚信呢?当然也不是。现实中的诚信是网络诚信的基础,但在现实中讲诚信却并不一定会在网络中讲诚信,网络和现实毕竟是有区别的,目前的网络中,缺乏有效的监督措施,这就使得网友们可以匿名在网上发表各种言论,而不用对自己的话负相应的责任,因为很多情况下,大家不可能知道你是谁,这就会导致大家说话无所顾忌,出现各种不诚信的行为。

(二)说教应该改观念

家庭和学校在一个人成长过程中起着至关重要的作用。可以说,一个人的成长、成才,百分之八九十都得归功于家庭和学校的教育。

近几年来,学生上网的问题越来越多的受到家长、老师,甚至社会各界人士的关注,这大多是因为网络游戏和一些网络中的骗局所致。家长、老师对待自己的子女、学生上网的态度大概有两种:一种是听之任之,很少阻挠;另一种也是大多数家长、老师采取的方法,就是坚决制止我们的同学上网。前一种做法多是因为现在的学生大多都是独生子女,家长对他们也特别宠爱,在家里要风得风,要雨得雨,至于上网,只要是影响不太大,也就睁一只眼闭一只眼了,家长都是这样,更别说学校的一些老师。而大多数的家长、老师担心孩子们沉迷于网络游戏不思进取,也担心他们被网络中的骗局所迷惑,而遭受损失,因此总是告诫他们要远离网络,"眼不见为净",为了让自己的孩子不上网,大人们想出了各种各样的方法,有些学校甚至明文规定,学生不能在校学习期间不能上网。

虽然有了这么多的措施,但这种行为还是屡禁不止,为什么会这样呢？其实家长和老师们忽视了一个问题:现如今,网络的发展越来越迅速,它强大的功能为我们的生活带来了极大的便利,网络虽然有其弊病,但它的优点却是不容忽视的,而且在我们生活的某些方面起着不可替代的作用。在这种情况下,我们都会和网络有着直接或间接的联系,即使现在没有,以后也会有的。因此这种因为网络的一些缺陷就让我们远离网络的做法是不可取的,我们的家长和老师们不应该只是一味地教育我们远离网络,他们更应该做的是教育我们如何去面对网络,如何看待网络中的各种信息,如何在网络中建立起自己的诚信行为。只有这样,才能使我们从一开始接触网络时就保持着一颗平常心,能够用正确的态度去面对网络,用自己的实际行动去维护网络诚信。然而,现在正是由于这种正确导向行为不被重视,使我们上网的青少年对待网络诚信很不以为然,当一个小学生模样的上网者,在被问及网上聊天的感受时说:反正网上谁不认识谁,就是玩玩的,无所谓。

(三)诚信并非一人事

另外还有一种情况,有些人已经认识到了在网络中应该讲诚信,并且他们本身很也愿意这样做,然而由于现在网络中确实有一些不诚信的人和事情,因此这些人就会觉得不公平,而且会担心如果自己讲了诚信,反而被那些不诚信的人骗了怎么办？这种现象也确实存在,所以这些人就认为网络中的不诚信是保护自己的一种方法。

小锐是一个网络游戏爱好者,他最经常玩的游戏是大话西游。一次,一个朋友送给他一张传奇世界的游戏充值卡,可是他对这个游戏没有多大兴趣,这张游戏充值卡就一点用处也没有了。于是小锐想出了一个好办法:在网上找一个人,把这张游戏充值卡给他,从他那换一张大话西游的充值卡。想到这个两全其美的好办法后,他每次在网上玩游戏的时候都留心问一下,看谁要换这张游戏卡。一次,小锐正在玩游戏,一个人给他发信息说愿意拿一张大

话西游充值卡换那张传奇世界的卡,小锐见有人换了,心里挺高兴的,本想多问几句确定一下,可想着也不能把每个人都看的不讲诚信吧,就把卡的号码和密码告诉了他。可是,那人知道了卡号和密码后就不见了音信,而小锐连对方是谁都不知道,就这样白送出去了一张游戏充值卡。

小锐是本着以诚相待的原则做的,却上当受骗,不用说,以后小锐在网上也会多留一个心眼了。正是因为这样,一个人没有讲诚信,就可能导致更多的人对网络诚信产生怀疑,反而使他们认为,不讲诚信是一种保护自己的行为。

总的来说,网络诚信不仅需要我们自身的约束力,还得要相应法律法规的健全来不断完善,而更需要的则是每一个网民都能够讲诚信,大家共同来维护这个网络诚信体系。

(四)性格自闭网上求

有一些人,在现实生活中,总觉得自己什么都不如别人,没有别人好,觉得别人看自己的眼神都不一样,自卑心理非常强。这些人不主动和其他人说话,尽量不和其他人打交道,把自己封闭在一个相对独立的空间里。而他们的内心中却是很想结交朋友,渴望与人交流。这时网络就提供了一个平台。他们觉得,在网络中,对方看不见我,不了解我,我想说什么,就说什么。

小魏就是这样的一个大学生,家住农村的小魏刚上大学时对生活充满了期待,他觉得大学生活就像他在高中时想像的那样,充满了自由与乐趣,在这里可以干自己想干的事情,为自己的生活做一个完美的计划。然而上大学不久,他就觉得大学生活其实并不像他想像的那么完美。由于来自农村,小魏的经济条件不是很好,一个月的生活费只有省吃俭用才能勉强维持,因此他穿的用的都不如别人,而其他同学大手大脚地花钱,让他总觉得自己低人一等,同班同学在一起的聚会他也慢慢地不再参加,整天独来独往,往返于教室、食堂和宿舍之间,同学见小魏这样,就找机会同他聊天,可他的话总是不多,并依然我行我素,于是变得越来越孤僻,可

在心里面,他一直想找一个人来倾诉。这时,每个礼拜一节的计算机课给小魏提供了一个机会,每次计算机课上他早早地做完老师布置的任务,然后就上网到聊天室聊天,在这里,小魏一个人都不认识,也没有一个人认识他,为了满足现实生活中的虚荣心,小魏在和人聊天时说自己的父亲是一家公司的经理,在学校里大家都觉得他是富家子弟,再加上自己有不太喜欢和人说话,就没多少朋友,所以生活得很寂寞。就这样,他跟网友聊了许多,聊了自己在生活中不便跟同学说的话,而每次当网友提出要跟他见面时,他总是回绝了,因为他知道,一见面自己的谎言就会被戳穿,而他就喜欢现在在网上的这种感觉。

四、朽木开雕须巧琢

　　网络,面对这个诚信与失信相互混杂的世界,我们能够改变的就是从自己做起,从规范自己的网络行为做起,只有这样,我们的网络才能变得更加诚信,网友们才能更加放心地在网上冲浪。看到这里,有些网友就会问,怎么样才能使自己的网络行为更规范?如果已经陷入了网络的陷阱又应该怎么做呢?

(一)态度确立诚信

　　"态度决定一切",中国国家足球队前教练米卢蒂诺维奇的这句话被我们许多人当作座右铭。确实,对于许多事情来说,只要有了一个正确的态度,你就会认真地对待它,这样就相当于成功了一半。对于网络来说也是这样,本来它只是一个我们生活的附属工具,是为方便我们的生活而为我们服务的,可如果你把它看成了一个不劳而获的手段,看成是一个哄骗别人的方法,那你在网上必然就会不诚信;如果你把上网看成是自己生活中必须依赖的一种生活方式,把网络游戏看的比学习、工作还重要,那么你就必然会陷入网络的陷阱中不能自拔。特别是我们这些青年人,有许多可以自由支配的时间,再加上对一些东西还没有正确的理解,就很容易走入误区。

因此对青年人进行一些如何看待网络方面的教育是很必要的。首先,对于网络上的各种信息,我们应该正确看待,提高自己的信息素质。第一,要保证自己在网上的所有言论都是真实的,当自己在转载其他信息时也要做到客观实在,不能毫无根据地添油加醋。同时,在阅读其他信息时,也不能人家说的是什么,自己就相信什么,也要经过自己大脑的思考和过滤。第二,我们还应该引导大家如何看待网上交友,树立起正确的网上交友观,我们应该认识到,网上交友只是为我们和网友提供了一个交流的平台,让原本互不相识的人增加了更多沟通的机会,可无论交友的方式怎么变化,它仍然是传统交友方式的一个特殊形式,只是对传统交友方式时间和空间上限制的一个突破,它的本质仍然建立在彼此之间诚信对待的基础之上的。只要我们每一个网友都用这种心态去聊天、交友,我们的网络就会减少许多不诚信的事情。再次,面对网络游戏,我们大多数人应该把它看成是一个休闲的工具,它不可能成为我们的主要任务,即使我们在其中得到了极大的满足感、成就感,但作为现实生活中的人,最终是要面对现实的。总之,只要我们在上网的时候已经认识到了网络在我们生活中的位置,能用正确的态度去对待它,我们就会自然而然在网络中更加诚信。

(二)良药苦口利于病

在网络社会迅速发展的今天,越来越多的青年,包括大学生都沉浸在其中且难以自拔,甚至一些人得了网络成瘾症,对于这样一个群体,究竟应该怎么办?这是教育工作者目前所面临的一课题。

哪些人容易患上网络成瘾症?专家认为,那些性格内向、焦虑倾向严重、不善于与人交往的学生可能性较大,一些自律能力较差的学生也会不知不觉地染上此症。专家为此开出了"药方":一是学校要为学生创造实现自我价值的环境。目前高校不少学生是从大一就开始患上了网络成瘾症的。因为他们进入新的学习环境和

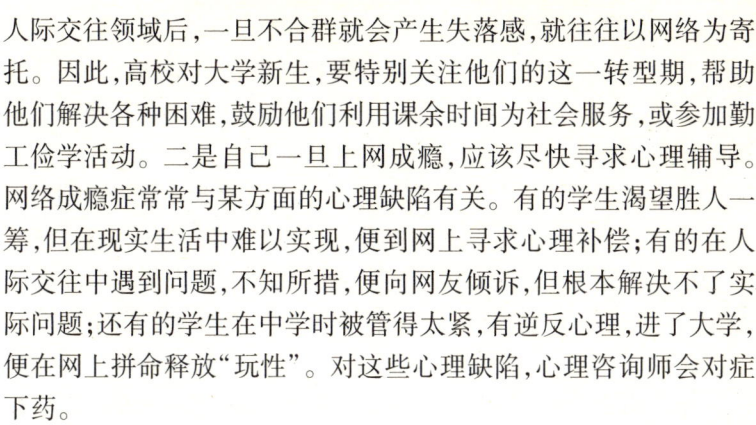

人际交往领域后,一旦不合群就会产生失落感,就往往以网络为寄托。因此,高校对大学新生,要特别关注他们的这一转型期,帮助他们解决各种困难,鼓励他们利用课余时间为社会服务,或参加勤工俭学活动。二是自己一旦上网成瘾,应该尽快寻求心理辅导。网络成瘾症常常与某方面的心理缺陷有关。有的学生渴望胜人一筹,但在现实生活中难以实现,便到网上寻求心理补偿;有的在人际交往中遇到问题,不知所措,便向网友倾诉,但根本解决不了实际问题;还有的学生在中学时被管得太紧,有逆反心理,进了大学,便在网上拼命释放"玩性"。对这些心理缺陷,心理咨询师会对症下药。

面对网瘾者,究竟应该怎么办?中国网络成瘾治疗中心给了一个很好的答案:中国网络成瘾治疗中心成立于2005年3月,但中心主任陶然医治首例网络成瘾患者却是在2001年。

当时,邻居家的一对双胞胎迷恋网络近乎入痴。邻居万般无奈之中,想到了当时正在搞物质成瘾研究的陶然。抱着试试看的态度,陶然接受了他们。最开始,陶然只是给孩子们服了点调节神经系统的药,觉得这些应该足够应付这些孩子。但孩子们还是吵着要玩电脑,于是他让孩子把他带到他们常去的网吧时,满满一屋子的孩子,眼睛直勾勾盯着电脑的场面使他震惊了,产生了强烈的挽救责任感。

陶然这才开始重视青少年网络成瘾这个现象。因为网络成瘾在国际上尚无统一诊断标准。他发动中心的人和他一起查找资料,最后确定了研究方向和办法,即从临床病例出发,制定网络成瘾的疾病概念、临床分型和网瘾的量化测量标准,同时他也召集了一批神经学、心理学、教育学和临床医学领域的专家,共同组成了这个课题组,经过一段时间的临床实验,在全球第一次明确提出了为医学界所承认的网络疾病概念、临床分析和网瘾的量化标准,而后网瘾治疗中心宣告成立。

治疗方法:最开始是心理治疗,后加上药物、"玩"、"潜能教

育"。陶然强调,网瘾与网迷不一样,网瘾已经是一种病,必须要靠药物来平衡神经系统,而能靠说服教育的还只是网迷。对于网迷,中心一般给家长一些建议后,让他们把孩子带回。对于患有网瘾甚至网瘾综合征的孩子,中心才收留住院。

中心的治疗方法逐步丰富。最开始是心理治疗,发现不管用,于是加上药物,孩子又反映太单调了,于是再加上"玩",就是学界所说的"工娱",后来在和孩子们交流的过程中发现他们大多缺乏自信,于是又加上"潜能教育",请一些专家来给他们做培养自信心的讲座。

中心有6名心理医生,每天要和孩子们聊上2~3个小时。内容涉及生活、学习、家庭各个方面,孩子们很愿意把自己的苦恼说给心理医生听。心理医生的作用实际上就是揭开孩子心灵的伤疤,然后教他们正确面对。

为了帮助孩子们重新建立人际关系,中心安排了"团体培训"环节和"团体治疗室"。治疗室地上并排铺着两块垫子,每天晚上,中心会组织孩子们坐在垫子上围成一圈,打扑克、做游戏。每天下午的健身环节是孩子们最感兴趣的,中心承包了一个健身房,里面可以打篮球、打乒乓球、游泳、跑步、练瑜伽等。玩的时候大家才发现,玩游戏太毁身体了。这里面有很多以前篮球打上两三个小时没问题的,现在发现刚打二三十分钟就气喘吁吁了。运动一方面使大家转移了兴趣,另一方面也让大家认识到沉迷网络世界的危害。

据陶然介绍,截至目前,中心共治疗364个孩子,其中100%都有效,85%基本治愈,有2例反复现象。但中心自成立后,就一直处于质疑和肯定的漩涡中。

陶然坦言,医学治疗不是治本之策,家庭教育更重要。中心的心理医生黄大夫也说:"其实,15天能改变的只是一个开始,要想使孩子真正改变,还需要家庭配合治疗。"中心的心理医生除了给孩子们治疗,还会定期跟家长们交流。

曾经作为志愿者参加过共青团中央举办的"百万家庭健康上网大行动"活动的傅中国说:"父母不懂教育方式,学校又只要孩子分数,这是孩子迷恋网络的根本原因,也是解决问题的关键所在。"

陶然认为,父母与孩子沟通不当是网络上瘾的最主要原因,所以预防孩子网瘾的最好方法就是加强家庭成员之间的沟通,多关心孩子,倾听他们的心声。此外,学校应该加强孩子的青春期教育,合理引导青春期孩子的好奇心和逆反心理,同时加强教育,让孩子认清网络的作用,把网络当成一种工具而不是一种玩具。同时他也提醒大家,孩子玩游戏不要超过 2 个小时,超过 4 个小时就会产生依赖。

(三)训练戒网瘾

网络本是生活的一个附属品,是为我们所利用的工具,可你一旦陷入其中,乐不思蜀,就会本末倒置,为网络所累。现实生活中,因为这样的事情而造成的悲剧不在少数。这不仅给自己、给家庭带来了伤害,甚至有些事在社会上也引起了一些负面效应。因此,戒掉网瘾,本身就是规范我们自身行为的一种方式。也许有人会说:"说的容易,那是说戒就能戒掉的吗?"的确,无论什么事情一旦成瘾,想戒掉都不是那么容易的,上网也不例外。尽管如此,许多人仍然在这方面做了大量的工作,不断进行尝试。其中,对网络成瘾者进行相对封闭的训练就是一种较有成效的方法。

小光现在是一名高三的学生,在初中时,各方面都十分优秀的他是每一个学生羡慕的对象,可到了高一下半学期,当他陷入到网络游戏的漩涡中后,一切都变了。开始时是上课迟到,慢慢地发展到旷课,被老师批评,家长的话也当成耳边风。一学期下来学习成绩急转直下,在老师和家长的眼中,小光已经变成了一个坏男孩。小光自己对此也十分困惑,可总是管不了自己,一天不上网心里就难受。就这样一直到高二,小光已经完全陷入了网络游戏中,连他对自己也失望透顶。就在高二的暑假,小光的父母听说有一个暑

期封闭训练可以帮助戒掉网瘾,就把他送到了那里,小光短短的几天戒网生活就这样开始了。几十公里的步行、凌晨五点多就开始的各种军事化训练、午餐的咸菜馒头、下午的障碍越野、深夜的紧急集合……军事化的训练管理和巨大的体力消耗使小光暂时忘记了网络游戏。而且在各种活动中,他还体会到了配合的默契,团结的力量和用汗水换来的胜利的喜悦。这时训练教官不失时机的开导,又使小光明白了其实生活中除了网络之外,还有许多更有意思的事情值得我们去做,值得我们去珍惜。就这样,小光下定决心,以后一定要少上网,把自己以前失去的东西补回来。现在,小光的生活正常多了,每天按时到校上课,比以前也用功了许多,他说:还有一年时间,我一定要好好学习,考上一个好大学,我一定会成功的。

网络,就像一把双刃剑,稍有不慎就会伤到自己,而网络诚信则是我们每个网友手中一个坚固的盾牌,只有牢牢掌握住了它,才能使我们在网络生活中免受伤害,同时也维护了整个网络的秩序。面对着网络诚信的缺失给我们带来的伤害,也许你会悲愤,会失望;面对网络诚信的恪守给我们带来的欣喜,带来的安慰,也许你会兴奋,会对网络充满信心,那么还在犹豫什么,赶快行动起来,让我们的网络充满诚信吧!

第六篇

"郁闷的代价"——人际交网中的诚信问题

每每想到这个故事就不禁感触颇深。

在日本东京的餐馆里,有着许多中国的留学生从事刷盘子的钟点工工作,以补充学费和生活费。日本餐馆老板要求用水把盘子刷三遍,其中一位留学生在刷累了盘子的时候自做聪明地认为刷两遍也是无人知道的。于是他试探着偶尔在无人监督的情况下,刷了两遍,而且从外观上似乎看不出什么来,老板还夸他卖力气给他了不少小费,因为他只刷两遍,比别人要少一遍当然速度要快了。

于是这位留学生很得意,有时曾在中国的同学中夸耀自己的小聪明。可是别人都怕被人发现后丢掉自己的工作,没有人效仿,他便笑他人没有胆量。他一直在做着偷懒的事情。

终于一天老板发现了他的秘密,将他辞掉了。他只好去了别的餐馆,可是没有两天,他又被辞掉了,一连好几次,甚至他一报出自己的名字别人就摇头了,说,这里不需要你。他最后急了说,怎么说不需要呢,你们明明写着要招聘刷碗工吗?别人回答他说,是呀可是不需要你这样的人,别人刷三次,你刷两次,你的名字已经在这个街区传开了,不讲信用,不遵守劳动规则,你已经被列上黑名单了,谁还敢用你!

* * * * * * * *

强烈的侥幸心理让我们在诚信的边缘徘徊,这位自做聪明的留学生,因为不守劳动规则,不守诚信,最终再找不到工作了,只好离开,投机取巧的代价永远超出我们的想像。

诚信是每一个人立足社会必须具备的基本道德品质,同时也是资源,是资本,是财富,更是竞争力。诚信的力量不言而喻,但是不可否认,背离诚信的强大的诱惑也是孤注一掷、不断冒险的资本。目前我国正处在改革开放、社会转型、市场机制逐步完善的时期,市场固有的逐利性质,对人们的思想观念、价值取向、行为方式发生了很大的负面影响,折射在道德方面,令人震惊地在较大范围内出现行为失范、见利忘义、惟利是图、背信弃义等现象,使诚信成了社会的稀缺资源,导致了社会的诚信危机。尤为严重的是,被人们称作"天之骄子"的大学生中也不同程度地存在诚信问题。即社会诚信问题影响到大学生这一年轻的群体,诚信缺失也成为当前大学生思想道德教育的突出问题之一。

一、心灵的困惑

俗话说:"天时不如地利,地利不如人和。"然而近年来,出现了一系列的问题,不能不引起人们的深思。

据某项课题的调查结果表明,现在的大学生信任危机在大学生交往中普遍存在。一些大学生表示,大学校园就是小社会,很难交到知心朋友。当代大学生更渴望一种富有人情味的人际关系,但这也恰恰从另一方面证实了他们对现在的人际关系并不满意,他们认为现在的人际关系没有多少"人情味"。"互不相干、各人自顾",甚至"互相提防、暗中拆台"的关系让我们的人情味荡然无存。

无独有偶,不久前,河北大学就大学生人际关系问题,对河北省和天津市 12 所高校 1200 多名在校学生进行了一次调查。调查

显示,人际关系是大学生面对的最苦恼、最难适应的问题之一。

另一项全国性的调查也显示,与上个世纪90年代相比,当代大学生呈现出的心理问题增多,而且在重要性次序上发生了变化。在老一代大学生中,情感、社会交往和学习的重要程度在其心理上分列前三位,现在的前三位仍是这些问题,但是,社会交往上升到第一位,学习问题排第二,情感在第三位。

南昌大学心理咨询中心2002年接待学生812人次,其中因人际关系紧张前来咨询的占20.1%,排在第一位;在2003年接待的836人次学生中,人际关系不适的达28.9%,其比例仍高居第一。此外,对2003级5232名新生进行的一项心理测试显示,在人群中感到不自在、自卑,对他人求全责备等人际关系明显感到不适的同学达到5.1%。

(一)难以开启的序幕

一位阿拉伯哲人这样说过,一个没有交际能力的人,犹如陆地的船,是永远不会漂泊到壮阔的大海中去的。在现实生活中,人际关系的好坏不仅是一个人的心理健康水平、社会适应能力的综合体现,而且在很大程度上影响着一个人的生活质量和事业的拓展。现代社会的发展需要更加广泛而深入的联系与协作,因而,人际交往在事业成功和生活美满中的作用就显得越来越重要。

对于成长中的当代大学生来说,悉心培养和锻炼良好的人际交往能力,不仅是大学生现实生活之必需,更是将来适应社会、展翅奋飞的需要。

跨入大学校园,生活变得丰富多彩,所要面临的人际关系也更加广泛和复杂,人际交往的问题也开始突现出来。宿舍关系不和谐,缺少知心朋友,同学关系淡漠,与异性交往困难,沉迷于网络,与任课老师交流太少,与社会上的人交往困难等等。

小慧家在内地,十年寒窗,终于考上了梦寐以求的上海某名牌大学,接到大学录取通知书时,她几乎喜极而泣。

小慧父母身体、工作都很好,在家时,除了学习其他事情一概

不用自己操心,家人全权代劳,小慧在上大学之前没有集体生活的经验,一切都是父母料理,她是"两耳不闻窗外事,一心只读圣贤书",学习成绩好就行,父母的教育思想和言行也与此一致。他们为了让孩子专心学习,代劳了许多本该由孩子自己承担的责任。只要学习成绩好,父母就非常高兴,"以分数论英雄"。

可上大学后这些优势都不复存在,在她寝室8个同学中,有6个是上海人。她觉得她们是另一个世界的人:说着日语一样的上海话,知识丰富,活跃兴奋,变着花样玩儿。在她们面前,她自己像个10岁不到的孩子。而老师在课堂上讲着一些莫名其妙又深不可测的东西。周围都是优秀的学生,小慧以往的学习优势不复存在,这时自信心开始动摇、倒塌。

上课时,她总喜欢坐在僻静的角落里,许多人在一起时,她从不找别人说话,也没有人理她。到食堂去吃饭,有那么多人排着队,她就只好看到什么买什么,连价钱和菜名都搞不清楚,所以吃的东西常常是又贵又难吃。

在学习和生活的压力之下,小慧感到自己处处不如人,她生活在苦恼中。苦恼着自己处处不如别人,苦恼进入了一个"太好"的环境,苦恼学不好功课,苦恼自己思想幼稚。她的一个室友是上海知青子女,她也在苦恼,而她苦恼的是家境,是操劳的母亲,是自己的生活责任。小慧觉得自己的苦恼比别人狭隘。这段时间,她说她的生命中除了痛苦还是痛苦。她从没想过要轻易结束自己的生命,因为她的生命根本不是属于她的,而是属于爱她的人;假如她能够死得无牵无挂,死了不会有任何人痛苦,她可能早就去死了。她觉得人活着真没意思,特别是当你的理想实现了,而你又发现它根本没什么意思时。她说她找不到自己,"我到哪儿去了?"

小慧性格较为内向,不善与人沟通。其实,许多大学新生第一次离开父母,进入一个陌生的环境,要独自面对生活,都有一个学习掌握人际交往的技巧、学会与他人相处的过程。但在目前处理面临的这些困难的时候,她自身也就成长了。

实际上在大学生的交往过程中都会或多或少地出现这样那样的问题,在每个成长中的大学生,都希望自己生活在良好的人际关系的气氛中,应该如何改善人际关系,如何加强人际交往,大概是每个大学生迫切希望解决的问题。其实对于大学生而言,人际交往对学习、生活和心理健康都有很大的意义。

小强,某高校的学生,家在农村,很穷,在中学与别的同学家庭情况差别不大,倒没什么。可到大学后,同寝室的同学家庭条件都比他好,使他有了沉重的压力。有一次他去打篮球,穿了一双破布鞋,遭到别的同学的嘲笑,产生了一种强烈的耻辱感,从那以后,他就再也没有勇气走进篮球场。不仅现在不去打篮球了,连和同学们的交往也少多了。他总是担心同学们背后议论他、嘲笑他,感到自卑,但他目前又无法改变这种局面,心中十分痛苦,甚至产生过绝望的自杀念头。像这种情况是大学生人际交往中的问题。

这种种问题不过是出于心灵上的隔阂造成的无法信任别人,接纳别人、没有敞开心扉,就谈不上交流。每个人都是天生的自我中心者,每个人都希望别人能承认自己的价值,支持自己,接纳自己,喜欢自己。刚刚入大学期间,进入崭新环境的大学生更重视自我表现,希望引起别人的注意,被别人接纳。据研究表明,人际关系的基础是人与人之间的相互重视、相互支持。对于真心接纳我们、喜欢我们的人,我们也更愿意同他交往并建立和维持关系。

(二)高处不胜寒

当代大学生大都是上个世纪 80 年代出生的独生子女。这一代人生而寂寞,没有兄弟姐妹。"孔融让梨"的兄弟情感仅仅是一个故事,难以让他们有切肤的体会。从小万千宠爱集于一个人身上,早已经习惯了以自我为中心。这种人生经历的好处就是,与上代人比起来,他们从小就培养起极强的自信心和极强的自尊心,喜欢张扬个性,富有创新意识,没有任何思想桎梏的羁绊。然而,这种人生经历导致了另一种先天不足:在他们身上,少了一分容忍与谦让,多了一分自私与清高。这就注定了在一个集体内,他们的合

作意识很差，很难与其他人相处得融洽。

薇薇的父母经常对薇薇说，你这孩子一点不懂得谦让，有什么好吃的都是先尽着自己。我们小时候家里那个穷啊，有了一块糖果也得先给弟弟妹妹留着。薇薇虽然嘴上不敢反驳，但心里不乐意："我留给弟弟妹妹，那谁留给我呢？"这是北京某高校一位同学给记者邮箱里的留言。她在留言中承认，她在学校里的朋友不多，和许多同学的关系处得并不好，因为他们个个都很傲，个个都很有个性，谈不到一块儿来。

大多数的独生子女原来在家的唯我独尊的心理在大学这个集体生活中一筹莫展。如何维护好自己的利益成了第一要务，争取利益成了人际交往的目的所在；"做了学生干部就觉得根本没有朋友，我认识的那些人，都是工作上有瓜葛的，那些看上去跟我热情得不得了的人肯定是有事求我，要不他怎么对我那么好？"；一些所谓的承诺与夸赞，不过是对那些人的内心世界的遮掩，是处理自己利益的一种手段。

太多人将学生看成是天真无邪的群体，事实上，现在几岁的孩子就已经知道维护自己的利益了，家长的言行、社会的熏陶、物质的诱惑让这些超级模仿者们尽显成熟，"自私"便成为成熟的标志。"我也想帮他，可谁帮我？""我也想相信他，可谁知道他什么目的，他有那么好心？"他们绝对相信父母对他们是无私的，是奉献的，当生活中忽然出现了其他的同伴，他们的第一反应就是，眼前的事物已经不只属于我一个人了，我一谦让，我就没有了，我一天真，我的就被别人拿走了，大家住在一个屋子里，非亲非故，多危险，我可不敢犯傻，相信别人太容易受伤害。就算刚上大学的学生还能有一丝信任之心，随着时间的推移，对琐事的计较、竞争的激烈，渐渐地同学之间很自然地就垒起了一道虚伪的宫墙。在面子上，大家关系情同手足，可等到奖学金评定，等到荣誉评比，等到要找工作时，便立刻反目成仇，彼此冷漠、中伤，甚至在暗处相互拆台。诚信！在这个时候，讲诚信就等于农夫与蛇，只会害了自己。

这就是现代的校园理论。同学会在媒体上高呼,我需要别人的信任,我需要人情的温暖……可当你高呼时,可曾想过,自己对别人又有诚实守信,己所不欲,勿施与人。也许,我们现在该做的就是面壁思过,自我反省……

(三) 心灵的寂寞

大学生时期是大学生心理趋于成熟的时期,此阶段,特别需要别人的理解,愿意向别人倾诉自己的思想,以便通过别人的理解与安慰而对压抑的情绪进行调节,使心理压力得到缓和。因此,大学生的人际交往显得尤其重要。

对于新入学的大学生来说,大学校园是一个全新的生活环境。远离了父母,远离了挚友,来到一个完全陌生的生活环境,这使他们在渴望新的友谊中怀念昔日的亲情、友情。特殊的生活环境中大学生不断挖掘自己的内心世界,随着自我意识的不断发展,参照其他人来审视自身渴望愈加强烈,由此带来的孤独感与无助感也不断增加,这就使大学生对人际交往的需求与渴望成为必然。

让我们司空见惯的是,学校周围的网吧成了不少大学生打发时间的好去处,他们长时间陷入网络的虚拟空间不能自拔,以致面容憔悴,睡眼惺忪,精神萎靡,影响了正常的学习生活,甚至贻误了学业,玩物而丧志。疑惑中我们发现这片乐土上到处是发泄,到处是渴望。一方面,不少在校大学生渴望友情,渴望理解与同情,希望建立良好的人际关系;另一方面,不能正确认识交往和缺乏交往的技巧,又使他们陷入交往的误区。正是由于这种高期望值与低成果造成心理上的巨大落差,让这些同学苦苦寻觅却又毫无结果,于是开始闭锁自己,郁郁寡欢,久而久之,形成忧郁症、交际恐慌症等心理疾病。

阿琦是某重点大学大二的学生,她们宿舍一共六个学生,来自天南海北。刚上大学那会儿,阿琦对一切都觉得很新奇,她对待每一个同学都很热情、大方,而且她也很勤快,她每天都坚持打扫宿舍卫生,帮同学提开水,同学也比较喜欢她。

****

阿琦自己也觉得在大学里能和这些同学同宿舍是她的幸福，也是她的缘分。

一切都是在一个偶然的事件发生后开始悄悄发生变化。期末考试快开始了，大家都抓紧时间复习功课，每天晚上同学们都学习到很晚才回宿舍休息，有时甚至是半夜两三点。阿琦有失眠症，她每天总是坚持到最后再休息，因为她怕她先休息之后再被别人吵醒而难以入睡，可是同宿舍的姜艳却不管这些，她经常和男朋友一起复习到次日凌晨才回来，之后，还要在宿舍里洗漱，声音在漆黑的夜晚显得特别大，搞得阿琦根本无法入睡。几个这样的不眠之夜过后，阿琦的精神彻底垮了，她上课不停地打瞌睡，面容憔悴，最后，她实在忍不住了就去找姜艳谈，结果是姜艳不但不认错，反而认为阿琦是嫉妒她，她和阿琦大吵一架，从此以后，两个人就再也没有说过话。阿琦为此很苦恼，几次试图找姜艳说话，但姜艳连她理都不理，一个宿舍住着，低头不见抬头见，以后的三年该怎么过呀？阿琦真的不知该怎么办了。为了发泄心中的情绪，阿琦开始上网，在网上她可以随心所欲地把自己的不满情绪发泄出来，在网上，她找到了自己被别人尊重的良好的感觉。

宿舍关系不和谐是一个问题，我们首先要接受这个现实。宿舍生活是集体生活，至少有两个或两个以上同学共住，由于大家来自不同的家庭，有着不同的生活习惯和个性爱好，步调一致地作息和生活显然不可能，必定存在不合拍、不和谐的地方。如果我们能理智地接受这个现实，就能在一定程度上理解别人的行为，缓解作息相互冲突带来的不适。其实，自己的习惯不经意间也会影响别人，所以大家都要学会谅解和宽容。

晓庆是南京某大学的一名学生，他来自偏僻的山区，父亲重病在床，奶奶爷爷年事已高，只能干一些简单的活，弟弟还在念书，全家老老少少都靠母亲一人的劳作，生活十分艰苦，晓庆长这么大，走得最远的地方就是他们那个县城，那还是因为他学习成绩好，初中毕业后，被保送到县一中读书。他上大学的学费全是贷款。进

入大学后,看到同班同学中那些来大城市的孩子,穿戴名牌,出手阔绰,而他连吃饭的问题还没有解决好。这种巨大的贫富差距,使得晓庆产生了强烈的自卑感,他不大主动和同学交往,每天独来独往,性格越来越孤僻。为了排解他内心的孤独感,他上网和别人聊天,很快,他在网上找到了自己,也找回了自尊。但在现实中他却依然很自卑。

今天的大学生对待贫困的心理承受力越来越弱。近些年来教育改革的风暴无可避免地波及到大学生身上,自费上学,双向选择,这对于贫困大学生无疑是雪上加霜,金钱问题是大学生活的主要矛盾,严重降低了大学生的心理忍耐力。

(四)诚信变奏曲

诚信本是做人必须具备的基本道德素质,但是许多人在金钱、名利面前丧失了做人的起码准则,他们千方百计地寻找各种机会,甚至不惜以失信作代价来换取所谓的成功。

镜头一:

候机室里总是那么无聊,白浩看了下表,还有几个小时才能上飞机,不知道该用什么方式去打发接下来的时间……正想着,这时迎面走来一位时尚女子!

"嗯……您好,我可以坐下么?没打扰到您吧",

白浩一时被这位年轻美貌、时尚脱俗的女子勾起了好奇心,"没关系,请!"

"你这次去上海是谈生意么?"

"不,我去看看我父母,我要出国了,外面还有好多生意要谈!"白浩说完心有点虚,不过如果真能钓到这条美人鱼也值了。

"真的,你要出国,去哪?"

"我要是能去就好了!"

"嗯!你外语要过关才行哪!"

"外语不是问题,只是……"女孩踌躇了一下,很快笑着说,"一个人出去太寂寞了,呵呵……"

****

很快,两人攀谈起来,讲品位,讲档次,出入五星级宾馆,参加上层社会的宴会,女孩侧耳倾听,时不时发出爽朗的笑声。"没想到,你这么厉害!呵呵!"

"嗯……打扰一下,我想去洗手间,你帮我看一下包,嗯,一会再聊!"

白浩一听非常高兴,立马把女孩的包抱在胸前,如获珍宝,眉间透出不尽的幸福。

"先生,你好,我们想请你核实一下,这是您的包么?"

"不,我的包在这!包呢?这是怎么回事?"

那位年轻漂亮的女子被保安人员带到了眼前!

"这……"白浩不知所措。

原来白浩的穿着打扮很时尚,早已引起了那个女孩的注意,而白浩自己为了引起女孩的好感,使尽浑身解数,把自己说成大款,说成事业有成的新好男人。而这一切正好上了那个女孩的钩,她见白浩对她有好感,就留下自己的物品让白浩看管,进而分散他的注意力……太戏剧了,诚信呢?在擦肩而过的熟悉中早已荡然无存。

欺骗可以说是不诚信的极端,它已经超越了道德的范畴,对欺骗的惩罚仅仅是人格上的鄙视和道德上的谴责是远远不够的,这样的不诚信受到法律的制裁是必然的。

镜头二:

大学校园中很多学生稚气十足,太多人看好了这块肥肉。大一刚入校的学生,刚走出家门,社会经验少得可怜,单纯如水,于是打大一学生的主意成了一条"致富路"。

"同学,你们好,我是你们的学长,我就住在×楼,你们一打听就知道了。"

"真的,学长好!"

"你们,开学用的东西准备了没有?"

"什么东西?还要准备?"

"你们开学就要用文曲星,你们刚来不知道的,没有的话,就没办法上课,你们全英文讲课,你不买就没办法听课啦!"

"是么?我没有啊!"

"我这刚好有,给大一的打8折,机会过了就没有了。"

"我要买啊!"

"这样,你先交200元定金,我这就给你拿货去,你放心吧,我就住在××楼,有事你去找我啊!"

这位"学长"就这样没几天就赚了一笔,不过……

"通知,近期,保卫处抓获一名在校园内自称学生的诈骗犯,据此人交代,已做案数起,骗取人民币千余元。"

坑蒙拐骗固然可以瞬间大捞一笔,若没被抓捕便可一夜暴富,也正是很多人的这种侥幸心理勾起了他们犯罪欲望,然而将侵犯别人人身财产安全作为致富之路者,必将受到法律的制裁。

镜头三:

夜有些深了,大学的校园里一片宁静,忽然传来一阵抽泣的声音,刚下自习的阿峰好奇地寻着,梧桐树下蜷缩着一个娇小柔弱女孩,衣服单薄,头发还有些蓬乱,

"小妹妹,你这是……怎么不回家?"

"我想上大学!"

阿峰听着有些糊涂,问道:

"你上学么?你离家出走?"

"我现在上高三……我很想考这所学校,我想来看看。我觉得这里好,我不想回家了"

阿峰知道这可能是个离家出走的,于是坐下来耐心给她讲要好好念书……女孩终于被说动了,但她是偷着跑出来的,就算想回也回不去,没有钱!阿峰当即掏出身上的几十元钱,觉得不够,又给同学打电话,又借了200多元,凑了300元给了女孩,说:

"回去好好学习,你会考到这里来的!"

阿峰回到宿舍觉得很欣慰。

****

没过几天,阿峰接到校保卫处的电话:

"您好,你前几天是不是遇见这样一个女孩……她现在已经被我们抓住了,赃款已经被花掉了,你尽快到我们这里核实一下!"

阿峰愣在电话旁,里面传来"嘟——嘟——嘟——"

镜头四:

一位西安农民捡到了一只内有一万元现金和许多有价证券、银行存折的皮包,主动与失主电话联系,表明要把拾到的皮包归还,但是,那个失主却认定那位农民是个小偷,认为他打电话与自己联系是想再敲诈一笔钱财,于是想方设法要把"小偷"引到自己的地盘上,报警后"一网打尽"。而那位农民却让弟弟和弟媳作"保镖",自己把一万元现金绑在贴身的裤腰上,千里迢迢赶到了成都。甚至在双方见面时,失主还作好了"布置",以防万一。然而,见面后,"真相(情)大白",农民硬是不要一分钱回报。当那个老板再三要把4000元钱作为酬谢时,这位朴实的年轻农民只是一个劲地重复一句话:"不是自己的钱不能要。"失主最后自然是羞愧难当,事后,他说这件事对他的人生观、价值观产生了重大影响。

法网恢恢疏而不漏,不诚信,不择手段,欺瞒敲诈的人们终将受到社会的整治,众人的鄙弃。利益面前越来越浮躁的人们不断的"独辟蹊径",但侥幸中却无一幸免于难。交际中的不诚信确实可以暂得一时之欢,但接踵而来的惨痛代价却无法估量。没有人愿意让一个骗子留在身边。一旦被套上法律罪名,再想翻身难上加难。聪明的女孩偏爱忠厚老实的男人,尽管他并不帅,但心里觉得踏实;聪明的老板偏爱诚信肯干的员工,尽管业务素质并不那样高深,但不用过度忧虑他会背叛自己;聪明的顾客偏爱诚信的企业,尽管价格偏贵,但买起来放心……诚信为偏爱她的人们谱写着生命的赞歌。

二、人啊人

在高中我们还是家长、老师眼中的孩子,一个将考上大学作为自己的一个被夸赞、被奖赏、被刮目相看的目标的单纯的孩子,可以说我们从一上学就一直走着这条路,内心对大学的期盼就是我们学生之间的话题,就是我们与人交际的纽带,我们不曾想过要怎样讨好身边的人,要怎样赢得别人的关注、信任等等,因为我们有父母为我们遮风挡雨,我们有家可以发泄一时的不快,除了学习我们什么都不用想。

但到了大学一切都变了,我们被评价的指标已不再是学习成绩,也没有人心甘情愿地围在我们周围照顾我们的一切,没有人会无休止地包容,没有人为我们排解内心的苦闷,生活中除了经济上可以得到父母的资助再没别的了。怎么才能赢得别人的信任,怎么保护自己,"我该怎么办?"开朗的人们会积极地寻求,在不断的碰壁之后心理素质好的成了交际的高手,没有扛过去的还有那些本来就内向的便不知觉地误入歧途。

迷茫中大家首先学会沉默,"不在沉默中恋爱,就在沉默中变态。"也不知从哪流行出来的,但我们却都很清楚,沉默或长或短,之后的结果千奇百怪……

现在的大学校园里,"郁闷"一词风靡各个角落,早已成为莘莘学子的口头禅。然而,在这看似具有解嘲意味的"郁闷"二字背后却隐藏着颇受关注的大学生心理健康问题。

(一)猜忌心理

不相信任何人,那么就无法得到别人对自己的信任。

阿尔贝茨带着困惑离开了中国。离开前,"阿里"告诉记者,直到现在自己都无法理解,申花夺冠之后的那一年,球队表现为何如此糟糕。当记者告诉他,申花夺冠后即陷入低谷的故事,如今正

被去年夺冠的深圳健力宝队复制,这个憨厚的德国人无奈地摇头,"或许我离开中国足球是一个正确的决定"。

申花去年的堕落根源在于"乱政"。一年换了四任主教练,难堪大任的皮特·贝拉堂而皇之地取代了堪称顶级的外援佩特科维奇。球队内部缺乏信任和合作氛围,导致了第10名的联赛最差战绩。如今,在"窝里斗"方面,健力宝大有超越申花的味道。迟尚斌上任后,郭瑞龙、谢峰等效力数年的助理教练相继被"迟家班"代替,以李玮峰、李毅为首的球员与新教练组陷入对峙。直到大迟下课,东风才再度压倒西风,郭瑞龙重新掌权,李玮峰感叹"天终于亮了",健力宝也在合适的时机赢球了。一切似乎只为证明某个人是唯一的错误。

相互猜忌、拉帮结派、排斥异己……申花和健力宝这两支冠军球队,不约而同地在夺冠后,由于内部人际关系不顺而引发大厦倒塌的危机。这也不得不让人对中国足协的作为表示怀疑。不管是吴金贵还是朱广沪,他们"忽然"上调国足,都是地方俱乐部走向动荡的导火索。在坚持国家利益高于一切的背景下,中国足协如何更具人性化地规划国字号球队,如何避免俱乐部"后院起火",也是一个严峻的课题。

"专业代骂"是一种赤裸的"流氓职业"。

4月1日,哈尔滨市市民张先生遇到了一件闹心事——整整一天,他家的电话响个不停,拿起电话就会传来污言秽语。"电话代骂100元/天、大字报代骂200元/次、信函代骂30元/封,语言绝对新颖,不会重复,保你解气……"这类的"代骂"业务广告,让人不得不将张先生的遭遇与此联系到一起。

骂人本不是什么新鲜的事情,每个人都会那么一点,尤其是在烦躁、苦闷,被别人误会,自身权利得不到伸张的时候,免不了要骂上几句。但是,当"污言秽语"被"专业"打理成一种商品、服务,还可以委托"经营"并形成"专业公司"的时候,这样的服务给被骂的人带来的将是严重的精神和心理负担。遭骂之后,被骂人的习惯

动作便是想弄清是谁所为。他便回忆过去与某某人的矛盾、纠纷,对身边的同事、朋友甚至亲属产生怀疑和猜忌,对可能雇人来骂他的人进行猜测式认定,这样就从客观上影响了人与人之间和谐、信任的关系,放大某些误会,甚至激化与所谓"对头"之间的矛盾,严重的还会产生报复心理或行为。

(二)恐惧心理

社会现实的阴暗面让人们开始冷漠、孤立、逃避……

晴是一个16岁的妙龄少女,但却上演了一则骇人听闻的悲剧。

一天晴放学回家,一看到母亲头发凌乱,衣服被撕破,就知道父亲又殴打母亲了。心疼母亲的她斥责了父亲几句。过了一会儿,张某和丈夫又吵了起来,厮打在一起。晴和弟弟极力劝架,但并没有奏效。看到家里被打得一团糟,晴彻底绝望了,她转身走到另一个房间,找出在学校做饭剩下的半瓶液体酒精倒在了自己的头上和身上,然后划着了火柴……在晴痛苦的叫声中,张某与丈夫吓得跑过来,拼命用床单扑火,然后赶紧拨通了120,将孩子送医院抢救。

10%二度烧伤的晴说:"我很小的时候就已经想到过死了,只是没有想过用这种方式。"在她描绘的家庭世界里,充满了冷漠、暴力、卑微、可怜、残忍……

晴的童年,是在父亲毒打母亲和母亲的哭泣、呻吟中度过的。谈起十几年的婚姻生活,晴的母亲张某说:"挨打是家常便饭了,我结婚17年,都是在丈夫的打骂中度过的。他一直没有工作,脾气暴躁,动不动就拿我和孩子出气。我浑身上下都是伤。"

父亲对母亲所做的一切,晴一清二楚。她说,"除了吃喝以外,父亲什么都不管我。"得不到家庭温暖的晴,在学校还要面对贫寒所带来的辛酸和羞辱。为了逃避家庭,她选择了从市区28中转学到郊区22中。一个星期14元钱就是她的全部伙食费,因此她一天只敢吃一包方便面。小雪曾对母亲说:"村子里的孩子一

个星期都拿30、40块钱,他们都嘲笑我呢!我只有一身校服穿,村里的孩子都笑我土。"

17年的家庭暴力,破碎的家庭,心灵上的侮辱让晴过早地饱尝了生活的艰辛。她不知道还能求助于谁。犹如一座活火山沉闷得太久,晴有一颗敏感、隐忍的心,在家庭16年的"寒流"中凄苦飘摇,沉闷了太久,她需要一个出口"发泄"。在冷漠的世界中,无处发泄,找不到温情的港湾。爆发,一点也不意外。而死,是她在绝望中逃避痛苦从而解脱的方式。

晴的行为也是对社会的一个警示。社会太沉闷了。居住环境的私密性和邻里关系的日益冷漠,一般都是"你家的事我不管,我家的事你也别问。"冷漠的人际交往,导致了人们对他人境遇的淡漠冷酷。

恐惧社交场合和人际接触,可以说是一种的心理异常。他们在公共场合把注意力过于放在周围的环境上,对外界的刺激非常敏感,总觉得别人对自己的一言一行非常关注,总担心自己会出现错误而被别人嘲笑,总处于一种莫名的心理压力之下。社交恐惧症常常会导致口吃、植物性神经功能紊乱,甚至兴奋性晕厥等并发症,影响人们的正常生活和工作状态。

(三)抵触心理

他们在现实的冲击中开始变得偏激,抵触,仇视……这一切让我们毛骨悚然。

华是华中师范大学外语系一名大三的学生,正值暑假,她通过熟人介绍,找到了一份家教的工作,给一高二女生娟娟辅导文科。经过两个月的假期,两人已成为亲密的小姐妹,不愿意对爸妈讲的话,娟娟总乐意向华倾诉。

9月开学后,娟娟的妈妈刘女士提出继续聘请华每周日来帮女儿补习,并私下让华与女儿交流时,刺探一下其有无早恋情况,如有"苗头",请她一定转达。为此,刘女士还额外塞给她200元钱作为"卧底"的酬劳,华觉得很为难,但终于点头应允。

国庆节期间,娟娟和邻班一男生相邀出游,也喜滋滋地打电话与华"分享"。第二天,华便将此次"情报"向刘女士汇报。当天午饭,刘女士便提醒女儿不要与该男生"走得太近"。娟娟感到奇怪,渐渐意识到华并不可靠,补习时也不再多话。

青春期的孩子非常注重与同龄人之间的交往,并在交往中发展人际间的认同感。家长的做法很可能引起孩子的叛逆心理,让孩子心理设防,与人交往自觉不自觉地产生抵触情绪,反而不利于孩子的成长。

(四)竞争心理

对旁人缺乏信任这种严重的提防心理造成"竞争就是血淋淋的"畸形心理。

一位专家说,当代大学生成长时,这个社会的竞争程度是前所未有的,社会由计划经济转入市场经济,让人们认识到竞争的重要性,而这个概念随后演绎到社会的方方面面。一个孩子从小到大,耳朵里听到最多的恐怕就是竞争这两个字。在家里,父母会教育他好好学习,同时举出不好好学习就会有悲惨下场的反例;在学校,老师会拿好的学生和差的学生比,优者往往就是大家的宠儿。社会、学校、家庭对竞争意识的过分强调,使得孩子认为人和人之间是要竞争的,而竞争是血淋淋的,导致他从小就对旁人产生一种提防心理。

高智商、低情商的培养方式将诚信置之门外是造成"竞争就是敌对身边每一个人"的仇视心理的一大原因。

人民大学的一位教授认为,目前,家长们对孩子的成功期望值太高,导致从小就给他们灌输一种出人头地的思想。而想要出人头地,就意味着一个激烈竞争的过程,这个过程其实就是汰弱留强的过程。在这个孩子的潜意识中,也许身边的每个同学都是他潜在的竞争者,所以有时候,他们的关系就表现为对手,而不是朋友。他举例说,在书店里,一本又一本的高考状元经验谈盛久不衰,家长们趋之若鹜,为的是培养出另一个哈佛女孩或男孩。但是,家长们却忽视了另一个问题,成功的基础,仅仅拥有高智商是不够的,一个人拥有超群的智力却缺乏正常的情商,就好像一个缺了一条腿的板凳,任其他腿有多坚韧,还是站不稳当的。

没有相互信任,合作无从谈起,将竞争与合作割裂开来会造成对人际的恐慌与焦虑的心理。

"当代大学生的成长就好比一棵树,一个枝丫叫做竞争,一个枝丫叫做帮助与合作,两个枝丫理应长得不相上下,但现状是前者长得茂盛,后者却长得很单薄,"一位心理专家认为,当代大学生心理上有一种对不正常人际关系的焦虑和恐惧,他们更加渴望一种富有人情味的人际关系。对他们的教育,单纯提倡竞争是不对的,更必要的是,我们还要教会他们如何与人合作,如何相互帮助,告诉他们友谊的珍贵。

(五) 浮躁心理

梅在A公司工作了5年。大学毕业后5年,是梅最黄金的青春,她把最充满活力、最激情的5年奉献给了公司。

去年底,梅就这样跟上司雯说,工资一直不涨,很失望,没办法只能离开,因为得付房子按揭,也想要更好的生活。

雯很沮丧,说:"你没有耐心了么,我们很快就会好起来的。"

可是梅很坚决,因为B公司已经给她开了较高的薪水,这个诱惑她无法抗拒。

雯不再劝梅,声音哽咽:"梅,请你记得,我们永远是朋友。"

"你不怪我?"梅不敢看她。

"怎么会?要怪就怪我们公司,不能达成你的心愿,让你失望而走。"

梅,忍不住,热泪盈眶。

B公司,对梅一直是个诱惑。薪水高,名气大,均是A公司所不敌。只是管理较严,每天上、下班严格打卡,迟到就扣工资。可是这是小儿科,工作这么多年应该能够坚守。

上班第一天,梅跟部门的人打招呼,"嗨,你们好!"

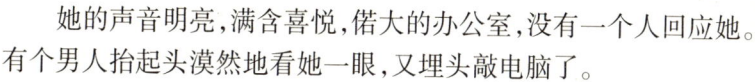

她的声音明亮,满含喜悦,偌大的办公室,没有一个人回应她。有个男人抬起头漠然地看她一眼,又埋头敲电脑了。

好在她有电脑陪伴,做自己该做的事,也不觉得孤独。

午餐时分,梅邀几个女同事一起出去AA制,那几个睫毛甩都不甩一下,说,我有约会,你自己去吧。结果在B公司的第一顿午餐,她就着纯净水啃了两个面包。

几天之后,开始有同事注意到梅,只是进门的时候互相看一眼,就算打过招呼了。这里的会议很少,公司运行的时间长,所有的事情都定好了框架,你只需往框框里填东西就可以了。而且竞争激烈,她亲眼看到两个女同事为了争一个客户,指着鼻子互相嘲骂。

梅对新工作开始发怵了。

每天早晨,她一想到要进入那样冷冰冰的环境,心中就有了抵触,明明是要赶着时间上班打卡的,可是总是会磨到最后一刻才肯出门。结果,一个月下来,她的交通费飞涨。三个月下来,她被记迟到4次,因拉肚子旷工2天,扣工资共计500元。

好在三个月之后,这种被动的状态有所改善,她可以做到不迟到了,但是精神状态每况愈下。她买了瘦身卡、游泳卡、美容卡,并且到医院去做颈椎按摩。一个月算下来,有1500元用于身体和疾病的治疗。

仔细比较,她在B公司的收入实际不比在A公司的多,用自虐的方式赚了更多的钱,又用到了身体上,这不是恶性循环么?梅不再快乐。

她开始怀念,在A公司那样单纯快乐的日子。

梅和同事们每天早上一碰面,就会激动地分享昨晚看的影碟和笑话;上班迟到了,主动在门口报一声"我迟到了,扣我钱吧!"午餐AA制,每天换不同的菜,一周吃一次毛主席最爱的红烧肉;开会时最好,可以说出最怪诞的想法,笑得牙齿嗑落……

半年后,梅终于鼓起勇气给雯打电话,雯首先问:"你好么?"

梅告诉雯,很不好。雯像一个大姐姐,非常坚定地说,那就回来吧,我们依然在一起。

梅小心地问:"我还可以回来么? 你不怪我见利忘义?"

雯笑了,说:"怪。怎能不怪,怪你回来太晚了呗!"

雯的亲切让她忽然明白,一个良好的人际氛围,一份自己感兴趣的工作,对于她是多么的重要! 和雯,还有原来的同事在一起,给她带来的轻松和快乐,不亚于为她增加5万元的年薪。这一笔隐性财富,以前她从来没有意识到它的存在。

第二天,梅迅速递交了辞职信,迅速回原单位报到。雯说,还给你放假一天,明天不准迟到。她跑到街上,排了半个小时的队,花2元钱买到了一个大大的"土得掉渣儿"牌烧饼。啃着烧饼的时候,享受着一种平实的幸福……

除此之外,造成大学生人际关系紧张的原因与大学生自我意识不完善,以自我为中心倾向严重有直接关系。他们遇事多从自己的角度考虑,总是希望别人和周围环境顺着自己,往往因不善于处理各种人际关系而导致心理问题出现。当他人的看法、想法、生活习惯等与自己不一致,或自认为他人有对自己的不尊重时,他们甚至采取以牙还牙、自我封闭等处理方式。这部分学生虽然表面上似乎很要强,其实内心非常孤独,希望他人接纳自己,自己却不善于接纳他人;希望他人尊重自己,而又缺少尊重他人的意愿。

大学生时期是大学生心理趋于成熟的时期,处于陌生环境、且青春洋溢的年轻人都渴望真实的友谊,需要别人的理解,愿意向别人倾诉自己的思想,以便通过别人的理解与安慰而对压抑的情绪进行调节,使心理压力得到缓和。因此,大学生的人际交往显得尤其重要。

其实我们每个人在成长过程中,都会有很多的困惑。如果你内心有很多的不安、很多困惑、很多迷惘、很多问题,这是一个正常成长的一个现象,不必焦虑。针对自己生活中出现的这些问题,必须面对面地去解决。如果问题出现了,我们就要有一个正确的态

度、积极的态度去面对它。也许每一个问题的出现,对于我们来讲都可能是一次考验,但也是一个成长的机会。如果我们能认认真真地去面对它,积极探寻解决的方法,相信问题终究会得到解决。

我们要对自己宽容,要有些耐心,还要积极地去面对问题,而不是逃避,也不是拖延。我们要对他人多一份理解,多一份关爱,多一份交流,这样我们的心理环境会共同改善。人生路上,让我们卸下生命的重负,轻装前行。

三、诚信——人生的通行证

人们在摸索中,从自己的经历出发只言片语的诉说着诚信的价值,伴有诚信的交际如果成功了,那么诚信自然被认为是有价值的,如果失败了,那他们会说还不如不讲信用,说不定会成功!既然大家将交际成功与否全都归结在讲不讲诚信上,把其他因素一概排除在外,那么我们接下来的话题就可以到此为止了!

诚信是我们交际中起决定意义的一个因素但不是全部。我们所谓的讲诚信是说在做事时及时把握自己,将诚信原则巧妙地运用,而不等于讲诚信就不动脑子,不用心去体会挖掘,那些将交际的成功原则仅仅理解为只用诚信就能成功的行为,叫做"迂腐",这又怎么能成功。

一些在诚信边缘徘徊的人们不过是因为看到了那些讲诚信的人失败了,所以开始怀疑诚信的价值,开始怀疑所有人对诚信的评估,但这些愚钝的人们为什么不再想想,那些人失败的原因是什么,难道是因为他们太讲诚信,所以才被社会抛弃的么?当然不是,翻开历史的画卷我们根本找不到这样的例子,大家不要将因为"自己没能力办好这件事"而失败的惨剧归于"自己太信任大家"身上。也就是说,如果你因为你所谓的太信任别人而惨遭毒手,只能说明你自己太笨,还没有承担这项任务的能力,再锻炼上几年,

你再重演这段历史,你将会得到你最希望的结局,因为你变聪明了。看清楚之后才发现并不是诚信的错。

剩下那些徘徊的人们就是看到了不讲诚信的一时之利。有人会说,我怎么是一时的,说不定就能一直成功,在这我们就不争论了,回顾一下前面例子的悲惨结局就知道了。有谁能向大家宣布自己因为从来不讲诚信而成功了一辈子,并且将其个人的失信的成功经验著成书以供后人参考。从人类几千年的文化遗产我们就不难看出,那些歪门邪道的糟粕没一个流传下来的,那我们现在这些执迷不悟的"勇者"们是不是该清醒一下了,因为你们的一时辉煌加上后来的惨剧与最后的杳无声息不过成了后人以此为戒的典范,而那些事业腾达且名垂千古的美名最终还是落到了诚信之邦。

谈历史,展未来,不如让我们眼见为实,走进生活,在身边寻觅诚信的真谛……

(一)诚信答卷令人满意

不久前的一个早晨,浙江林学院学生和往常一样来到学校食堂吃早饭,当他们打好饭菜后却遇到了一件从来没有遭遇过的事情:停电了,食堂金龙卡服务器全部瘫痪。由于该校食堂全部采用金龙卡付款,从不收现金,面对排着长队等吃饭的学生,怎么办?学生要上课,必须先吃饱饭!

该校后勤领导果断决定:让学生先吃饭,至于饭钱,等中午来电金龙卡恢复使用,学生们再来打卡。于是,大学生们吃到了"免费早餐",顺利地上课去了。学生们吃过早饭,午饭的时候他们还会来付早饭的钱么?学校又没有在卖饭菜的时候记录每一个买饭菜同学的姓名和饭菜的价格,如果学生买了早餐不来付款怎么办?

到了中午,学校食堂负责人心里搁了一上午的担忧很快就化成了欣喜:午饭时分,来自动打卡付早餐钱的同学越来越多,直到午餐供应结束,该食堂经过计算卖出早餐的份数和中午来打卡同学的个数,并参照以前的收入,发现所有领取"免费早餐"的同学都来补上了早餐的费用。一名已经在校外吃过午饭的同学还专门

来打卡,"我可不想为了贪这点钱,而损害我的诚信分数,虽然没有人知道我是否买了早饭或是否已经付钱,但我自己知道,如果我今天不来付款,它会像一块石头搁在我的心里。"

江苏大学的校园内出现了一个特殊的报摊——"无人售报"四个鲜红的大字吸引着过往学生们的目光。丢下一枚五角钱硬币,拿走一份报纸。报纸售完来取钱时,报款分文不少。江苏大学自去年11月在学生宿舍三区学生公寓门口摆出无人售报摊以来,半年总共销售了2万份报纸,却不曾出现一例拿报不付钱的事。

据无人售报发起人、该区学生公寓管理员张君霞介绍,半年来,这里的扬子晚报销售量每天都有120份左右,最高时达160份,没有一个同学拿报不给钱,少数同学买报甚至从不找零。下午,管理员对一天的销售进行了统计,本该卖出89.5元,实际收回了95元!

说起此举的初衷,校方表示,就是在扩大学生视野的同时,看看学生的诚信度,结果是令人满意的。

学生们表示,无人售报方便了他们的生活,也考验和监督了大学生的诚信度。能够在无人看管的情况下自觉地拿钱买报纸,对于大学生来说应该不是一件难事。无论身在校园,还是走向社会,一个人的诚信意识都是非常重要的。他们建议应把"无人售报"这项活动长期搞下去,让每一个在校大学生都从内心深处常常"拷问"自己行为背后的"诚信"二字。

杭州市某银行设在浙江财经学院下沙校区内的自动取款机,突然像被施了魔法一样,双倍吐钱。取完款后,卡上所显示的取款记录比实际吐出的钱少一半。这个过程持续到当天下午1时,直到这家银行的工作人员接到一名学生的电话后赶来维修。

第一个向银行反映取款机故障的是浙江财经学院大学生陈力,他说他只取500元,但取款机却给了他1000元。他意识到可能是取款机出现了故障。于是,他拨打了银行留在信用卡上的热线电话,但没人接听。他又立即通过114查询银行电话,终于联系

上了银行,说明了情况。

第二天下午,这家银行在征得浙江财经学院同意后,派了两名工作人员,在出错的取款机旁设了一个纠错点,等待同学的还款。银行还在校园的许多醒目位置贴出告示,希望在此机取过款并发生款项差错的客户,本着诚实守信原则,尽快到纠错点与银行工作人员联系,办理纠错手续。向银行反映取款机故障的陈力第一个还款。银行工作人员一到学校,他就把多得的500元钱送到了纠错点。"我们这些学财经的学生,以后会成天和钱打交道,钱哪能想拿就拿啊。"陈力这样对记者说。记者在浙江财经学院采访时了解到,自动取款机发生故障的当天中午,有多位财经学院的学生打了银行热线,也有学生向班级辅导员作了汇报。

一位章姓女生也曾去这台取款机上取钱,明明是取50元钱却得到了100元钱。由于不知该怎么联系银行,她及时将情况报告了自己的班级辅导员,并在次日归还了50元钱。

根据银行清点,在取款机发生差错的这段时间内,共发生46笔取款业务,银行"损失"10900元,其中最大一笔取款额是1500元,取款机给了3000元。在这段时间里,连续取款的有三个人,其中一个取了三次,每次都是500元;一个取了两次,每次500元;另外一个也是连续取了两次,一次100元,一次300元。在4月5日和6日两天时间内,纠错点共收到7500元退款,占差错款总额的70%。据银行工作人员介绍,4月6日,一位男同学来到纠错点,他表示自己曾经取款200元,取款机给了他400元,但这400元钱已经花完,他暂时还不出钱来,希望宽限几天。他留下了联系方法和身份证明。银行工作人员核实身份后,答应了他的要求。

截至4月8日,银行收到的退款没有新的增加。尽管还有3000多元的差错款没有得到退还,但银行对还款进度表示满意,认为绝大多数大学生的诚信度还是很高的。然而接受采访的大学生们却对此反应强烈,他们认为,银行对每一笔取款信息都有记录,还有一部分人正在经历诚信风险。

（二）诚信的魅力

一个星期五的傍晚，一个贫穷的年轻艺人仍然像往常一样站在地铁站门口，专心致志地拉着他的小提琴。琴声优美动听，虽然人们都急急忙忙地赶着回家过周末，还是有很多人情不自禁地放慢了脚步，时不时地会有一些人在年轻艺人跟前在礼帽里放一些钱。

第二天黄昏，年轻的艺人又像往常一样准时来到地铁门口，把他的礼帽摘下来很优雅地放在地上。和以往不同的是，他还从包里拿出一张大纸，然后很认真地铺在地上，四周还用自备的小石块压上。做完这一切以后，他调试好小提琴，又开始了演奏，声音似乎比以前更动听更悠扬。

不久，年轻的小提琴手周围站满了人，人们都被铺在地上的那张大纸上的字吸引了，有的人还踮起脚尖看。上面写着："昨天傍晚，有一位叫乔治·桑的先生错将一份很重要的东西放在我的礼帽里，请您速来认领。"

人们看了之后议论纷纷，都想知道一份什么样的东西，有的人甚至还等在一边想看究竟。过了半小时左右，一位中年男人急急忙忙跑过来，拨开人群就冲到小提琴手面前，抓住他的肩膀语无伦次地说："啊！是您呀，您真的来了，我就知道您是个诚实的人，您一定会来的。"

年轻的小提琴手冷静地问："您是乔治·桑先生吗？"

那人连忙点头。小提琴手又问："您遗落了什么东西吗？"

那个先生说："奖票，奖票"。

小提琴手于是就从怀里掏出一张奖票，上面还醒目地写着乔治·桑，小提琴手举着彩票问："是这个吗？"

乔治·桑迅速地点点头，抢过奖票吻了一下，然后又抱着小提琴手在地上疯狂地转了两圈。

原来事情是这样的，乔治·桑是一家公司的小职员，他此日之前买了一张一家银行发行的奖票，昨天上午开奖，他中了五十万美元的奖金。昨天下班,他心情很好,觉得音乐也特别美妙,于是就从钱包里掏出五十美元,放在了礼帽里,可是不小心把奖票也扔了进去。小提琴手是一名艺术学院的学生,本来打算去维也纳进修,已经定好了机票,时间就在今天上午,可是他昨天整理东西时发现了这张价值五十万美元的奖票,想到失主会来找,于是今天就退掉了机票,又准时来到这里。

后来,有人问小提琴手:"你当时那么需要一笔学费,为了赚够这笔学费,你不得不每天到地铁站拉提琴。那你为什么不把那五十万元的奖票留下呢?"

小提琴手说:"虽然我没钱,但我活得很快乐;假如我没了诚信,我一天也不会快乐。"

(三)做人——赢在诚信的起跑线上

父母们常说:"不要让孩子输在起跑线上。"什么是人生的起跑线?明礼诚信、老老实实地做人,才是真正的人生起跑线。

国王的花种和诚实的孩子。记得小时候,我们一定会听过这样一个故事:中国古代有一个国王要选一个王位继承人,他发给王国内每个孩子一粒花种,并承诺说谁能种出最美丽的花,就选谁当国王。

评选时间到了,绝大多数的孩子都端着漂亮的鲜花前来参选,只有一个叫杨平的男孩端着空无一物的花盆前来。最后,他被选中了。因为,孩子们得到的花种其实都已被蒸过,根本不可能发芽。

这次测试不是为了发现最好的花匠,而是要选出最诚实的孩子。

这个故事对我们的一生影响很大。诚实做人,靠本事吃饭,是做人的处世原则。据说,美国波士顿大学教育学院设计的基础教材中,就选用了这个故事。教材建议老师在班上组织讨论,向学生介绍"最高程度的诚实是最好的处世之道"这句谚语,并要求学生制作"诚信"标语,在教室里张贴。他们认为:"教育学生成为一名

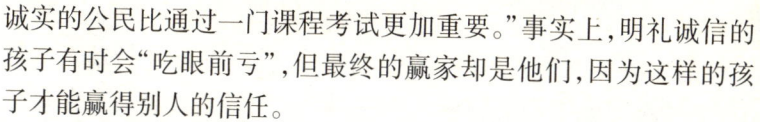

诚实的公民比通过一门课程考试更加重要。"事实上,明礼诚信的孩子有时会"吃眼前亏",但最终的赢家却是他们,因为这样的孩子才能赢得别人的信任。

一家媒体曾经报道过这样一件事:"金棕榈"酒店开业已几个月了,据说那位蔡老板用人很苛刻,有好几位年轻貌美的女服务员,只干了一个月就被蔡老板炒了鱿鱼。小梅是从安徽黄山出来的打工妹,她听说"金棕榈"招工,就鼓起勇气前来应聘。蔡老板对小梅做了一番目测和口试后,便拍板录用了小梅,并说明给小梅的月薪是800元,另加夜班费。小梅喜出望外,脸颊红扑扑的就像初绽的夹竹桃花。

小梅是个手脚勤快的姑娘,挺珍惜这份工作。每天,她总是提前10分钟上班,下班也总是走在最后;她的脸颊上终日笑意盈盈,还能热情地向顾客介绍特色菜名,不少顾客常向老板夸赞小梅。蔡老板听了也是得意地一笑。

一个月很快就要过去了。这一天,小梅收拾残席时,竟意外地发现桌腿旁躺着一张崭新的百元大钞。小梅的心一阵狂跳,忙往四周一看,似乎没有人注意自己,就躬下身捡起了钱。然而,小梅的这种兴奋瞬间便消失了。她的脑海蓦地涌上一件往事:在8岁那年,小梅的家境很贫寒。父亲为了让小梅过年时能穿上一套新衣裳,就偷偷地去山外医院卖血。在山口,父亲意外地捡到一只钱包,里面有30元钱(当时的30元钱可是一笔可观的钱财呀)。按理,父亲可以不用再去卖血了,可他却没这么做,硬是在山口苦苦地等了大半晌,终于等到了失主。事后,父亲多次对小梅说:"娃子,不是自家出力挣的钱,拿了烫手。咱人穷,可绝不能志短呀!"这句话一直像刀刻斧凿般留在小梅的心间。今天,尽管这百元大钞挺诱人,可自己能动心吗? 小梅毅然把这钱交给了蔡老板。

没想到,蔡老板坦率地说出这是自己的一个"计谋",那几位姑娘就是经不住这种诱惑而被辞退的。蔡老板颇有意味地说:"君子爱财,但应当取之有道!"一个月后,小梅被提升为大堂经

理。

　　这个故事被选入上海市中小学生素质教育课外活动系列教材,老师希望孩子们能够以小梅为楷模。"孩子的命运是父母创造的。"父母是用自己的言行,把"诚信"两个字刻在孩子心中的。而诚信是一种力量的源泉,显示着一个人的高度自重和内心的安全感与尊严感,它能帮助人在人生的十字路口把握好方向。

四、人生路上与诚信同行

(一) 诚信——沟通的桥梁

　　学会了解和沟通,对于大学生建立良好的人际关系很重要。因此,大学生要经常地站在对方的角度去理解和处理问题,一切就简单多了。一般而言,善于交往的人,往往善于发现他人的价值,懂得欣赏他人,愿意信任他人,对人宽容,能容忍他人有不同的观点和行为,不斤斤计较他人的过失,在可能的范围内帮助他人而不是指责他人。懂得别人是别人而不是自己,因而不能强求,与朋友相处应存大同、求小异,这样做可以得到很多的人真心相处。

　　沟通是要注意语言的使用,说话不要太刻薄,也要注意技巧。交往时要主动的交往。对一个风华正茂的大学生来说,都需要有丰富的人际关系世界,并在这个世界上帮助与被帮助、爱与被爱、共享欢乐与承受痛苦。在社会交往中,那些主动始发交往活动,主动去接纳别人的大学生,在人际关系上往往较为自信,而主动交往稀少源于两方面的原因。

　　一是缺乏自信,担心遭到拒绝,担心别人不会像自己期望的那样理解、应答,从而使自己处于窘迫的局面,伤害了自己的自尊。事实上,问题远没有我们想像的那么严重,因为人际关系中,双方都需要适应。

二是人们在人际关系方面有许多误解,如先同别人打招呼,在别人看来低人一等,"那些善于交往的人左右逢源,都有些世故,有些圆滑","我如此麻烦别人,别人会认为我无能,会讨厌我"等等。大学生的主动交往也很重要,特别是当面临人际危机时,主动解释,消除误解,重新建立良好的人际关系非常重要。大学生一定要建立自信,主动和同学、老师交往,有利于形成良好的心理素质。最后要学会帮助别人。心理学家发现,以帮助与相互帮助开端的人际关系,不仅良好的第一印象容易确立,而且人与人之间的心理距离可以迅速缩短,使良好的人际关系迅速建立起来。

对于在校的大学生,要从各个方面锻炼自己,克服各方面的心理问题,改善人际关系,使自己能够适应大学生活。

大学阶段是大学生心理趋于成熟的时期,此阶段,特别需要别人的理解,愿意向别人倾诉自己的思想,以便通过别人的理解与安慰而对压抑的情绪进行调节,使心理压力得到缓和。因此,大学生的人际交往显得尤其重要。

但任何事物都是双刃剑,大学生的人际沟通和交往能力虽然很重要,凡事都有个度,如果掌握不当,就是好事也会变坏事的。

吴倩是一个活泼、开朗、热情、坦率的女孩子。一进大学校门,她就积极主动地与周围同学交往,她希望自己在大学期间广交朋友,从别人身上吸取优点充实自己,并且也让自己能获得别人的肯定、接纳与喜欢。

于是,她注意不放过任何一个与别人交流、沟通的机会。其中,最主要的自然是言语交流。无论在宿舍里、在课间休息的时候,还是在结伴而行的途中,身边的任何一个话题她都会热烈地参与,而且她自己常常是各种话题的发起者。本来,她就口齿伶俐、思维敏捷,加上平时注意拓展知识面,更重要的是她追求在言语交流上表现出色,因此,只要有她在场的交谈,几乎没有不以她为中心的,她的语言感染力是非常强的。她说的话最多,自然占用的时间也最长,并且总是千方百计地把别人的注意力吸引到自己这一边来,或者竭力驳倒与自己观点不同的人。她为此而自我感觉颇为良好,有一种优越感。她以为这样更有利于在别人心目当中确立自己的地位。

然而,随着时间的推移,她渐渐发觉最初同学们倾听她侃侃而谈时的专注、欣赏的表情消失了,代之以心不在焉、无动于衷,甚至不耐烦的表情。不止一次,当她的言谈暂告一段落时,其他人都奇怪地默不作声,使她体会到无人回应的尴尬。她自我检查并没有说错什么,推测是自己的话题别人不感兴趣,于是就换一个新话题继续说下去。但是,这样做的结果更糟,她明显感觉到已经有人在故意回避她了,主动跟她交谈的人就更加稀少。她陷入了从未有过的孤独与困惑。

直到有一天,当她又不由自主地滔滔不绝地说着的时候,一位同学以无比冷淡的语气甩给她一句:"你说的尽是我、我、我……有没有完!"她愣住了,内心的什么东西被触动了一下。她问自己:"为什么会这样?"

什么原因导致吴倩的"沟而不通"？如何与人交谈才是真正的沟通？倾听是不是比倾诉重要？如何在交往中培养真挚的友谊,这是大学生在与人交往过程中必须要重视的重要问题。

(二) 扬起合作的风帆

俗话说:"一个篱笆三个桩,一个好汉三个帮。"事业的成功需要良好的人际关系,一位心理专家认为,当代大学生心理上有一种对不正常人际关系的焦虑和恐惧,他们更加渴望一种富有人情味的人际关系。对他们的教育,单纯提倡竞争是不对的,更必要的是,我们还要教会他们如何与人合作,如何相互帮助,告诉他们友谊的珍贵。

同时,我们不能单单依靠学校教育来解决这个问题,它需要家庭、社会的共同合力。第一步要走的应该是改变现在的评价体制。一个学生从小学到大学,成绩被放到一个过分重要的位置,成绩要和奖学金挂钩,要和入党提干挂钩,要和找工作挂钩,等等,这种唯

成绩论导致了他们从小到大重视学习的同时,忽略了许多珍贵的东西,也导致了他们彼此之间因竞争而产生紧张甚至裂缝。我们相信,如果我们将成绩挪动到一个低的台阶的话,我们的学生会相处得更融洽。

大学是个小社会——小刘在读了三年大学后,总算体会到了这句话的"真谛"。由于上大学前小刘的人际交往圈子非常狭窄,活动范围只是学校到家庭的两点一线,但是到了大学,与寝室里来自五湖四海、有不同生活习惯和性格的室友住在一起,难免会有磕磕碰碰。三年下来,小刘与一个室友由于一桩小事情,居然"老死不相往来"了。小刘还在系学生会担任职务,那可是个"藏龙卧虎"的地方,在失利的时候,小刘经常觉得失落,甚至嫉妒起了比自己强的同学,与同学的关系也十分疏远。

大学校园,既有成群结队,也有形单影只,"社交不是任务,而是一种乐趣。"能不能体会到这一点,就是内向性格和外向性格的分界线。其实,大学校园里"孤独"的人不在少数,个性内向是一方面原因,大学生正在寻找自我、对自己不自信、有自卑感等也是很重要的因素。从心理健康的角度来看,良好的人际关系会促进良好的心态和自我认同感,后者又会进一步促进良好的人际关系,双方形成一个良性循环的关系。因此,孤独的大学生有必要培养自己善于融入人群,适度外向,促进社会化和身心健康发展。另一方面,在人际交往中,学会如何处理冲突也是非常重要的,这就牵涉到一个掌握沟通和情绪控制的技巧问题。

要想有个好人缘,先要在思想上重视人际关系,愿意为之付出努力,同时多学习一些人际沟通的方法和技巧,有机会可参加一些相关的讲座或团体训练。在做好以上准备之后,需要调整心态,以勇敢和坦然的心态付诸行动,多为自己创造与别人合作、交流的机会,并主动与别人开展沟通。遇到人际冲突,则要学习和运用换位思考,站在对方的角度思考和感受,就会理解和原谅对方。

(三)克服自卑,走出自我

现在的大学生中,人际交往诚信问题比较多的一个主要原因是自卑心理作怪。

慧敏是一名从外地转入本校的一名新生,她在原来的学校是个佼佼者,同学们喜欢她,老师们关注她,她感觉非常自信。但当阿梅来到了这个学校以后,慧敏发现阿梅比她更漂亮,比她能力更强,于是慧敏就变得敏感起来,性格也逐渐变得内向起来,她感觉到同学们也不是像以前那样那么喜欢她,老师们也不那么关注她了,她开始变得沉默寡言,甚至不想与人交往,上课也不愿回答问题,时而还有厌学情绪,可是,当老师、同学出于关心并且对她问寒问暖时,她却言不由衷地用假话蒙骗他们,装着若无其事。

慧敏同学的这种感觉,其实就是一种自卑心理。自卑是一种自己觉得低人一等的惭愧、羞怯、畏缩,甚至灰心的复杂情感。有自卑感的人,轻视自己,认为无法赶上别人。自卑是人生交际最大的障阻,每个人都必须成功跨越才能达到人生的巅峰。

其实,任何人都会面对自卑这个神秘的怪物,它常常在不经意间闯进我们的内心世界,控制着我们的生活,向我们勒索着勇气与胆略,它企图一步一步地侵蚀人们的勇气和信心。

它在我们遇到困难的时候,站在我们背后大声地吓唬我们;在我们要大踏步向前边进的时候,拉住我们的衣袖,叫我们小心地雷。一次偶然的挫败它就会令你垂头丧气,一蹶不振,将自己一切否定,你会觉得自己一无是处,窝囊至极,你会掉进自责自罪的漩涡。比如:它会使你忧郁,同伴看不起你、孤立你;它会使你怀疑自己的能力,总觉得自己的能力略逊他人一筹,虽经不懈努力,成绩还是不能拔尖,于是有的人就会自暴自弃,放任自流,开始害怕见到老师,在同学们面前抬不起头,渐渐地变得孤独、不合群;它还会使你无端猜测别人对你不怀好意,埋怨老师对你不器重,感叹世态炎凉;它使你缺乏与人交往的勇气,见人就脸红。心跳、惶惶不安,以致回避社交;它还会让你处处觉得压力的存在,样样不顺心,面

对困难它让你无从下手、无所适从;它会让你怀疑自己的魅力……

然而自卑心理却会使不同的人出现截然不同的结果。一种人是甘于承认自己的失败,可能从此一蹶不振,甚至出现较大的滑坡而放弃;另一种人则是找出差距,追其究竟,缩短差距,承认差距,力争超越,持这种乐观积极心态的人最终会走向成功。不光体现在学习上,而且体现在未来的生活当中,这样的人从自卑走向了自信。贝多芬写出了不朽的音乐篇章,并发出"我将扼住命运的咽喉"这样自信的呐喊。只有自信才能获得成功,因为它是我们成功的翅膀;只有拥有自信的人,才可能是一个勇敢、坦诚、乐观、豁达的人;只有自信的人,才懂得怎样爱他人、爱自己、爱自然、爱生活;只有自信的人,才可能是个心理健康的人。

(四)树立正确的竞争意识

竞争是现代社会发展的一个重要标志,竞争是一把双刃剑,它可以是动力、催人奋发向上,积极进取;也可以是压力,压得人退缩,甚至是放弃。上海某重点大学高材生阿萍,是一个肤色白净、聪慧可爱、性格恬静的少女,正在读大二的她一直忙于准备英语六级考试,可是就在离考试还剩几天的时间里,她向父母郑重地宣布她想退学了。从小学起学习就一直名列前茅的她突然有这种念头,毫无疑问让对她寄予厚望的家人乱了方寸。家人仔细询问其原因,阿萍守口如瓶,无奈之下父母最终找到达了阿萍的日记,才揭开了这个谜。

阿萍的日记:

2001年12月3日 老师在班上宣布了这次我们班成绩的排名,因为要根据学习成绩来评定奖学金。没有想到班里的前五名同学中竟然没有我的名字,当时我脑子嗡的一下,几乎一片空白,我感到了前所未有的沮丧,走在路上的时候,感到同学看我的眼神都不对了,有几个同学高兴得正在说话,但一看见我走过来,就马上不说了,他们肯定在看我笑话。

2002年1月18日 数理统计的成绩下来了,同宿舍的王雪果

真不及格,我看着她茫然的眼神,心里确实也感到不是滋味,我怎么会变成这样一个人呢?两天前,王雪找我问数理统计的问题,因为马上就要考试了。这门课是许多同学的拦路虎,大家都非常紧张,据说每一年都有许多学生栽在这门课上,我们是本硕连读的学生,按照学校规定,如果出现挂科的话,就要被淘汰,所以同学们都非常重视这门课,有的同学甚至打算要熬几个通宵来对付这门课。我对这门课却比较有信心,王雪就是因为这个来找我的。王雪本身也是班里的一名优秀学生,她能来找我问问题,我觉得很有面子,很爽快地答应了。就在我向她讲解并演算题时,突然一个想法冒了出来,王雪各门功课都很好,就是这门课差一些,几次小测验她都不过关,如果这次的数理统计她要是考不过的话,那不就要被淘汰了吗?想到这,我竟然鬼使神差地给她做了一些错误地分析,没想到,这次考试还真碰上了类似的题,她按照我给她的解法肯定是错误的。我这样做是不是太自私了?

2002年1月21日今天下午考英语,刚考完。就听说敏娟出事了,据说敏娟这次专业考试没有考好,一直好胜的她无法接受这个现实,差点自杀。我本想去安慰她,其实自己心里也不好受。以前,自己和她一直是竞争对手,为了能保持第一名,我们一直在暗中较劲,平时在学业上相互之间很少说真话,不仅如此还互相嫉妒,有时甚至像陌生人一样谁也不理谁。今天,看着她手上几条红色的血痕,不知道是害怕还是心疼。有一瞬间,我看着她哭,听她讲活着没意思,有许多不平衡,许多不开心,我什么也没说。我只是看着她的手,发呆,出神……突然间,我想明白了什么,人啊,真是个奇怪的东西。

某报载,一学生为了在考试中超过其他几个优秀的同学,竟在考试前将泻药放入他人杯中。

一位穷人对他的朋友说:"有时我真想用鞭子抽去他们脸上的笑容,让他们尝尝我的感受,那样他们就不会沾沾自喜了"

显然,以上案例中,由于在竞争中滋长了妒忌和消极这两种的

畸形竞争心态,是不利于个人的发展和社会的进步。

竞争原本是一种追求,是自我实现的追求,它的满足就在于竞争的过程当中,它使我们体验到自己的能力带来的成功和喜悦,理解到生活的深层含义。可是我们有的同学却不这么理解,在看到现实社会中充满了竞争以及竞争的残酷之后,他们不是积极地通过正常的渠道竞争,而是不惜以一切代价去追求他们所谓的自我价值的实现,他们完全失去了做人的基本原则,根本毫无诚信可言,这种人就是学习再优秀又有什么用呢?

我们的成功是一点一滴不断努力得来的,因为我们无法一下子成功,只能一步步走向成功!精神散漫只会是一事无成,我们只有争取主动出击,并且坚持不懈。主动本身就是一种特殊行动,它是没有人要求你去做什么,你就自发地做好一切,积极主动的人,无论做哪一行都不会差。竞争是普遍的社会现象,竞争的前提是比较、是较量。竞争无处不在,竞争改变落后、改变今天,带来活力、带来光明的明天。现代社会任何人都无法躲避竞争,谁优谁劣,由竞争决定!

(五)宽容大度与人共处

案例一:小军和小航因为一点小事产生了矛盾,所以平日里两人就像乌眼鸡似的,谁看谁都不顺眼。一天,小军怀疑小航在背后说了他的坏话,前去质问,双方吵得不可开交;之后小军气不过,找来表哥教训小航,小航也不甘示弱,找来邻居大哥哥,双方各自又找来一些帮手,两角矛盾变成了四角、多角矛盾,"战争"一触即发,幸亏被老师发现,及时阻止才避免了这一"战争"。

案例二:阿美、小娟从同一农村中学来本校读高中,两人本是无话不谈的好朋友,又在同一个班,住同一寝室。两人原来的成绩都差不多,一学期后,阿美学习成绩渐渐占了优势。小娟感到压力很大,说话、做事总带刺,两人见面话不投机,渐渐疏远了。双方均感到别扭,心里不痛快,学习生活都受到了一定的影响。

其实小军和小航的矛盾本来是同学交往中正常的矛盾,因为

* * * * * * * *

在人际交往中，每个人的性格、兴趣、修养和对问题的看法等等都不相同，磕磕碰碰是难免的，只要本着理解、宽容的心态，就能减少或消除矛盾，维持正常的人际关系。而小军和小航却没有正确的看待和解决这些矛盾，以致小矛盾变成了大矛盾，甚至差一点酿成大祸。另外，阿美、小娟本是一对好朋友，小娟学习不尽如人意，她没有从自身找原因，忌妒心理又使她把原因归咎于阿美，以致不能与好朋友维持友谊，也造成了双方的不愉快。

可见，不管是与人交往还是维护友谊，宽容大度都是很重要的。联合国教科文组织提出了教育的四大支柱。它们是：学会认知，学会做事，学会共处，学会做人。而宽容大度又是共处的必备条件之一。

有这样一则小故事：一次，德国柏林空军俱乐部，举行盛宴招待空战英雄，一位年轻的士兵斟酒时，不慎将酒泼到乌戴特将军的秃头上。顿时，士兵吓傻了，会场一片寂静，倒是这位将军悠悠然。他轻抚士兵肩头，说："老弟，你以为这种治疗能生头发吗？"全场立即爆发出了笑声，人们紧绷的心弦松弛下来了，盛宴保持了热烈欢乐的气氛。

从乌戴特将军的身上你看到了什么？——宽容大度。试想，如果乌戴特将军认为酒泼到头上有损尊严，而大发雷霆，严词训斥，那么盛宴会有怎样的气氛？将军又会给人留下怎样的印象？所以，后人评点他不愧是一位智慧将军。

生活的大海丰富多彩又波光诡谲，要做一个驾驭生活、创造生活、美化生活的高手，就必须拥有超人的智慧。超人的智慧又往往孕育在开阔的思想、远大的目光和美好的情怀之中。而宽容大度正是这美好情怀之中的很重要的一方面。

1. 宽容大度给人以力量　有这样一个真实的故事：一位女企业家，发现身边一位助手拿了2000元钱，但她并没有发怒指责这位助手，而是温和地询问："家里最近经济情况怎么样？有没有什么困难？"她不仅亲切地关心这位助手，还自己拿出3000元钱，叫

助手寄回老家。那位助手感动得热泪盈眶,主动拿出了那不该拿的钱,并解释了原因。后来一直对她上司忠心不二,做出了很多贡献。从这个小故事里,我们看到了宽容大度的确能感动人,给人以力量。

当一个人不慎犯有过失或错误,并且造成不良的后果时,他自己一定也会有所认识,感知后悔和痛苦。此时此刻,他最需要的是理解和信任,如果他人给予其理解和信任,不但不会使犯有过失和错误的人放任自己,反而会更激励人痛改前非,将功补过。这便是理解和信任的力量。宽容大度有一种感化作用,他能以情动情,用理解和信任唤起人的良知,使人自觉地修正错误。

有句老话:有容乃大。恰如大海,正因为它极谦逊地接纳了所有的江河,才有了天下最壮观的辽阔与豪迈!像海一样宽容吧!那不是无奈,那是力量!

2. 宽容大度是一种美德,是高度自信的表现　温暖的宽容让人难以忘怀。公共汽车上人多,一位女士无意间踩疼了一位男士的脚,便赶紧红着脸道歉说:"对不起,踩着您了。"不料男士笑了笑:"不不,应该由我来说对不起,我的脚长得太不苗条了。"哄的一声,车厢里立刻想起了一片笑声,显然,这是对优雅风趣的男士的赞美。而且,身临其境的人们也不会怀疑,这美丽的宽容将会给女士留下一个永远难忘的美好印象。

一位女士不小心摔倒在一家整洁的铺着木板的商店里,手中的奶油蛋糕弄脏了商店的地板,便歉意地向老板笑笑,不料老板却说:"真对不起,我代表我们的地板向您致歉,它太喜欢您的蛋糕了!"于是女士笑了,笑得挺灿烂。而且,既然老板的热心打动了她,她也就立刻下决心"投桃报李",买了好几样东西后才离开了这里。

是的,这就是宽容——它甜美,它温馨,它亲切,它明亮。

三国时期,刘备遭吕布袭击,战败后投降曹操。谋士程昱劝曹操杀掉刘备,以绝后患。曹操则不这样认为,说:"方今收英雄时也,杀一个而失天下人之心,不可。"而且待刘备很好,出则同车,入则同席。曹操的这一做法,除表现了他的深谋远虑,宽容大度外,也反映了曹操的高度自信。只有自信、自尊、自强的人,才能有对他人宽容大度的坦荡胸襟,所以,宽容是高度自信的表现。

3. 宽容大度使人拥有朋友 "人"一撇一捺,一撇是"我",一捺是"你",你我两人或更多,才能组成人的世界。人活着,就是"与人共处"在同一个地球上。难怪英国哲学家培根说:"缺乏真正的朋友,乃是最纯粹、最可怕的孤独。没有朋友,世界不过是一片荒漠。"我们每一个人都想拥有朋友,那么怎样才能拥有朋友,并能长久地维持友谊呢?

如果我们伸出双手,以拳相击,两手都会感到疼痛;如果将一手换为掌,再以掌掌相对,疼痛感就大大减轻了。同学们相处在一起难免会产生矛盾,以拳相击吗?只会两败俱伤;掌掌相对就会化解矛盾。"掌"就是包容,就是宽容大度。退后一步海阔天空,宽容不仅能让你得到友谊,而且还能让友谊不断走向新的起点。

当然,宽容大度不是无原则的迁就、放任和姑息。忍让也不是软弱,而是一种风度和境界,是理解人,有爱心的表现。宽容大度能使人性情和蔼,使心灵有转折退让的余地,简化复杂的人际关系。过分精明等于不超脱。事事好强,处处计较得失,活得必然紧张、沉重。一个人要宽容、大度,乐于助人,才会拥有真正的朋友。

宽容大度不但让我们拥有朋友,还会感化一些有狭隘猜疑心理的人,使其摆脱狭隘猜疑,学会宽容大度。"一只脚踩扁了紫罗兰,它却把香味留在那脚跟上,这就是宽恕。"一个人,对伤害自己的人,报以宽容谅解时,不但会化解、避免很多无谓的矛盾,而且会产生出一种温暖的自我完美感,可以消融自己的痛苦、烦恼。我们生活在人群之中,只有你对别人多一份理解,多一份同情,多一份宽容,才能被别人回赠同样的内容。待人宽厚,将使你朋友多、人缘好。而良好人际关系,将是你在学习和事业上获得成功的有力保障。

诚信犹如一屡清风,吹散了人与人之间的陌生,让我们彼此敞开心扉;真诚又如一股清泉,滋润着你我的心田,让我们走进彼此的生命里。

诚信缩短了人与人之间的距离,拉近了心与心的交融,在你我之间架起了一座座友谊的桥梁,所以我们渴望真诚,我们需要真诚,我们赞美真诚!我们需要诚信的笑容,需要诚信的话语,需要诚信的关心与帮助,我们更渴望能感受到彼此诚信的心灵,用我们诚信的心去对待朋友,去对待身边的一切。我们多么希望用诚信的心为朋友端来一杯清茶,用诚信的心为朋友捧来一束鲜花,用诚信的心感动自己,温暖别人。因为有了诚信,人生才洋溢欢乐,世界才充满关爱。相信诚信可以抚平孤寂受伤的心灵,诚信可以唤醒沉睡的梦想,诚信可以帮助我们找回自信和勇气,诚信也能让我们心存感激,唤回世间许多美好的东西,让人与人之间多一分理解和宽容,让世界多一些真实和友爱,少一些虚伪和邪恶。

诚信是一颗种子,在你我心中生根发芽,长出了一片希望的新绿;

诚信是一把钥匙,开启一个个禁闭的心,撑起了一片广阔的天空;

诚信是一首动听的歌,唱出我们共同的心声,找到了彼此的共鸣。

让我们学会诚信,以诚相待,珍惜真心、真情、真意、真诚到永远!

第七篇

玫瑰色的陷阱——
恋爱中的诚信问题

有这样一个故事：在上帝创造世界时，他就把一切生物分散安置在地上并且教他们传宗接代，繁衍自己的子孙。把男人和女人都分土地，叫他们如何筑造窝棚，又给男人一把铲子，女人一把谷粒。"生活下去，繁衍你们的后代吧。"上帝对他们说，"我去忙自己的事了，一年后我再来看看你们这里的情形。"

刚过一年，上帝带着大天使加夫里拉来了。那正是清晨，太阳升起的时候。他看到：窝棚旁坐着一个男人和一个女人。他们面前的田地里是一片成熟的谷物。而在他们的旁边放着一只摇篮，摇篮里躺着一个熟睡的婴儿。那男人和女人一会儿望望天空，一会你看看我，我看看你，相互传情。在他们目光接触的刹那间，上帝从那目光中发现一种他所不理解的美和从未见过的力量。这种美胜过天空和太阳、大地和麦田——胜过上帝所创造的一切。这种美使上帝迷惑不解，惊慌不已。

"这是什么呀？"他向大天使加夫里拉问道。

"这是爱情。"

"爱情是什么意思？"

大天使无可奈何地耸耸肩头。上帝走到男人和女人面前追问他们什么是爱情，可是他们也无法向他解释，于是上帝勃然大怒。

"好呀!看我不惩罚你们才怪!从现在起你们就要变老。一生中的每时每刻都将消磨你们的青春和力量直到化为乌有!50年后我再来,看看你们眼睛里还留着什么东西,该死的人……"

50年后,上帝同大天使加夫里拉又来了。这次他看到,原来窝棚的地方已经盖起了一幢圆木造的房子,荒地变成了果园,地里一片金黄色的麦穗,几个儿子在耕地,女儿在收麦子,孙子们在草地上嬉戏。老头儿和老太婆坐在屋前,时而望望红艳艳的朝霞,时而你看看我,我看看你,以目传情。上帝在他们眼中看到了无与伦比的美和更大的力量,其中还有一种新的东西。

"这是什么?"他问大天使。

"忠诚。"大天使回答道。

爱情,从古至今,都是一个神圣而且纯洁的字眼。古今中外,有多少文人墨客为之讴歌和赞礼,又有多少才子佳人为之征服,留下千古流传的佳话。爱情,以其细腻和热烈,使人类感情中最真挚和诚恳的部分得到升华。大学的爱情,被认为是当今社会最纯真、最朴实的一份,即使离开学校多年,回想起当时的那一份爱情,仍然让人感叹不已。但是,从心理年龄来讲,大学生处于从"自然人"向"社会人"转变的过渡阶段,各方面还不够成熟,加上社会上的物欲横流,使得大学里的爱情很容易受到各种不良风气的影响,存在着各种各样的缺陷。

大学的思修课上,明确地给出了爱情的定义:所谓爱情,是一对男女在一定的历史条件下,基于一定的客观物质基础的共同生活理想;是在各自内心形成的最真诚的互相仰慕,渴望结成终身伴侣,并愿意为对方做出一定牺牲的情感;是性爱、友谊、理想和义务等各种因素交织在一起的高尚精神生活。从中我们可以清楚地看到,爱情最基本的要求是发自内心的真诚,爱情的本质是一种高尚的活动,它集中了人类一切活动的准则,要求双方彼此真诚,忠贞不渝。在先秦时代,人们用的更多的是"忠信"而不是"诚信",而忠即指"真心真意"。因此,爱情当中,诚信是最基本的也是最重

要的一条准则。《诗经》中《郑风·出其东门》这首诗中,也有"出其东门,有女如云。虽则如云,匪我恩存。缟衣綦巾,聊乐我员。出其东门,有女如荼,匪我恩且。缟衣茹藘,聊可与娱"的语句,说的是在"人云"、"如荼"的众多美女中,他唯独喜欢"缟衣綦巾"的那一位,不受外界的干扰,一心一意。这首诗生动地描绘出了古代人对爱情忠贞不渝,全心全意的态度,可以说是一种真正意义上的爱情。

有人说,象牙塔中的爱情是寂寞的产物,进入大学之后,学生们都是背井离乡,突然远离了父母的关心与爱护,心理上自然有一个适应的过程,爱情就是这种适应的产物,也是他们急切地逃避寂寞的一种方式。因此,在这种匆忙选择的过程中,多多少少就会带上盲从的色彩,必然导致爱情中的不诚信,确切地说是在道德上的不忠诚行为的出现。下面我们就从几个方面来探讨一下大学中的爱情。

一、爱的困惑

(一) 异地之恋——折翼之爱

虽然古人有一句很经典的话叫做"两情若是久长时,又岂在朝朝暮暮"。但在实际的生活当中,时间和距离对于爱情来说,还是一个致命的打击。

某高校一女生,男友是在女孩家所在城市里的一个大学里比女孩高一届的一个很优秀的男生。高考前,女生因为补课认识了男生,迅速开始了自己的爱情,两个人的关系很要好。接到录取通知书后,女生离开了男孩所在的城市,来到了相隔500多公里的另一座城市开始了自己的大学生活。开始的一年之中,两个人每天晚上打电话,白天发短信,男友用自己的奖学金以及家教所挣来的

钱维持着两个人的开销,每隔两个月左右男孩就会来到女孩所在的城市看望女孩,两个人的关系令女孩所在的班级甚至年级都很羡慕,他们的爱情曾经被公认为童话般的爱情。但是,爱情是脆弱的,就是这样一段被大家羡慕的纯真的爱情,在现在的社会里也经不起时间的考验。过了大概一年半左右,女孩的心理开始不平衡,看着别人成双入对,自己总是形单影只,女孩也开始寻找依靠的对象,可是她又舍不得放弃那么优秀的男朋友,于是,一边是与男朋友的卿卿我我,另一边却是与其他男生的暧昧不明,这种关系一直不清不白的就这样维持着。

从心理上来说,大学生处于一个"心理断奶"时期,刚刚离开父母的庇护,他们急切地想寻找一个避风的港湾,不管有没有意识地去做,他们在寻找爱情的过程中都加入了这样的感情色彩。在这种心理作用下产生的爱情,必然难以抵挡寂寞的诱惑。有人曾经说过这样一句话:"我们总是在不停地逃避孤独,但是我们又在不停地感受孤独。"人在天性之中都有模仿的意识,尤其在大学这样一个小的社会团体中。从这点来看,异地之恋中所出现的问题就不难理解,当看着别人成双入对、卿卿我我的时候,想起自己的男女朋友,必然会觉出巨大的反差,而男女朋友身处异地,没有办法或者根本没有意识到对方的这种心理,此时只要出现一个稍微对其好一点的异性,就很有可能让一段爱情折翼。究其原因,主要是由于选择爱情、开始爱情的盲目性,在爱情开始之时没有考虑周到,没有寻找到真正与自己志同道合的人。

异地恋,这种高消费的爱情,消费掉的不只是两个人的感情投入,还会连带引起很多相关的不诚信行为。

西部某高校一男生,家庭不是很富裕,女友远在南方某一高校学习。女孩很漂亮,在学校中不乏追求者,男孩明白这些,也是一个懂得女孩心思的人,所以他总是会不定期地给女孩买一些好看的东西邮寄过去,每天电话、短信不断,碰到女朋友不开心,不管是在上课还是干什么,男孩都会跑出去给女孩打电话。临近考试,大

家都在紧张地复习，男孩依旧每天不间断地打。为了缓解自己对女朋友的思念之情，男孩索性不去上课，每天呆在宿舍里上网、打游戏，为了给女朋友打电话，男孩宁愿不去上自习，宁愿不去复习。结果考试作弊，不及格。每次过去看女朋友加上打电话、买东西，男孩欠下了别人很多钱，就欺骗父母，把用来交学费的钱还债，又以其他各种借口向父母要钱，给本来不富裕的家庭又增添了很多负担。

由异地恋所引起的其他诚信问题，也是寂寞心理的另外一种反映，他们在生活中没有找到人生的航标，没有自己奋斗的目标，为了寻求一种心理上的寄托，拼命的对自己的男女朋友好，将对方视为自己人生的全部，而对其他的事情漠不关心。对于持这种心理的人，他们的爱情最终也只能以失败告终。不能否认，每个人都应该对自己的另一半加以关心、爱护，但是爱情不是悬在空中的楼阁，它需要坚实的基础来支撑；爱情也不是苍白的花，它需要各种各样的养分来滋养。经过最初的热恋，回归平静之时，没有人会喜欢一个成天围着自己转，却没有自己的理想与抱负的另一半。

莎士比亚曾经说过："爱情不是花荫下的甜言，不是桃花源中的蜜语，不是轻绵的眼泪，更不是死硬的强迫，爱情是建立在共同的物质和精神基础上的。"歌德也说："理想和爱情是伟大行为的双翼。"真正坦诚以待，精心经营的爱情是一定能够继续并且长久下去的。马克思和燕妮的爱情就是这种爱情的典范，马克思一生用那么多的时间去撰写《资本论》，去进行革命事业，但他们的爱情却没有因为这些而出现矛盾，他们爱情同样狂热而又没有失去理智。燕妮用自己一生的行动去支持马克思，而马克思也用自己的成就激励着燕妮共同进步，他们用伟大的事业浇灌着自己的爱情之花，使其永不凋谢。

（二）多角之恋——游戏爱情

有一些大学生在选择自己的爱情时抱着守望的态度，他们认为目前正当年轻，有很多的时间与机会可以供自己选择，今天碰见

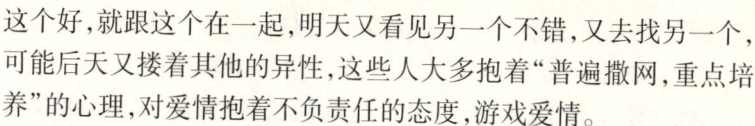

这个好,就跟这个在一起,明天又看见另一个不错,又去找另一个,可能后天又搂着其他的异性,这些人大多抱着"普遍撒网,重点培养"的心理,对爱情抱着不负责任的态度,游戏爱情。

某高校一男生,长的是一表人才,而且身兼数职,什么体育部部长,学生会主席,挺风光的。因此,有很多小女生都对他很仰慕,这个男生就利用这种心理,白天跟一个清纯可爱的女孩在一起,晚上又拿起手机跟另外的女生聊得不亦乐乎,隔三差五的还跟其他的女生出去看看电影,同居对象也是几周换一次,整天周旋于不同的女生之间,刚开始这些女生都不知情,死心塌地地跟着他,还一心以为自己是那个男生心中最爱的人。毕竟纸包不住火,事情暴露后,不仅女生都一个一个离他而去,学校也因为其与别人同居给了他严重的处分,男生最终尝到了自己酿造的苦酒。

这个男生出现的这种问题,在大学里面屡见不鲜。人在潜意识里都有一种追求美的倾向。对女生而言,每个人都希望能够找一个外表英俊而又才华出众的男生作为自己的男友,即使她们不想找那样的人作为男友,也是喜欢和那样的男生交往的。也正是这种心理,给了很多这种男生高度的自信心:"我很优秀,我怕什么。"这种高度膨胀的自信心极大地满足了男生强烈的自尊,也造成了他们对爱情不负责任的态度,他们认为反正自己有的是资本,不用发愁找不到女朋友,趁着年轻,多试几个。但是他们却忽略了一件事,就是"船可载舟,也可覆舟",而且他们也忘记了爱情最基本的法则就是诚信,忘记了爱情是两个人而不是多人之间的关系,玩火者必然会自焚。

某大学的一位女生,人长得很漂亮,也有情趣,不乏追求者。其中三个人追女孩追的很紧,女孩也不向他们表明态度,但是也不拒绝他们之中的任何人,对他们邀请吃饭,送的东西,邀请看电影也是来者不拒,在三个人之中不停得周旋,尽情地享用三个男孩的礼物与殷勤。时间一长,有两个男生受不了这种持久战,相继退出,第三个男生没有了竞争对手,反倒觉得女生视爱情为游戏,不

负责任,也离开了那个女生。从众人爱慕的对象一下子变成了没有人关注的不负责任的人,女生一下子失落到了极点。

在大学里曾经有一句比较流行的说法叫做"找一个男朋友就相当于找到了一张免费饭卡",而后来的版本是"如果你真正选择了一个,那就不是免费饭卡而是两个人共同承担了"。前者正是上面那位女生的真实心理写照,也许她的初衷并不是要得到一张免费饭卡,也许她只是犹犹豫豫拿不定主意,但是当这种关系持续下去,她就尝到了这种免费饭卡的好处。更重要的是,这种三角恋极大限度地满足了自己作为女生的虚荣心,毕竟有人追可以证明自己的魅力所在。

三角或者多角恋爱是一件让人身心疲惫的事情,爱情的定义决定了它的排他性和专一性,也决定了这种恋爱最终的失败结局。三角或者多角恋爱伤害到的不只是别人,对主角自己也是一种心灵的伤害。大学生的心灵比较纯洁,在三角恋爱的过程中,主角必然会产生强烈的内疚感,而这种内疚感会随着时间的推移,在伤害到对方的同时对自己的心灵是一种折磨。同时爱情的排他性也决定了共同喜欢一个人的两个或者多个人之间无法和平地相处,严重的还会引起暴力事件,造成无法挽回的损失。其实在这种不正常的爱情进行过程中,没有人会体会到爱情的甜蜜,代之的只有苦涩和酸痛。

简单而快乐的生活是每个人在生活中所追求的目标,也应该是我们在爱情中所寻找的一种最佳状态。小可是一个幸福而满足的女孩,每天都是笑眯眯的,也有一个虽然不是很出色但是很疼她的男朋友。小雨曾经是一个很出色的女孩,有好几个男生一起追,但是小雨最终选择了不是很出色的男朋友,问及原因,小雨感叹地说到:"那个时候有很多人追,也很迷茫,每天跟不同的人出去吃饭、玩耍,也希望能够找一个自己满意而且十全十美的男朋友,但却搞得自己特别疲惫,没有轻松的感觉。后来终于有一天自己想通了——鱼与熊掌不可兼得,就从中选了一个虽然不是很出色但

是懂得关心爱护我的男生,现在我觉得过得比以往任何时候都要开心,不用想那么多烦心的事,觉得自己当时的选择太正确了。"

(三)不纯之恋——名利大于爱情

学生的心理比较单纯,校园里的爱情真挚单纯。但是学生也很容易受到外界的干扰,容易产生变质的爱情,现在的大学生比较实际,在恋爱中也表现得很明显。

丽丽(化名)是一所不是很出名的大学的学生,一个很漂亮的女孩。在她们学校,流传着这样一句话:"毕业就等于失业",丽丽也清楚学校的现状,但她又是一个很有心计的女孩,从大学一开始,她就给自己定了一个原则,不跟本校的学生发生恋情,不跟没钱没地位的发生恋情,她把目光瞄准了学校外面。一次偶然的机会,丽丽经别人介绍认识了某证券公司的老总,虽然知道这位老总已经有家室,丽丽还是毫不犹豫地投向老总,心甘情愿地做起了老总的地下情人,只因为这位老总可以满足她的虚荣心,还可以在毕业的时候给她安排一份舒适又挣钱多的工作。丽丽说,既然有年轻漂亮这个资本,就得好好利用。他们宿舍八个人里,有三四个跟她的处境一样,都是经常不在学校,小车接送的。她们说,只要能找到好工作,有钱可赚,做情人又怎么样,反正大家都不是认真的。

无爱的爱情最终只能是一杯苦酒,自己咽下;为了金钱而出卖爱情的人,最终也只能是打掉了门牙往自己肚子里咽,有苦说不出。美貌是一种资本,但却不是取之不竭、用之不尽的资本,随着年龄的增长,美丽总有一天会自然褪去,不知道到那个时候,这些女生用什么样的方式来维持自己的生活。

时代转变,不仅女生愿意找一个靠山谋出路,一些男生也愿意通过这种方式来解决自己的前途问题。

小王来自比较贫困的地区,大学里,小王努力学习,不断完善自己,他发誓一定不要再回到自己那个贫困的家。毕业前,看着同班的同学一个个都出国寻找出路,小王也开始心动,但是他也清楚地知道自己那个贫困的家没有可能为自己提供那样的机会。想来

想去,小王终于想到了一个办法,他在一家报纸上登出了这样的一则征婚启事:"某青年,年龄24岁,身高180cm,长相英俊,愿征一位年龄在40到50岁之间,可资助其去俄罗斯留学的女性为妻。"小王说,这样自己就可以少奋斗十几年,也值了。

小王的经历,不是一件稀罕的事情。小王的悲剧,也是很多大学生的悲剧,就业难的问题,是现在困扰很多大学生的一大难题。苦苦学习十几年,为的就是有一天能够找到一份满意的工作,逃离自己原来的贫困生活,但现实却无情地粉碎了他们的梦想,小王的做法虽然让人不齿但也是迫不得已的出路。

前一段时间,在一个BBS论坛上,也流传着这样一个故事。林(化名)曾经是一所高校管理专业专科的学生,后来通过努力,考上了一所还算可以的学校的本科。他的女朋友学历高,是本科专业。林的父母都是老实巴交的农民,大学期间,林用自己做兼职赚来的钱给女朋友买了很昂贵的衣服以及化妆品。后来,女朋友考上了研究生,可是她的家庭也比较贫困,交不起10000块钱的学费,考上的那个暑假,女友就住在林的家里,用自己的花言巧语骗去了林的父母的信任,父母东借西凑,为女友交上了学费。后来女友又考上了博士,学费还是林的父母卖掉了家里唯一的牛,并且停止了林的妹妹的学业后为她交上。这时林已经参加了工作,为了见面方便,林省吃俭用,为女友在外面租了房子,买了手机,过了一段时间,女友又觉得手机不时尚了,又要求林为她重买了一个。考上博士以后,女友偶尔会有一些收入,对林的态度也变得冷淡起来。有一天,林为了给女友一个惊喜,没有打招呼就来到了女友所在的城市,来到了他们租的那个房子,却发现女友跟另外一个男生在房里。见到林,女友竟大言不惭地告诉林,这个男孩是她的同学,他们两个已经在一起很久了,现在她对林已经毫无感觉了,说完就跟那个男孩走了,以后就再也没有跟林联系过,也没有接过林的电话。而林可怜的父母还天真地以为自己儿子的女朋友很有出息,一心一意地在家里努力劳动,准备给林的女友攒下一年的学

费呢。

当时在BBS上看到这篇文章的时候,也看到了底下很多学生的评价,在唾弃林女友的不诚信行为的同时,很多人更多的是责怪林对自己家庭的不负责任,对自己父母的伤害。当然很多大学生还是很好地处理了自己的爱情跟家庭经济情况的关系,但是也有一些大学生虽然家境不是很好,但还是给朋友买各种各样的奢侈品,出入各种高消费的场合,然后以各种理由,找各种借口向可怜的父母一次又一次地要钱。进入大学,我们已经或者即将成人,应该为自己的行为负起相应的责任而不是一味地逃避,这种爱情其实是大学生心理不成熟的一个侧面的反映。

头两个事例中所出现的问题,实际上都可以归因于大学生就业难和学费高的问题。越来越多的大学生,越来越少的就业岗位,迫使大学生不得不利用自己各方面的优势来获取工作,包括美貌,包括青春。但其实这也是大学生不诚信心理的另外一种表现——不敢于承担责任。他们所想的,都是怎样能够更轻松一点,如何用最少的努力来达到自己所希望的生活,不惜牺牲自己的爱情。但是爱情不是一种附属品,也不是用来交易的对象,在爱情面前,来不得半点虚假。利用爱情,用爱情交易,出卖自己的青春,最终只能换来抱憾终生。

肖晶在一次无意中认识了吴老板,吴老板对肖晶刚开始体贴入微,并且为肖晶提供了住房,还每个月给她3000块零用钱,每个学期都给肖晶支付学费,大概过了两年多,有一天,吴老板的老婆发现了这件事,来到肖晶所在的学校大吵大闹,学校领导知道后也是异常气愤,勒令肖晶退学,走投无路之下,肖晶再去找吴老板,但发现吴老板就像从人间蒸发了一样,怎么也找不到,而且她发现自己已经习惯了那种花钱如流水的日子,怎么也适应不了现在的生活了,只有继续去做别人的二奶,维持自己的生活。但是肖晶自己说,其实心里很后悔,但是已经晚了,难以自拔,希望别人不要重蹈覆辙,毁了自己一辈子。

大学生健康成才丛书——聚焦诚信

(四)网络之恋——雾里看花

随着科技的不断进步,网络开始走进人们的生活,爱情的方式也在发生着不断的变化,现实中的你情我愿已经不能满足大学生的需要,越来越多的网上恋人,网上交友出现。但网络毕竟是一个虚拟的世界,在这个世界中,比现实世界更加不真实,更加带有欺骗性。

小强(化名)是某政法大学的学生,由于一些原因,他入学时已经24岁了,是他们宿舍年龄最大的一个,小强平时为人比较吝啬,一直没有女朋友。一次偶然的机会,小强在网上认识了一个在南方一个法院工作的刚毕业的女生,两个人很快就发展为男女朋友的关系,那女生很单纯,整天给小强打电话,发短信,倾诉自己不开心的事情,而小强是个比较吝啬的人,每次那个女生打来电话,他就抱着电话不放,使劲地聊,偶尔女生让他打过去,他总是说上十分钟左右就说"哎呀,这个月电话卡又爆了,没费了,过几天就去缴费",要不就说"哎呀不好意思,手机快没电了,改天再聊啊"赶紧挂掉电话,还经常以各种理由让那个女生给他寄点钱过来。时间一长,再单纯的女生也明白过来,慢慢地跟小强断绝了关系,小强又恢复了单身的生活。

网络生活是虚拟的,但是网络的存在,也有一定的现实基础,网恋也不是纯粹的虚构,也是两个人之间所进行的活动。人类社会,只要有两个人的关系存在,就必然有诚信的约束,即使网络也不例外,网络活动带有一定的虚拟性,但也仍然逃离不出诚信的框架。小强的错误,就在于他过分地夸大了网络的虚拟性,况且没有任何付出的爱情也不可能长久。

北京某高校的入学仅半年的一个男生结识了一个上海的网上情人,两人QQ私语、网上传情,关系很亲密。有一天,这个女孩子来到北京,说自己急需用钱,向这个男生借了5000块钱,还说好最多三个月就还,结果过了半年还没有音信,男孩急了,就按照女孩以前给他的电话号码打过去,发现竟然是空号,根本就找不到这个

人,女孩在网上也像蒸发了一样,再也没有出现过,男孩才意识到自己上当了,但是已经晚了,再也找不到那个女生了,一点痕迹也没有留下,男孩用5000块钱买了一个教训,后悔莫及!

前面曾经说过,网络活动不能逃离诚信的范畴,但是网络的诚信是有一定条件的诚信,不是盲目的相信,它既要求诚,更要求信。在网络这种特殊的交往环境下,爱情的诚信比平常要求地更为苛刻,这要求我们自己诚信的同时,有选择性地判断,才能更好地保护自己。

网络是科学技术高度发展的产物,近十几年来网络的不断发展与更新,充分地证明了网络的存在有一定的道理。只要我们合理地利用,有选择地运用,网络可以在我们的生活中发挥更好的作用。小武和他的女朋友就曾经是网上恋人,两年前,小武有一天心情极其郁闷时去上网,胡乱交了一个好友,两个人开始聊天后才发现,原来两个人之间很是投机,从世界新闻说到当今流行,从工作说到生活,两个人无所不谈,而且两个人的志趣爱好都是惊人的相似,这样持续了大概有两个月,两个人都发现自己对网友的感情已经慢慢从一种朋友的关系变为一种依赖,他们希望知道网络的那一端究竟是一个什么样的人,但是他们又害怕见面会让自己连友情也失去。犹豫了很久,两个人终于鼓起勇气见面,结果发现生活中双方也是一样的默契,一样的有共同语言,见面丝毫没有影响两个人的关系,反而使他们走得更近,他们已经决定今年秋天就结婚了。

(五)猜忌之恋——难以维系

信任,是维系爱情的纽带。失去了信任,则注定了爱情的苦涩。

栩是一个美丽而又善良的女孩,平和的天性使得她即使跟妹妹吵架也会把自己弄哭。她说自己最不愿意跟别人吵架。栩在高二那年认识的她男朋友,男友是学校足球队的队长,长得很帅,比她高一级。他们俩可以说是金童玉女的一对。相识的第二年,

男友以优异的成绩考入了一所有名的大学,可是在一次比赛中,男友撞到了脑子,迫不得已回家休学。为了打发无所事事的日子,家境富裕的男友在栩所在的高中开了一个网吧,每天上课或者放学的时候,男友都会在教室对面的楼上深情地看着她。每逢到下雨天,男友也是第一个冲进学校来接栩。每次看到栩放学坐在男友的车上小鸟依人的样子,同学们都觉得很羡慕。可是栩却心情沉重地对好朋友说,其实她也知道男友对自己很好,但太好了,这样的日子,实在是太累了。她觉得自己就像被关在笼子里的小鸟,没有自由。在学校里如果她跟某个男生稍微接触地多了被男友知道,他就会去找那个男生,搞得男生都不敢跟她多说几句话。记得有一次,有个男生觉得自己的位置不太合适,就找栩商量换一下,结果被男友知道了,男友觉得那个男生那样是欺负栩,就找人打了那个男生一顿。为了这种事栩跟男友经常吵架,对于天性平和的栩来说,无异于一种精神上的折磨。栩说,她真的希望自己能够勇敢一点,挣脱那个无形的笼子,只是因为男友对他其他方面的确是无微不至,使得她每次都下不了决心去提出分手,但是这样的日子实在很痛苦。

金丝鸟是一种富贵的鸟,不愁吃也不愁穿,但是金丝鸟也是一种悲哀的鸟,失去了自由,没有一只能够真正地快乐。栩的痛苦在于欲罢不能,有那样的男朋友,是她的幸福也是她的悲哀的根源。其实他们可以认认真真地跟对方沟通沟通,相信有爱存在的双方之间一定可以达到真正的默契。爱他(她),就给她(他)真正的自由。

有一次在中央电视台看过一个心理节目。节目的开始,主持人首先请出了一个痛苦的女生,女生刚毕业,男友已经参加工作。那个女生声泪俱下地描述了男友对他种种的限制,男友限制他跟一切的男生交往,每次跟以前的男同学见完面,如果被男友发现,他一定会背着女生去把那个男生打一顿,而且男友拿着她的电话本一个个打电话过去,如果是女生,就留下,如果是男生,就把那个

电话号码给删掉,把那一页给撕掉。长此以往,以前的同学慢慢地都跟她减少了联系,不仅男生,女生也不太跟她联系了,她几乎成了孤家寡人。有一次,她在路上偶遇以前的一个男同学,男生不知道情况,就请她去咖啡馆喝了一杯咖啡,两个人聊了一会。分手后,她往家里走,碰上了来接她的男友,男友问她干什么去了,她就撒谎说去了一个同学家。男友就把手里的东西往她手里一塞,说这是买给她的东西,然后让她先回家,说自己去给她买一个她喜欢吃的小吃去。结果过了几天,她就听说那天跟她见面的男生因为被别人打了一顿而住院了,她一下子全明白了。当主持人问道这么痛苦为什么不选择分手时,女孩却说,男友其实对她很好,她舍不得跟他分手,在场的所有观众都发出嘘声。

其实这个女生碰到的情况,是很多有类似情况的恋人无法狠心分手的一个重要原因,但是,爱情不是黏合剂,要将两个人整天黏在一起。两个人的相处,需要彼此之间有一定的空间。爱的空间到底有多大?我们到底应该有多少秘密留给自己?有多少空间留给对方?惟有"爱"可以回答。

信任,是诚信的重要组成部分。没有了信任,爱情的诚信忠贞就无从谈起。一个有名的心理学教授曾经说过,我们渴望抓住爱情,就像我们抓沙子一样,总希望抓的越多,于是我们就紧紧地抓住,结果发现抓的越紧,抓的越多,我们漏掉的就越多。相信对方,就是相信自己,只有彼此相信,我们才能生活得更加轻松。莎士比亚的著名悲剧《奥塞罗》中的黑人将军,就是相信了政敌伊阿古所编造的谗言,对妻子产生了猜疑而亲手杀死了自己美丽的妻子苔丝得梦娜。等到发现中了敌人的奸计时已经无可挽回,只能痛不欲生地自杀了。

(六)毕业时分——我们分手

每年到五六月份毕业的时候,大学里总会弥漫着诸多伤感,一对对的恋人也在此时经历着离别,经历着一次考验,工作、未卜的前途,各种各样的因素都会成为爱情结束的根源。

＊＊＊＊＊＊＊＊

一位男生在BBS上痛苦地描写了与女友分手的过程:"我休了我的女朋友,其实是她休了我,我们四年的感情,却不得不在她想出国面前让步。大学时由于各种各样的原因,我们没有下决心考T、G,后来她考研,我也拼死拼活地留在了北京,她的个性比较好强,当年也是由于她的傲气吸引了我。看她总不甘心的样子,我就支持她尝试一下。我知道考试是出国的第一步,如果她出去,我们之间又会有其他更多的问题出现。"

风和女友相恋四年,临到毕业,两个人因为谁也不愿意牺牲自己而发生了最严重的争执,风说:"我知道两个人之间要互相谅解,但我毕竟是个男的,如果跟了她去,以后肯定发展不好,她还不是会觉得我没有出息而跟我分手",女友却不这么认为:"我现在牺牲了自己,到时候他事业发展的好,肯定觉得我不行了,而去寻找别的更好的女生,我不是后悔都来不及了?"最终俩人相持不下,只能以分手告终。

面包和爱情,孰轻孰重?一直都是长久以来争论不休的话题。对于大学生来说,在开始爱情的时候彼此都不够成熟,没有成熟的经济和精神基础。最重要的是,当今的大学生都是独生子女,从小被家里人宠着,他们越来越要求自己个性的张扬,在爱情与生活出现矛盾之时,两个人都不愿意牺牲自己,是这类爱情最常见的失败原因。对未来的不确定也是其中的一个重要原因。

除了这些因为协商不成而在毕业宣告分手的恋人,还有很多是因为在毕业时分发现其他人更利于自己找到工作,更利于自己前途的发展而投向别人怀抱的恋人。

小娟的姐姐和姐夫当年也是大学同学。小娟说,她的姐姐当时有很多人追,姐夫是其中的一个,到毕业的时候,姐姐家里人觉得姐夫的爸爸是某银行的领导,可以把姐姐跟姐夫调进一个城市,才同意了姐姐跟姐夫的婚事。到现在姐夫虽然是固定的工作,但是生活只能算是过得去,不是那种特别有钱,而姐姐又特别羡慕钱的人,就在网上认识了几个有钱的人,关系都比较暧昧,跟姐夫

的关系也就比较僵。

正如前面所说,爱情,是人类的一种很微妙的情感,它归根结底不是物质,我们不能把爱情像所有的商品一样放到市场上去交易。爱情是双方发自内心的真实情感,金钱买不来,门第和容貌也交换不来。感情的天平到底应该如何去倾斜,是每个想用爱情来换取财富地位的人都应该认真衡量的一件事。一位教育学家就曾经说过:"要记住,爱情首先意味着对你的爱情的命运、前途承担责任。想借爱情寻欢作乐的人,是贪淫好色之徒,是堕落者。"

二、恋爱中,我们为何迷茫

(一)寂寞——爱情杀手

在文章的开头,我们就已经分析过了大学生恋爱的心理。也曾经说过,大学里爱情是寂寞的产物。大学里流行一句话:"不在寂寞中变态,就在寂寞中恋爱"。进入大学,远离了父母,改变的不只是物质上的贫乏,更多的是心理上的孤独。大学的生活绝大多数是在学校里,是在宿舍里跟同学一起度过。远离家人的苦闷与寂寞,大多数的学生都选择以恋爱的方式来缓解。大学里很难找到知心的朋友,只有通过恋人这样的方式来排遣自己的孤独,来消除自己的苦闷。

从小到大,小雅都是一个乖巧的女孩。高考的失利,让小雅来到了海南的一所学校。刚开始,小雅还把学习放在首要地位,认真地学习,成绩也一直排在班级前列。渐渐地,她发现同学们好像不怎么关心成绩,他们关心的都是哪个男生长得帅一些,谁的家庭背景好一些,毕业以后的去向问题。回到宿舍,大家讨论的也都是谁的男朋友长得帅,谁的男朋友比较有风度,今天又和男朋友去哪玩了等等。在这样的环境里,小雅感到了一种孤独和从未有过的迷茫,她不知道自己应该怎么办。

眼看着到了大二,宿舍里的姐妹大多有了男友,每天成双成对的,就剩小雅一个人孤苦伶仃的,总是充当别人的传话筒。每到周末,更是严重,大家都是整天整天地不回来,小雅开始感到失落,甚至悲哀,没有一个可以谈话的朋友,她也开始考虑着找一个男朋友。在一次学校组织的旅游中,小雅见到了一个学生导游,那个男生高大帅气,尤其是那双动人的眼睛,一下子就吸引了小雅。小雅开始疯狂地追那个男生,写情书、发短信,每日三餐都亲自打好给那个男生送去,为了更加吸引他,小雅花钱做了发型,买了很多高档的衣服。在小雅的不懈努力下,那个男生终于答应了小雅。开始的日子里,他们像其他情侣一样,幸福而甜蜜,两个人天天黏在一起,一起上自习,一起出去逛,直到晚上才依依不舍地分开。持续了一段时间,男生开始感到厌烦,两个人之间出现了很多摩擦,性格上的差异逐渐显露了出来,小雅也开始怀疑自己当时的坚持到底值不值得。男孩对小雅越来越冷漠,直到有一天,小雅见到了搂着另一个女孩的他,那个女孩也像自己当初那么幸福地微笑着。小雅的心,像玻璃一样,一点一点地碎开,她终于明白,因寂寞而开始的爱情,只会让自己更加寂寞,也会让两个人更加受伤害。

校园里,越来越流行的网恋也同样是寂寞的产物。现代技术的发展,让我们的生活变得越来越舒适,让我们的大脑变得越来越懒于思考,也让我们的心灵变得更加封闭。网络,是很多大学生逃避寂寞,消遣时间的工具;网恋,是爱情的神秘与现代化网络相结合的产物。网络的虚拟,给了大学生更多的空间来发展恋情,也给爱情掺杂了更多的水分。

小玉是一个胖乎乎可爱而又单纯的女孩,大二时,这个小女生迷上了网络,在网络上,她找到了自己的爱人,网名叫做"浪漫天使"。那个"浪漫天使"经常在网络上给小玉发一些甜言蜜语和好看的图片,他说:"小宝贝,我好想念你,我好想化成天上的星星,能看到你漂亮的模样……我爱你的心苍天可昭","小亲亲,自从

见到你可爱的照片后,我是茶不思饭不想,一个星期瘦了二十斤。我想,我的生命会在这种苦苦的爱恋里一点点的消逝……"

小玉是个单纯的女孩,很快就坠入了爱河,经常是神思恍惚,时忧时笑。人也一天天消瘦。常常望着"浪漫天使"的相片发呆。相片上的男孩确实长得很漂亮,高高瘦瘦,充满了青春气息。考虑再三,小玉决定跟"浪漫天使"在自己所在的城市见面了,两个人相约在学校附近的一家咖啡馆见面。见面那天,小玉精心打扮了一番,很早就出了门在那等着。过了约会时间很久,小玉才等来了她一直日思夜想的"浪漫天使"。见面后,小玉惊呆了,原来手拿塑料紫罗兰花走出来的根本不是相片上的男孩,而是一个长相很不起眼,个子比较矮小,穿着也很土的男孩。小玉一下子就焉了。男孩一个劲地向小玉道歉,说不该拿同学的照片来骗小玉。无奈之下,小玉勉强跟男孩进了咖啡馆,谁想到席间男孩言谈举止都很粗俗,完全不是小玉想像中的那种绅士。吃完饭,男孩找了个借口,没有去付账,小玉一个人付了一百多块钱的账,心里极为不爽。走出咖啡馆,男孩提议去逛逛,小玉早就没了心情,草草安顿男孩子在一个招待所住下后就匆忙离开了。"骗子,骗子,浪漫天使大骗子……"小玉不停地骂着,抽泣着,第一次倾心付出的恋情就这么猝不及防地彻底地破碎了,小玉曾经亮晶晶的大眼睛里充满了无助与忧愁。

(二)功利——爱情阴影

现代社会是一个物欲横流的社会,"金钱至上"的观念不断地侵蚀着大学生的心灵,使得他们对爱情多多少少沾上了功利的色彩。很多男生女生把金钱、地位、家境、社会关系作为选择恋人的标准。把长相作为衡量恋人的一个砝码,选择漂亮的或者英俊的,只为能够带的出去,满足自己的虚荣心。这种追求外在而忽视内涵的爱情,在外在的因素去除之后,很容易陷入自制的牢笼之中不能自拔,尝尽自己酿造的苦酒。

薇与男友是在大学认识的,他们相爱着彼此,那种刻骨铭心的

爱,一生都无法忘记。那时候他们虽然没钱,但生活过的很幸福,他们总喜欢浪漫地幻想着自己未来的小窝,那个极具现代物质文明生活、温暖幸福的家,朝夕相伴。

可是,父母最终没有同意他们在一起,父母对自己的女儿看得很高,认为女儿要嫁也只能嫁给一个功成名就的青年才俊,才会得到幸福美好的生活。反抗不过,男友决定离开,自己去打一片天地。薇虽然被他坚定的情绪所感染,却没有坚持留下他,在薇的内心,她也渴望过一种富足的生活。

数年后,听同学讲,男友已在另一座城市教书,与一位同校的老师结婚,过着平淡的生活。薇伤心欲绝,为了刻意地追求金钱和地位所能带来的幸福,她痛失了自己美好的爱情。后来,她如父母所愿我嫁给了一个事业有成的阔丈夫,也得到了很多年少时所渴望的东西,也许有些更是超过了她的想像。可是,超前享受丰富的物质生活并没有给她的婚姻带来幸福的感觉。虽然拥有了金钱和物质,却失去了精神上的快乐,金钱再多也弥补不了心灵的空虚。房子再大,夜眠也只不过是睡三尺之床;虽有锦衣玉食,却再也找不回当年的那种快乐。

每个人都有追求美好事物的心理,恋爱中,每个人也都希望自己的男友英俊潇洒、女友楚楚动人,而且温柔体贴。但是,世界上没有十全十美的事情,过分地追求完美反而会成为一种负担。

宁是一个很在乎自己形象的女生,大二那年,她收获了自己的爱情。男友温柔体贴,对宁也很细心,唯一不足的地方就是男友不是很懂得收拾自己,不像别的男孩那样穿的青春潇洒,这让一直很注意形象的宁感到很不舒服。每次男友在楼下接自己,宁都不愿意让他站在人多的地方。每次跟同学一起出去看到男友,宁总觉得男友穿的那么老土,很丢自己的面子。为了这种事,宁不止一次地跟男友吵过,她觉得自己找到这样的男友真的是一件很丢面子的事情,虽然每次都以男友的温柔体贴,宽容忍让而告终,宁始终觉得这是自己的一个心病。改变不了男友的形象,宁就自己亲自

帮男友挑选衣服,每次给男友买衣服总是要挑上很长时间,直到宁满意为止。看着一天一天形象改变的男友,宁的心情也一天一天地好起来。但是,在一个阳光明媚的日子里,男友提出了分手,宁的大脑一片空白,"为什么,为什么呀?"宁不停地追问。"没有什么,我太累了,只想去做回自己",男友平静地回答道,然后转身离去,宁留在原地,静静地思考着。

(三)择业——无法回避的问题

随着大学的扩招,越来越多的大学生面临着择业的困难,找不到工作的苦闷将原本浪漫的爱情击得粉身碎骨。爱情的甜蜜在现实的生活面前不堪一击,无力改变命运的一对对恋人在毕业前都痛苦地结束了自己的爱情。

点点与男友是在大一的舞会上相识的。那时候,男友一个人默默坐在角落里,目光深沉而忧郁,像从另一个世界里走来。不知为什么,点点立刻被他吸引了,跑上前去邀他跳舞,他们就这样相识了。他叫晓,来自北方,沉默寡言,做事严谨,点点则是个南方女孩,生性活泼,大大咧咧,同学们都很奇怪,如此强烈的反差怎么也能奏出恋爱的乐曲。可是爱情,有时候没有任何理由。

转眼到了大四,短短一个月,寝室已经有两个女孩遭遇"毕业分手"的命运了,他们依然像往常一样漫步校园,依然会逛逛商场、看看电影,只是彼此谁也不提离别,不提未来。终于到了吃散伙饭的日子,离别进入倒计时。大厅里顿时嘈杂起来,哭声连成一片,有低声抽泣的,有互相擦眼泪的,有相对无言的,也有抱头痛哭的。晓悄悄拉着点点来到了一个僻静的地方,说有事情要跟点点头说。沉默了半天,晓终于说出了一句话:"我们分手吧。"眼神出奇地坚定。

回到宿舍,点点伤心地哭了很长时间,四年的感情,她不甘心就这样放弃。她想找晓说清楚,可是晓一直不给她机会。后来,点点才从晓的一个哥们那得知,原来晓是单亲家庭里长大的孩子,父亲早年就离开了母亲,而今,儿子是母亲惟一的依靠。从大一开

始,晓就是一定要回家乡的,母亲的坚持让他没有任何别的选择。点点想随着晓去北方,但是当她把去北方的念头告诉父母时,家人也死活不同意。在失恋的痛苦和家庭的冷战中,点点生病了。晓来看她,点点本以为可以挽回爱情,但是那天父母和晓在客厅里聊了一下午,最后,晓一个人走了,甚至没有跟点点头说一句再见。三天后,父母决定送点点出国。那天下午,父母估计也是这样告诉晓的吧。"大学的恋爱就像是一壶架在火炉上烧着的水,等毕业后,有些会化作水蒸气飞走,有些人还留在水壶里作为水而存在,而化作水蒸气的水和留在水壶里的水再也不会有交集。"点点终于明白了这些话。

看多了爱情的悲欢离合,越来越多的大学生趋向于理智地看待自己的爱情,毕业时分的感慨让他们也早早地开始考虑将来,"协议爱情"成为了一种时尚,归根结底是一种逃避责任的方式。

大学里,伟和几个哥们组建了一个乐队,他是吉他手兼主唱。平日里大家出去喝酒、泡吧,身边都要带个女孩,但大都常换常新,在他们的观念里,似乎只有这样才够有面子。虽然明里不说,大家暗中都在攀比谁的女友最漂亮。所以,他们身边的女生,总是时常变换着不同的面孔。梅子是和伟交往最久的一个女生。认识她那天,伟坐在未名湖边的草地上练琴,她则坐在旁边听,那段时间伟天天练,梅子就天天去听,在旁边也不讲话,乖巧而恬静。以后的日子,每每伟的乐队有演出,她都是忠实的观众。后来伟得知她是外语系的"系花",漂亮而聪慧。梅子是一个安静的女孩,她了解伟,伟也非常珍惜她。但梅子明白,伟始终不是一个安定的人,他不可能给自己一个安定的未来。看完《毕业那天我们一起分手》,梅子哭了,对伟说:"我们也定个协议吧,毕业那天我们一起分手,双方都不要成为对方的拖累。"因为有了那个约定,他们更珍惜在一起的每一个日子。这样的感觉、这样的生活让他们在刚开始的时候都感觉很轻松,为爱而爱;但慢慢地,双方都觉出了一点点的苦涩,这种酸涩的感觉在毕业那天达到了极点,站台上,伟紧紧地

抱住梅子,后悔不已,"如果不是那个约定,我一定会努力的,我一定会让我们俩在一起,我一定会努力地跟你在一起的,可是现在……"梅子走了,带走了自己的大学爱情,也留下了无尽的悔恨。

(四)亲情——难以逾越的羁绊

爱情的滋生,有一定的社会环境。历史和文化背景都在潜移默化地影响着人们的观念,进而改变着大学生的爱情。

父母是孩子天生的老师,离开家乡,在校园里开始自己的爱情,每一个大学生都希望能够得到父母的理解与认同,希望能够获得一份真正的爱情,但是受尽了社会洗礼的父母却不这么想,他们总是希望自己的孩子能够收获一份装满了金钱的沉甸甸的爱情,甚至是婚姻;他们总是以过来人的身份为自己的孩子把爱情安排的如想象的美好,虽然初衷是美好的,但结果却是苦涩的。

亮显得很憔悴,他和女友是大学同级同学,女友比他小一年,是个多愁善感、性格文静的女孩。在学校期间,他们经常在学生会一起工作,不久就开始了恋爱。读书期间,亮担心父母不同意他谈恋爱,一直地瞒着家人偷偷地跟女友在一起。他们的感情一直很好,几乎没有吵过架。日子过得很快乐。转眼间,两个人都毕业了,也各自都有工作,亮就把他们的事情告诉了父母,却遭到了父亲的强烈反对,原因是:一是女友太矮了(亮 176 cm,女友 153 cm),将来出来社会形象不好,对亮的影响很大,特别是将来做生意,体面尤其重要。二是不能优化后代子孙。亮的母亲本来也不太满意,由于父亲的剧烈反对,她更反对了。三是迷信亮与女友的时辰八字相冲相克,深信亮和女友一定没有好结果。他们都认为既然有条件就应该找更好的。父母两个态度非常强硬。亮从小到大都是一个很乖、很孝顺的孩子,父母也很疼他。他很不想见到他们这么伤心。亮也知道,父母都是为了他好。在亮家人的种种压力之下,女友也失落、迷惘,长期处于精神压抑下。亮也每天处于亲情与爱情的矛盾、精神煎熬之中。一年过去后,他俩的身体都差了很多,父母也为了他们的事而苍老了许多,但是家人的反对

****

依然没有半点退让，由于长时间都没有做出决定或承诺，女友的家人也劝女友放弃，说年龄不小了不能再拖。女友也要求亮能给她一个答复，他现在真的不知道怎样做才好，亲情与爱情之间，到底应该如何选择？

　　一个社会的习惯，造就了这个社会的文化，也影响着人们的思想观念。随着社会的不断进步，拜金主义在人们的思想中逐渐有了一席之地，金钱至上的观念，让每个人的心灵都变得浮躁。在爱情问题上，大学生的爱情也掺杂进去了很多金钱的色彩，灯红酒绿的生活不断冲击着每个人的心灵。为钱而爱，为地位而爱，为了家庭背景而爱，社会的不平衡允许了这些爱情的存在，就业的压力成就了很多以此为借口的畸恋。究竟错在何方，大学生们也往往不知所措，到底是什么造就了什么？

　　爱的天平，我们不断权衡；爱情的十字路口，我们徘徊不前。拥有激情，渴望爱情的我们，难道就真的甘心在爱的天空中永远迷茫，无法前进？让我们的爱情永远藏在记忆的深处，涩涩地回忆吗？让我们重温那些经典，重现那些海誓山盟，让我们勇敢地说出爱，让我们执著地去坚持爱，让我们的爱，重归纯真。

二、忠贞，爱情领域中永恒的话题

（一）坚守一生——信念的支撑

　　古代以及神话传说中，都流传着许许多多为爱坚守一生，不惜献出生命的凄美爱情故事。望夫崖、梁山伯与祝英台、张生与崔莺莺等等，应该在我们很小的时候就已经知道的故事，今天重新读过，仍然会感受到一种巨大的震撼。

　　事例一

　　相传古代有一个妇人，她的丈夫应征入伍，因为思念丈夫，妇

人就每天站在山石之上,向远方眺望,盼望其夫归来,日久年深,妇人化作石头,但仍保持着遥望的姿势。后世就将这块石头成为"望夫石",而这个山崖则被称为"望夫崖"。

事例二

有一个综艺节目中提到:意大利比萨的乡下有一条奇怪的石头路,莫名其妙地横过荒凉的土地,又莫名其妙地断掉了。"因为总有人打扫,几百年了,这条路还在。"导游介绍说:"这是一个女人修的。她的丈夫因为家里穷,到外乡去打工,许久许久不回来,那女人先修她门前的路,怕丈夫回来时下雨,踩到院子里泥泞,渐渐地,她向外修路,朝着丈夫离开的方向,一块石头、一块石头地摆,摆过了一个又一个小丘,直到她80多岁的那一天。""喏!"导游指了指路断处的一块小石头:"她就是在这里倒下"。八十年的时间去等待一个人,八十年的时间来守候一份爱情,信念的支撑是坚守一生的秘诀。

事例三

在很久很久以前,有一对非常相爱的青年男女,男人英俊善良,勤劳勇敢,女人美丽温柔,他们是那样的深深爱恋着对方,他们经常相依在一起编织未来的梦……而他们万万没有想到,他们的结合受到了来自四面八方的阻挠,女人从此生活在泪海中,男人在无奈的情海里挣扎。在一个伸手不见五指的夜里,一个白发苍苍的老太太飘然而至,对这对相爱的人说:"在很远很远的奇古拉山上有一颗万年灵芝草,人称希望如意芝,如果你们能得到这颗希望如意芝一人吃一半,那你们将会永远地幸福地生活在一起了。"

为了爱情,为了能和心爱的人生活在一起,男人决定不管路途多么遥远,旅途多么千辛万苦,也要找到这颗万年灵芝草。在一个没有星星和月亮的晚上,男人决定上路了。女人含着泪送别心爱的男人。"不要哭,我会找到这颗灵芝草,那时你便是我真正的新娘。我会回来,等着我……我的爱人。"男人哽咽着说。"我不哭,我等着你回来。只是前方的旅途很艰辛,你要多保重,我等着你回

来,等着做你的新娘。"女人流着泪哭着再也说不下去了,弱小的身躯在夜空下显得是那么的无助。男人紧紧地拥抱着心爱的女人,亲吻着女人流泪的脸,因为男人心里知道,这一走不知何时才能回来。如果找不到这颗灵芝草,也就意味着他再也见不到他心爱的女人了。这颗草是否能找到,他也不知道……四目相对,泪眼蒙蒙……"回去吧,回去的路太黑我不忍心你一个人走,我会很快回来的"。男人噙着泪一步三回头地走了,踏上了旅程。夜空里留下女人凄惨的痛哭声久久回荡。女人一动不动地站在那里,男人的背影渐渐地消失在夜空中,而女人还是没有离去。男人走后,女人每天都在村口等候他归来,她为他祝福,为他祈祷。女人心里明白,男人是爱他的,他会很快回来的。年复一年,日复一日,春来了春又去,花开了花又落,而男人却始终没有回来。女人黑黑的头发开始变得花白了,美丽容颜开始变得憔悴了,而男人依然没有消息。女人决定不再回家,在村口架起了一座小屋,女人要在这里等着他回来,在他们分别的地方等着他……男人经历了千辛万苦,走了一村又一村,翻了一山又一山。冬天,冰雪封了前进的道路,男人用手一捧一捧地挖掘,继续前行;夏天,炎炎烈日,他也顾不上停下他匆匆地脚步,为了心中那份爱。男人不停地走,不停地寻找那颗灵芝草,鞋子破了,脚也由于长期的行走而溃烂不堪,无情的岁月在他饱经沧桑的脸上刻了一道道的沟壑。男人不知道,他这一走却是整整的五十年,终于,他再也走不动了。在他即将倒下的这一刻,他流下了绝望的眼泪,如深谷里的雄狮,对天长啸,在山谷里回荡,震撼了整个大地。忽然,在他前方的山顶上有一束光环,他眼睛一亮,原来他整整寻了五十年的希望草找到了。他连滚带爬地向山顶爬去,终于拿到了这颗如意芝。忽然,有一个声音在他耳边响起:"这颗草叫做希望如意芝,如果相爱的两个人吃了,就会永远幸福地生活在一起,不过这颗草离开养他的土壤只能生活三天。如果三天之内你心爱的人没有看到它,这颗草就会消失。""啊!三天!"男人一下子跌入绝望的深渊,在希望、惊喜、绝望中

痛哭……终于他的痴情和执著感动了山神:"如果你想三天之内送到你心爱的女人身边,你必须变成一只鸽子,不过,如果你们没有缘分的话,在你回到她身边的一秒钟她就会离开你,如果你们有缘分的话,你们将会永远幸福地生活在一起。"男人激动地说:"我愿意,请你快把我变成一只鸽子吧,我希望早一天看到我心爱的女人。"说完男人变成了一只雪白的鸽子,他口中紧紧地衔着这颗所谓的如意芝,急急忙忙地向回家的方向飞去……而女人此刻还在村口翘首观望,等待着男人的归期。她的泪已经不再流,她的心却还没有死去。在她生命的最后一刻,上帝被她的痴情和执著所感动,决定给她一个破例:"你用了你一生的时间还没有等到你要等待的人,在你生命结束的时候,你有什么愿望吗,我可以满足你。""他会回来的,只是他在路上延误了行期,或者他迷失了方向,找不到回家的路了,让我变成一棵树在这里永远等他吧,为他遮风避雨,遮阳挡日,累了他可以靠在我的树干上休息,冷了可以砍下我的树枝取暖。"上帝满足了女人的要求,而女人此时抬起头望了一眼远方,她分明地看见了一只鸽子,一只雪白的鸽子,正在急急地向这个方向飞来,而正在这时,女人消失了……一棵枝叶茂盛的大树出现了,可不同的是,每一个枝叶上都有银光点点的水珠。后来的人说那是女人的眼泪,是相思泪。而男人变成了一只鸽子不止的飞,经过了二天的飞翔终于飞回来了,飞到村口的时候他看到了他心爱的女人,只是比以前憔悴了很多,他努力地想飞到女人的身边,可是越近越看不清女人的脸,当他飞到女人的跟前时,女人消失了,在他眼前却是一棵树,从这颗树枝的树叶上落下了滴滴嗒嗒的水珠,就像那春季般的绵绵细雨,水珠打湿了雪白的鸽子,而鸽子还是拼命地不停地寻找着他心爱的女人,眼看着那棵如意芝就要凋零,鸽子再也没有一点儿力气,他落在这棵树的树枝上,环绕着四周,忽然他大叫一声,一颗猩红的东西从树上掉下来,在它落下的地方,长出了一棵小树,而鸽子就那么永远地停在了树上,期盼的眼神分明在等待着、寻找着久别的恋人。而他最终也不知道,

＊＊＊＊＊＊＊＊

这棵树正是他心爱的女人。他正在他心爱的人的怀抱里。

(二)白色谎言——诚信的另一种表现形式

因为爱,所以愿意承担一切,因为爱,所以用善意的谎言想给予对方更多的幸福。在爱的名义下,善意的谎言也足以让人永久地感动。

事例一:

罗密欧与朱丽叶在一次舞会上一见钟情,私订终身。但家族之间的仇恨却让两个相爱年轻人无法幸福地生活在一起,为逃避追捕,罗密欧暂时离开了维罗那。

朱丽叶的父亲不顾她的反对,硬要把她嫁给一个贵族。劳仑斯修士把一剂药水给了朱丽叶,让她在次日临出嫁前服下,就会跟真的死了一样,一直到42小时后醒来为止。劳仑斯生怕罗密欧误会,用特快邮递给他发了通知。不料通知没能送到罗密欧手里,而朱丽叶已死的消息却立刻传来。绝望的罗密欧买好了见血封喉的毒药,赶回了维罗那。罗密欧在朱丽叶的灵柩前倾诉了自己的爱情,最后一次亲吻爱人,然后服下了毒药。正在这一刹那,42小时已到,朱丽叶醒来了。看到爱人出现在眼前,朱丽叶惊喜交集。然而此时的罗密欧已经没有了呼吸。朱丽叶万念俱灰,从容殉情。这一幕经典的剧集,千百年来被人们一次又一次地搬上舞台,这种永恒的爱因为善意的谎言而在瞬间升华到了极点。

事例二:

他是个哑巴,虽然能听懂别人的话,却说不出自己的感受,她是他的邻居,一个和外婆相依为命的女孩,她一直喊他哥哥。他真像个哥哥,带她上学,伴她玩耍,含笑听她叽叽喳喳的讲话。他只能用手势和她交谈,可她能读懂他的每一个眼神,从哥哥的注视她的目光里,她知道他有多么喜欢自己。后来,她考上了大学,他便开始拼命地挣钱,然后源源不断地寄给她,她从没拒绝。终于,她毕业了,参加了工作,然后,她坚决地对他说:"哥哥,我要嫁给你!"他像只受惊的兔子逃掉了,再也不肯见她,无论她怎样哀求。

她这样说:"你以为我同情你吗?想报答你吗?不是,从12岁我就爱上你了。"可是,她得不到他的回答。有一天,她突然住进了医院。他吓坏了,跑去看她,医生说,她喉咙里长了一个瘤,虽然切除了,却破坏了声带,可能再也讲不了话了,病床上,她泪眼婆婆地注视着他。于是,他们结婚了,很多年以后,没有人听他们讲过一句话,他们用手、用笔、用眼神交谈,分享喜悦和悲伤。他们成了相恋男女羡慕的对象。人们说,那是一对多么幸福的哑夫妻啊!爱情阻挡不了死神的降临,他撇下她一个人先走了,人们怕她经受不住失去爱侣的打击来安慰她。这时,她收回注视他遗像的呆滞目光,突然开口说话:"爱人已逝,谎言也该揭穿了。"

(三)生死与共——患难之中见真情

爱人是一个人一生当中志同道合朋友,为了共同的理想而携手努力。革命与战争年代的爱情,因为特殊的历史背景,经历了生生死死,也更凸现出了生死与共、真诚相待的伟大力量。

事例一

华茜丽蔼娃是医生的女儿,她悄悄地爱上了思想进步、才华出众的革命民主主义者车尔尼雪夫斯基,但是在华茜丽蔼娃提出结婚的要求时,车尔尼雪夫斯基却婉言拒绝了。"为什么拒绝我的爱?"华茜丽蔼娃颤抖着问到。车尔尼雪夫斯基告诉她,他准备把自己的一切都献给反对沙皇专制统治的事业。这肯定会遭到迫害,甚至牺牲。因此,他不愿意连累她……华茜丽蔼娃默默地听完后,脸上露出了笑容:"这些我早就考虑过了,我要和你一起迎接考验!"结婚后,车尔尼雪夫斯基被沙皇监禁、流放,长达26个年头。他的妻子华茜丽蔼娃始终和他在一起,饱尝了心酸和苦难。她却没有一点悔恨,反而以选择了这个有作为的丈夫而感到骄傲和自豪。

事例二

孙中山与宋庆龄就是志同道合伴侣的典范。1913年8月,"二次革命"失败,革命派在国内失去了立足之地,大多随孙中山流亡日本,从美国读书归来的宋庆龄到日本与家人会面,见到了她所敬仰的孙中山,并开始接替父亲和姐姐的工作,于1914年9月起正式担任孙中山的英文秘书。这是在患难中生长出来的爱情:革命失败,心灵的创伤和流亡海外生活的孤寂,孙中山从宋庆龄的帮助和抚慰中得到了补偿;而宋庆龄在追承孙中山革命的愿望中得到了满足,并发出了这样的肺腑之言:"我的快乐,我唯一的快乐是与孙先生在一起。"这遭到宋庆龄父母尤其是母亲的坚决反对:他们的年龄相差28岁!1915年10月,在得知孙中山已与前妻离婚的消息后,22岁的宋庆龄冲破父母的"软禁",赴东京与孙中山成婚。他们的情深谊笃,令人感动:1922年6月16日,广州发生陈炯明兵变,在危难之际宋庆龄把生的希望留给了孙中山:"中国可以没有我,但不可以没有你!"而1925年3月11日孙中山弥留之际,特别嘱咐儿子、女婿要"善待孙夫人",听到何香凝保证尽力爱护宋庆龄之后才放心。短短10年聚首,胜过人间无数。此后,宋庆龄孀居终生。

四、爱情路上,上下求索

在大学里谈一场轰轰烈烈的爱情,是小周进大学前的"美好愿望"。但直到大四,小周仍然孤身一人,期间经历了不少感情波折。大一时,小周喜欢上了同班的一个女孩,但是性格内向的他一直不敢表白。到了大二,小周好不容易摆脱了暗恋的阴影,与一个主动向他表白的女孩谈起了恋爱。可是到了大三下学期,女友突然提出以后一定要留在上海工作,可是小周父母坚持让他毕业后回老家,"长痛不如短痛",两人最终决定在大四来临前分手,分手后小周痛苦不已。

"亲密还是孤独"在18~22岁这个年龄阶段,寻求与异性的亲密交往,是大学校园一道亮丽的风景线。然而,恋爱的甜蜜匆匆

走过,情感的痛苦却常常不请自来,以华东师大为例,华东师大心理咨询中心的2004年度大学生求询个案数统计,两性情感方面有96人次,占求询问题的第二位,仅次于人际关系,是2003年求询数的200%。可见问题存在的普遍性。无论是初恋、暗恋、单恋,还是迷恋、苦恋、畸恋,恋爱带给大学生的情感负荷和感情痛苦都不可小视。

大学生往往容易过度投入恋爱,如果恋爱一旦受挫,很容易造成部分大学生的心理失衡,甚至成为较严重心理问题的导火线。恋爱的成功与否与外在机遇和内在的社会、心理成熟度密切相关。从心理咨询专业角度来看,大学生需要更多地调节自身的内在因素,加强自己的阅历和自我管理能力,加强自身的社会、心理成熟度。具体来说,在恋爱过程中应认清自己的需求和盲点,客观认识异性,灵活地处理双方的差异和交往过程中的问题,调节自己的期望值、做好情绪管理,平衡恋爱和生活中的其他重要内容等。

(一)慎重选择,良好的开始是成功的一半

爱情是人类最真挚的情感。李大钊曾经说过,两性相爱,是人生最重要的部分。恋爱,也是大学四年生活中的一个重要的主题。因此,在选择爱情之时,我们就应该慎重地对待,不要因为"寂寞"而开始爱情,也不要因为"好奇"而走近爱情,不要为了害怕别人的嘲笑而开始爱情,认真地选择志同道合的人吧。一个良好的开端就意味着美好爱情开始的一半,所以,谨慎地选择吧,爱情会为你带来甜蜜和幸福。

青是一个美丽而又多才多艺的女孩,拥有天使的面孔,魔鬼般的身材。上学期间,追求她的人络绎不绝,但青一直都很坚定,她一定要找一个跟自己有共同理想的人。在大学期间的军训当中,青终于找到了自己一直以来等待的人,他是一个军人,刚毅而不乏温情,重要的是,两个人都有着共同的梦想与追求。青毫不犹豫地选择了他,几年的相处之中,两个人互相鼓励,不断支持,都找到了满意的工作,都是单位的优秀工作者。五年之后,两个人携手走进

了婚姻的殿堂,为他们的爱情画上了一个圆满的句号。

独立自主,给爱一定的空间。

爱情的甜蜜,往往让恋人们难舍难分,"一日不见,如隔三秋",恨不得天天黏在一起。但是,爱情,是发生在两个独立的个体之间的一种情感行为。纪伯伦曾经说过:"夫妻好比同一把琴上的弦,他们在同一旋律中歇息颤动,但彼此又都是独立的。"舒婷在《致橡树》这首诗中,也生动地描述了一个独立自主的女性所追求的爱情类型。她说:"我必须是你近旁的一株木棉,作为树的形象和你站在一起。""我们分担寒潮、风雷、霹雳,我们共享雾霭、流岚、虹霓,仿佛永远分离,却又终身相依。"这才是伟大的爱情。

简·爱,是一个出身贫寒的坚强的女子。清苦的生活,形成了她不卑不亢、独立不羁的人格。在与罗切斯特第一次见面中,两颗心就开始了相互较量。在心灵的碰撞当中,他们对彼此的感情更加依赖。与罗切斯特相爱后,简·爱发现他已有妻子,而愤然出走,决不苟且于作一个隐秘的情人。真爱是注定要经受考验的,离开罗切斯特之后的简爱在迷茫与徘徊中度日,直到另一名男子"圣约翰"在以为上帝服务的名义向她求婚那一刻,她才终于发现爱的真谛所在。他们的爱情建立在精神平等的基础之上,因为简·爱的独立、坚强,不卑不亢,他们的爱情才显得如此地与众不同,他们的爱情,才最终赢来了美好的春天。

(二)爱情＝责任＋包容

也许在爱情刚开始的时候,双方的感情都是出于一种激情,一种冲动,一种内心深处的碰撞。但是,在经历了最初的热恋,回归平静之时,对于爱的诠释,也许更多的是责任与包容。海誓山盟不是一句空话,天长地久也不是一时冲动,而是爱的一种约束。

当两个相爱的人走到一起时,难免会出现一些矛盾与摩擦。互谅、互让是中华民族的传统美德,也是爱情的保鲜剂。没有互谅,就没有爱情;没有互让,就难以体会到甜蜜。由于个性、生活习惯、处事观点的差异,两个独立的个体走到一起,互谅、互让就显得

尤为重要。互相谦让,懂得宽容,用深沉的爱去感化对方,爱情才会显现出它甜美的一面。

有一对老年夫妻,恩爱地让人嫉妒,妻子腿脚不方便,头发花白的丈夫每天上午9时都会准时搀扶着她从二楼慢慢走下,然后在花园里慢慢踱着,耗去近两个小时的时间。这种坚持持续了整整五年。谁知道这样恩爱的一对夫妻,在二十年前竟然闹得要死要活,准备离婚呢。当时,已经有一定职位的丈夫下基层时,与一位宾馆的服务员睡到了一起。刚开始,老太太十分生气,坚决要求离婚。后来,知道老头也是因为醉酒一时糊涂,又考虑到孩子的成长,所以给了他一次机会。从那以后,老头十分真诚地对待她,虽然权力越来越大,却再也没有别的桃色新闻。

(三)人生天平,让爱做主

拥有爱,是一个人一辈子的幸福。科学家曾经做过测试,处于恋爱当中的人的心情要比平常要愉悦很多,这也是很多处于恋爱当中的女生变得越来越漂亮的原因,用流行的话说是"爱情的滋润"。选择爱情时适当地考虑经济状况无可厚非,因为爱情毕竟不是空中楼阁,需要一定的基础。但是,爱情不完全等同于金钱和地位。"在爱情的天平上,加上金钱、地位这些砝码,就会失去幸福的平衡。"在人生的天平上,我们应该慎重选择,让爱做主。

李梅是一个苦命的女孩,16岁时父亲图财礼把她嫁给了一个吃喝嫖赌俱全的男人。为了逃婚,她独自出来打工。经过几年的努力,她自己开了一个小店,有了一点积蓄。一次去街上让人擦皮鞋时,不慎将自己的皮夹掉在了那里。皮夹里有20000块钱的存折和2000元的现金。丢失后,李梅焦躁不安。抱着试试看的心态,她回去找,结果发现擦皮鞋的小伙子一直没有收摊,晚上了还一直在那里等着她。这样的一个年青穷苦擦皮鞋仔能够将拾到手的巨款还回,让在外闯荡了几十年,见惯了不少尔虞我诈、不择手段捞钱的李梅受到了强烈的触动和震颤。抱着感恩的心态,她去了陈海的家,同他开始了初步的接触。随着时间的推移和相互了

解的加深，她感到了越是处在生活底层的人越是可亲可信，她对他有了一种相濡以沫、相依为命的感觉，再也撇不开、割舍不下这个贫穷而又善良真诚的擦鞋仔。一年以后，李梅终于成为了陈海的新娘。

雄鹰展翅，我们渴望有爱；背井离乡，我们希望有人相伴。向往爱情，拥有爱情，是很多大学生内心最深处的悸动。因为年轻，我们单纯善良；因为年轻，我们盼望纯真浪漫的爱情；但是，也正是因为年轻，花前月下，海誓山盟，我们轻易许下诺言；因为年轻，我们无法实现曾经许下的种种诺言；因为年轻，我们无法担负爱情的责任；因为年轻，曾经向往的爱情蒙上了淡淡的阴影；因为年轻，我们轻率地开始爱情，又在痛苦中结束我们的爱情。

在爱情的世界里，年轻的我们不断探索。我们希望拥有罗曼蒂克的爱情，我们也不断地在告诫自己要坦诚对爱。诚信，爱情！爱情，诚信！到底应该如何对爱，爱情世界，谁来做主？我们迷茫，我们也在不断地寻找答案。爱情路上，我们上下求索。

年轻的朋友们，不要迷茫，不要苦恼，路途就在前方。诚信，是爱情道路上一座永不熄灭的灯塔，朝着诚信，坦诚相待，我们永远不会迷失！拥有爱情，让爱做主，我们的心，将永远年轻；拥有诚信，让"诚"字当先，我们的爱情，将永葆青春！朋友们，我们无法预知自己的将来，我们更无法了解自己会在何时在怎样的场景中收获我们的爱情，我们也无法预料在爱情面前我们究竟会有多少疯狂的表现，我们同样也无法体会失去爱情之后自己苦闷的心情。但是，我们可以主宰自己的现在，我们可以提升自身的素质，让爱主宰自己的现在，让诚信主宰自己的一生！让我们在爱情面前更加坦荡，让我们在爱的道路上走的更加顺畅！

大学生健康成才丛书 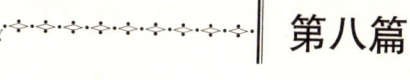 聚焦诚信

第八篇
传销——深不可测的陷阱

2003年8月27日,广西合浦县端掉一个非法传销窝点,查获146名非法传销人员,其中绝大部分是在校大学生。

2003年9月9日,广西贵港市石羊塘派出所查获一个非法传销窝点,涉案人员达500多人,其中90%是大学生。

2003年10月31日,海南海口市龙昆北派出所捣毁一传销窝点。该窝点的13名传销人员均为在校大学生,其中12人来自宁夏固原同一所医学院校。

2004年5月19日,山西临汾市工商局、公安局捣毁尧都区东赵村一个传销窝点,40多名传销人员中大多数为在校大学生。

2004年5月29日,江苏徐州市公安局鼓楼分局王场派出所对8个传销窝点进行突击检查,解救出中国医科大学、江南大学等高校的3名大学生。

2004年6月,重庆市公安局捣毁大型非法传销组织——欧丽曼,竟查发现有千余名大学生参与其中。

大学,从它诞生之日起就被人们赋予了各种各样神圣的含义。在学子的眼里,它是通往科学领域的殿堂;在家长的眼里,它是将子女送向成功之峰的云梯;在社会眼里,它是为祖国培育无数英才的摇篮。然而,不知从何时起,传销——这个毁人诚信的魔鬼竟悄

悄地将它的爪牙伸向了这片圣地。正像上述新闻案例中被查处的参与传销组织的大学生一样,还有着许许多多象牙塔中的天之骄子们正受到传销组织那"一夜暴富"美梦的蛊惑,他们坚守着那些"今日的欺骗是为了明日的成功"的所谓的信条,深陷其中而不可自拔。在追逐暴利泡影的传销过程中,他们不仅仅损失了大量的金钱和时间,人生最宝贵的诚信也渐渐与他们远离。为了不让更多的人受骗,为了帮助他们重新将诚信捡起,今天,就让我们来揭开传销魔鬼的神秘面纱。

传销,在国际上的定义是指传销组织通过多层次、独立传销商来销售或提供劳务,每个传销员除了将货物销售以赚取利润外,还可以介绍、训练他人为新的传销人,并建立新的销售网络来销售公司货物,在公司获取更多利润的同时,每个传销员也在自己的销售网络中获取相应的差额。它产生于美国哈佛大学两位数学系学生的天才想法,二人开始只是研究倍增学,比如1变2,2变4这样的数学模型。后来被引用到市场营销学中成为了如今的传销。因其巨大的商业利润,驱使有些不法商人利用传销的方式开展非法传销,将正当传销演变为"网络连锁"等非法形式,变相聚敛财富、欺诈群众,从而连锁引发非法传销人追求财产为核心的各类型犯罪。1998年4月,国务院颁布《关于禁止传销经营活动的通知》,宣布传销为非法,不分种类名称,全部停止活动。至此,传销的路在中国走了9年之后走到了尽头。2005年11月1日,《禁止传销条例》正式实施。一场为直销市场开道的全国范围的打击传销行动又在全国各地全面展开。

作为一种非法的诈骗行为,传销在其不断扩展的过程中也体现出了许多鲜明的特征。首先,经营者通过发展人员、组织网络从事无店铺经营活动,参加者之间上线从下线的营销业绩中提取报酬;其次,参加者通过交纳入门费或以认购商品等变相交纳入门费的方式,取得加入、介绍或发展他人加入的资格,并以此获取回报;同时,先参加者从发展的下线成员所交纳费用中获取收益,且收益

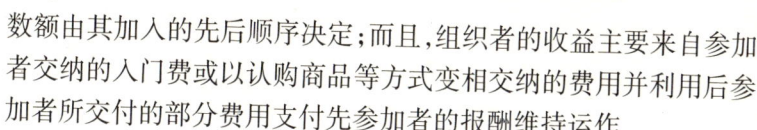

数额由其加入的先后顺序决定;而且,组织者的收益主要来自参加者交纳的入门费或以认购商品等方式变相交纳的费用并利用后参加者所交付的部分费用支付先参加者的报酬维持运作。

一、失陷的青春

青春是美好的,青春是纯洁的,然而是什么样的陷阱让这美好而纯洁的青春堕入？是什么样的魔爪将灾难带来？相信在以下一个个大学生们的亲身经历会让我们明白点什么。这个巨大的陷阱到底是怎样挖成的？究竟是什么让数千名的天之骄子如此轻易的陷入而不能自拔？希望王辰（化名）的亲身经历能让我们从中找到点什么。

王辰,南方某高校大三学生,经同学介绍开始接触传销,在谈到为什么要加入该传销组织的时候,他说:"那是一段在狂热中迷失自我的奇特经历。我们不是因为利益诱惑和人身监视而被传销网络套住,而是在思想上被控制后,心甘情愿地被他们利用。"他还向我们详细的讲述了自己是如何一步步被非法传销组织"洗脑"的。

1. 步入泥沼　2004年3月初,我在外省读书的朋友打来电话,称他们那边有个戴尔电脑展销会,会场需要人维护,为期10天,待遇颇为优厚。他还暗示说,要和我干一番大事业。青春年少的我,总希望自己可以生活得更有激情一些,再加上对朋友的信任,就答应了。

到他们那里后,我受到了朋友异乎寻常的热情接待。帮我拿包,安排洗澡,彬彬有礼,盛情款待。下午安排我游览了当地的山水风光。晚上又开了个小小的party,很多朋友在一起,喝茶聊天做游戏,整个屋子里充满了快乐。当时我由衷地感叹:这里真好啊！比学校生活有意思多了。

后来我才知道,所有这些,只不过是对新骗进来的人制造的假象而已。我的朋友其实只是这个传销组织中级别最低的业务员,业务员的工作就是负责把自己的同学和朋友骗过来。受骗者刚到达那里的时候,他们将按照两大原则开展工作。一是"火车站接人原则",包括要事先洗澡、理发,穿上好衣服,表现得精神一点,以便给对方留下好的印象。见面之后,要主动帮助对方拿东西,尽量做到热情和周到。二是"二八原则",也就是说每一个受骗者刚到的时候,组织上要求"业务员"必须80%与其谈感情,另外20%才谈谈事业,绝对不能讲有关传销的事情。

渐渐的我明白这其实是一种蓄势,就是准备通过精神上的控制来挽留你。初来乍到的我们是很难发现其中的阴谋。

2. 洗脑控制 进入传销组织的第二天,我就开始接受无微不至的培训洗脑。第一次给我们讲课的是一位矮矮胖胖的主任。他讲得很有激情,一下子就让我产生了改变自己现状的强烈欲望。

首先,他结合社会实际和个人经历,分析影响成功的因素——环境、观念以及人性的弱点:怕、靠、懒、拖、面子等。现在想想,他只不过是把现实中某些问题无限夸大,把过去的那个"我"全盘否定。但当时却让我们在场的每一个人都深受触动。

他还说,接受高等教育是在浪费时间,博士生出去还不如一个初中毕业就打工的人,"死读书,读死书,没能力";每个人的前途都是黑暗的,毕业即失业,找不到工作,挣不到钱,没法生活等。他说这些的目的,就是让我们不断地反思自己,否定自己,并企图改变自己。

接着,他告诉我们,成功需要有敏锐的眼光,聪敏的头脑和果断的行动,以便于发现机会,抓住机会。他结合我国转型期那些与个体户、股票等相关的典型案例,突出他们抓住机会取得巨大成就的特征,向我们灌输速成、暴富理论。

最后,他鼓动我们,放下一切,马上行动,就能快速成功。他说,成功要从现在做起,从身边的小事做起,看准目标,其他的都不

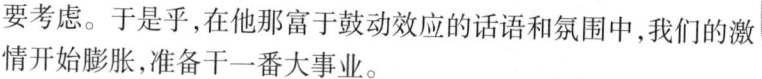

要考虑。于是乎,在他那富于鼓动效应的话语和氛围中,我们的激情开始膨胀,准备干一番大事业。

3. **偷换概念**　之后的几天里,我上了很多的培训课。他们在讲课时,从来不说自己是在搞传销,而说是在开展合法的直销。

有一次,一名"讲师"向我们介绍了公司直销"欧丽曼"化妆品的方式。每套产品3350元,其中3200元是产品的费用,150元是网络管理费。他说,如果你加入公司,交了3350元,以后在销售时拿包括有18件一套的化妆品就不用再另外付费了。再以后,你就介绍别人加入组织,你介绍的人越多,工资升得越快,从几百元到几十万元不等。比如你介绍70个人进来,你的月收入达到几十万元可以说就易如反掌了。他说,不要认为70个人多,你只需介绍2个人进来就可以,他们再去介绍其他人,如此几何倍增,大家可以算算2的N次方是怎么增长的就会明白。

巨大的经济利润对我们来说,具有非常强的吸引力。因为按照组织内部人员的说法,一个人从穷光蛋到百万富翁,最"慢"需要一年多时间,你不必担心自己不会成功,也不必担心介绍不来人,即使你介绍不进来人,你的推荐人还有他的推荐人会帮助你的,因为如果你升不上去,他们的升迁同样会受到制约。再试想,如果你只投资3350元,在一年内成为百万富翁,你会不会动心?

后来我才知道,所谓"口碑相传""几何倍增"这些原理,在合法的直销教材上确实存在。可以说,他们是口中讲着合法的内容,行动中却做着违法的事情!也正是因为这样,很多人才会上当受骗。

4. **激励假象**　从第三天起我开始参加"晨练"活动。5时30分我们起床,先是读书、背书,有人读《论语》《尚书》《楚辞》之类的古文,更多的人是大声读一些关于成功学、营销学方面的书。接着站5分钟的军姿,之后是开心一刻,每个人都要争先恐后地抢着讲一个笑话,目的是扫除前一天心中存在的阴影。最后是即兴演讲。包括三项内容:总结昨天,说出失误所在和准备"怎么办",有的人总结昨天的失误时会自己体罚自己,我曾看到一个人跪在大家面前,扇了自己40个巴掌;计划今天,比如要和10个人交流,中午看1个小时的书,下午去某个讲师那里听课等;三分钟命题演讲,其他人随便出题,目的是锻炼口才。

他们会经常性地开party,比如生日party,签单庆祝party。虽然并没有我们在学校举行party那样花很多钱,只是喝开水,偶尔嗑瓜子、花生,但是他们的活动会让我们感觉非常有意义,特别是那些主持人,在活动中间说的话,会让我们在不知不觉间融入进去。

为了制造"磨砺意志"的假象,我们吃菜不用买,每天安排人到菜市场拣,而且只能拣别人扔在地上的,如果是放在柜台上别人不要的,也绝对不能拣。食物中没有什么油水。新人来时所吃的"四菜一汤",是由推荐人自己出的钱。在住的方面,男女同住在租来的房间里,女的睡床铺,男的睡地板。

在那里面,没有个性,唯一的差异就是收入上的,而且如果你月薪没有达到几万元以前,哪怕你是一个月好几千元,照样睡地铺,吃米饭、炒萝卜丝。这种貌似平等的地位,也许更能激发受骗者干一番大事业的热情,吃着烂菜想暴富,今天睡地板,明天当老板。

5.心理攻防　为了打消我们思想上的顾虑,自愿加入到传销组织里面,他们还加强对我们的"思想工作"。除了讲课,专门有人来和我们聊天,观察我们的心理活动,针对我们的心理进行引导,其速度之快、效率之高,是异乎寻常的。

他们按照"ABC法则"进行思想劝说,即A带B来了之后,A不能做B的思想工作,而是让C来做B的思想工作。A负责把C神化,C对B进行思想灌输。在大的场合下,传销组织还积极营造出一种感恩的心态,实施"三捧"法则,主动捧"公司"、捧"上线"、捧"公司的理念"。这些原则的运用,使受骗者打心底感觉到自己终于找到了一个成功的平台,从而最终选择加入到传销组织之中。

所有这些做法,目的只有一个,先告诉你社会上丑恶的一面,你在社会上四处碰壁,然后告诉你,"直销"将会是未来唯一的出路,而"欧丽曼"化妆品直销,将会给你广阔的发展空间,加入它,你的前途是辉煌的。经过狂热的培训,学生受"创业""发财"的蛊惑,有近80%的人在几天内交了钱。一旦受骗,组织者就不失时机对他们进行"市场开拓培训",直接叫他们骗同学、朋友来做"下线"。

经过紧锣密鼓的洗脑,第六天,我就"签单"了,也就是上交3350元给组织。

短短的六天!陷落的何止王辰一个,传销组织正是抓住了当代大学生社会经验少,思想单纯又满怀干一番大事业的雄心的特点,对他们"因材施教",才会在相当短的时间内就拉众多的大学生加入。首先,他们采用"接人定律"和"二八原则"等温馨的情感攻势使初来乍到的大学生沉浸在他们虚伪的感情里,为后面的正式"洗脑"做好铺垫。等到时机成熟,他们就会搬出那一套"激励法则"和"成功教育学",重点针对当今年轻人跃跃欲试想干大事业的心情进行诱导,让其在不知不觉中接受传销组织的错误信条,抛弃诚信,为达目的不择手段。传销组织甚至还运用各种方法,以期在大学生们的心中塑造出一个神化了的组织核心和传销理念,以便于他们更加牢固的从思想上掌握和控制大学生。不得不承认,传销人正是用了这许许多多"甜美"的诱惑给我们的大学生们编织成了一个巨大的诱饵,诱饵的下面便是他们苦心挖成的"温柔"的陷阱。

(一)面对诱惑,他们如此陷落

小薇(化名)是西北某高校计算机专业大四的学生。从小到大她都是众人瞩目的焦点,能歌善舞,活泼开朗。然而2003年夏天,一个朋友的"美丽谎言"彻底改变了她的人生。

当时,还剩两个月就毕业的小薇忽然接到了大学同班同学叶子在南方某个城市发给她的一封E-mail。叶子以前和小薇不仅是同班更是同一个寝室的好姐妹,大三那年她以家里有特殊原因退学了。为此,小薇还很是伤心了一阵。如今失去联系整整一年的叶子居然有了消息,当然令她惊喜不已。叶子在电子邮件中说他舅在南方开了一家公司,并称那里有很多高素质人才,很适合大学生发展,而且待遇又好,想邀好朋友去锻炼锻炼。此后,叶子还多次打长途电话并在QQ上留言,给叶子描绘出了一片极其美好的发展前景,并鼓励她放弃没有用的学业而去她们那边"发展事业"。在叶子的多方攻势下,小薇终于还是经不住诱惑,放弃了即将完成的学业,匆匆南下,交纳了三千多块钱的保证金以后,小薇加盟到了叶子舅舅的公司。

很快,小薇逐渐发现其实那个被叶子称为舅舅的男人根本与叶子没有一点亲缘关系,而且这家所谓的公司,实际上是一家打着直销旗号的传销黑窝点。她痛苦的回忆说:"从此我就过着非人的生活,每天的饭菜是白米饭、没油水的白菜冬瓜汤,晚上睡觉则在地上铺一张席子。而我见到的所谓'高素质人才'仅仅是用谎言和虚伪包装起来的。他们的工作是用欺骗的方式把价值几百甚至一文不值的假冒伪劣化妆品以3350元或者3800元的价格卖给下线。"小薇被困在传销窝点整整两个多礼拜。期间,她曾多次找到叶子表示想要离开,但是都没有成功。叶子不但没有帮助她离开,反而劝她安心留在那里,并鼓励小薇"邀请"更多的同学来公司。拒绝了叶子的游说,无助而失望的小薇几次想要结束自己的生命,终因想起疼爱自己的父母而放弃,但此次朋友的欺骗给她心中留下了难以磨灭的伤痕。

这些打着直销旗号挂羊头卖狗肉的传销组织不仅欺骗人的金钱,更加使得亲情、友情流失,甚至还使不少人家破人亡、人财两空,有不少大学生也因此把握不住人生航向,失去生活信心,失去了人格尊严。

李明涛(化名)是北方某高校外语专业大二的学生。2002年十一黄金周的时候,他没有回家而是留在学校里,希望通过勤工助

学打扫卫生和在外给一些中学生做家教补贴一点自己本就少的可怜的生活费。在前往家教对象家的公交车上,他认识了一个自称是他老乡的许江。可能是因为老乡这个亲切的称呼,一下子拉近了他们的距离,李刚涛将自己的处境和努力全都告诉了许江。许江听罢,告诉李刚涛:"小老弟呀,我是看在咱们是老乡的分上才这么跟你说的,其实你想要挣钱根本不用这么辛苦。老哥眼下就有一个能够轻轻松松赚大钱的工作,就看你愿不愿意做了?"李明涛一听,好奇极了:"大哥,真有这么好的事吗?技术要求高不?我可是除了做家教和做苦力其他的都不会啊。"、"那当然了",许江一听李明涛似乎有点被说动了,他更加卖力的游说,"我们是老乡,我怎么可能骗你呢。这个工作技术含量一点都不高,只要你能下决心就没问题的。要不你现在就跟我走好了,那个破家教又辛苦又挣钱少,你就别去了,走走走,大哥现在就给你指条光明大道。"就这样,李明涛在许江的鼓动下违背了事先做好的家教约定,走上了一条他自己从没想过会走上的道路。

　　跟着许江来到了他所说的所谓"梦工厂",李明涛发现原来这里其实就是一家化妆品传销组织。刚开始,李明涛不愿意加入,他隐约记得传销是一种不好的行为。但是,许江不懈的给他洗脑,并且告诉他人们对传销的那些看法其实都是误解,是赚不到钱的人的"酸葡萄心理",他们只是眼红而已。与此同时,许江还抓住了李明涛急于想挣钱的心理,不断地给他渲染加入以后的无量"钱"途。就这样,李明涛迷迷糊糊的被拉入了传销的魔掌中。

　　经过许江4天的紧急培训,李明涛拿着他第一批商品回到了学校,开始营造自己的"事业"天地。他深知自己所在的外语系女生格外多而且大多女生都心地善良且极富同情心,打定了主意要充分利用这一得天独厚的优势。从自己班里的女生开始,李明涛每天都拿着大量的从许江那里预支的化妆品向她们推销。他告诉她们说自己的妈妈为了养猪给他交学费,在上山割草的时候摔断了腿,所以他想靠自己的努力多赚点钱为妈妈治病。心地善良的女孩们听了他感人肺腑的叙述,纷纷拿出钱来购买了李明涛昂贵的"孝心"化妆品。很快的,李明涛获得了学校里许许多多女生们的支持,他利用自己天衣无缝的谎言,在极短的时间里就以高价卖出了许多的劣质化妆品,从中获得了暴利。谎言一直在延续,越来越多的善良的同学上当受骗。

2003年4月,当地公安局破获了那个李明涛和许江所在的非法传销组织,揭露出他们骗人的本来面目。此事经报道,轰动了校园,纯洁的同学友谊竟成了他人欺骗利用的工具,可悲,可叹。

传销行为的本质就是欺骗;传销组织的手段也只为了欺骗。如果没有欺骗,传销组织就无法获得他们所期望的巨额经济利益,所以,他们骗亲人朋友,骗所有信任他们关心他们的人,用骗来的钱构筑自己所谓的黄金梦想。一旦这一次的欺骗顺利完成,他们便会更加迫切的开始下一次的欺骗。这就好像说你有一部分钱,已经陷入其中,你要想把这笔钱拿回来只有再去骗别人,主要都在自己熟悉的人当中找下线。要么就是骗朋友,你找不到朋友你就回家去找父母要,所以传销对人的危害对社会的危害是很大的。它不仅造成经济上的损失,而且对人性和人与人之间最最珍贵的感情也会带来毁灭性的灾难。我们的大学生们,因为学校这个巨大而特殊的环境,很容易使传销人在其周围找到可欺骗的对象;同时,他们所特有的纯真与善良也无奈的为欺骗开放了绿灯。

(二)传销使我们失去了什么

2005年3月30日,一个令人震惊的消息传到了北方一个小村庄里,这个村子里的村民们听说该村的柴进宣夫妇在一场车祸当中双双丧生。消息是刚刚遭遇不幸的柴进宣夫妇的儿子柴强(化名)从600里外的地方打电话回来说的。柴强说,他父母在路上发生了车祸。村民们对柴强家的不幸都很同情。

按照当地的风俗,这么大的事村里人和柴家人都要去事发现场去看一看的。但是第二天一大早,柴强就带着父母的骨灰回到了村子里,他所有的亲属都没见过他父母最后一面。在安葬骨灰

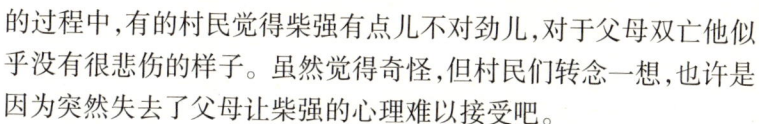

的过程中,有的村民觉得柴强有点儿不对劲儿,对于父母双亡他似乎没有很悲伤的样子。虽然觉得奇怪,但村民们转念一想,也许是因为突然失去了父母让柴强的心理难以接受吧。

接下来的两个多月,柴强一直呆在家里,天天拉着窗帘,再往后就不知去了哪里。而村民们对柴强的表现和他父母的死也有了一些议论。无意间,这些话传到了当地公安局刑警队队员的耳朵里。凭着多年的办案经验,刑警队员们觉得这件事不那么简单。据柴强说,车祸中司机和他的父母都死了,这就应该属于特大交通事故。于是刑警队员们马上与事发地警方进行了联系,而结果证明柴强是在说谎。

这让刑警队员们感到很是奇怪,既然没有发生过交通事故,那么柴强的父母真的死了吗?怎么死的?而柴强又为什么非常肯定地说,他的父母是死于交通事故呢?刑警队员们来到了柴强的家进行勘察,发现他的家已经很久没人住了,大门锁着,东西屋的窗帘也拉着,征得柴强爷爷的同意,队员们进入了柴强的家。

民警们进入里屋,一股尸体腐烂的恶臭扑面而来。民警又发现墙根下有一个用苫布盖着的东西,掀开苫布是两个很大的塑料包裹,包裹里正是柴进宣夫妇的尸体。经鉴定,二人均系中毒身亡,那么柴强杀害亲生父母的嫌疑骤然上升。这个结论让刑警们也不太敢相信,一个当儿子的真的能够狠得下心杀害自己的亲生父母吗?如果说是真的,他的杀人动机又是什么呢?为了尽快地找到柴强,刑警再一次对柴强的亲戚朋友进行了走访,希望能够找到有用的线索。刑警队员们了解到,柴强家的生活在当地还算不错,他父亲平时帮人做些农活挣些钱,母亲也很节俭,他们对这个独子都很疼爱。而柴强从 2002 年 9 月就外出上大学了,平时很少回家。虽说性格上比较内向,但他还算个乖孩子,杀害亲生父母的事他能做出来吗?为了尽快找到柴强,刑警队员来到柴强的爷爷家。在这里他们得到了一个重要线索。柴强有个一起长大的好朋友,现在在华北某省一家房产中介公司打工。现在柴强应该和他

在一起。

刑警队员火速赶到该地,在柴强的那个好朋友的家里把柴强抓了个正着。面对刑警队员,柴强交代了自己杀害亲生父母的整个过程。但是让人想不到的是,他杀害亲生父母的一切动机起源,就是因为他参加了传销组织。原来,柴强在2004年加入了一个传销组织。经过一段所谓的培训,他开始相信搞传销才是自己的最好的未来。

一心想通过传销挣大钱的柴强先后从家里骗了1万多块钱交了会费但很快钱花没了,却没有挣到钱。2005年3月他再次回到家里希望拿更多的钱投资到自己的"事业"里,但是柴强的父母早已经不相信他了,只给了他200元钱,这对柴强来说显然太少了。他非常生气,如果手里没有钱就不能回到那个传销组织里,而那时的柴强已经把传销看成自己唯一的前途事业了。弄不到钱的柴强脑子里不时回忆起传销组织头目们讲的那些话,做这个事业必须得狠下心来,别的什么都不用管。想着有了钱就可以回去挣大钱,柴强脑子里产生了一个计划。

他买了几瓶老鼠药回来悄悄地掺在了牛奶里,先给母亲喝了下去。很快,母亲就开始出现中毒反应并在炕上挣扎,临死前还说出令柴强永远无法忘记的四个字:哎呀,儿啊。柴强把母亲杀死,将尸体拖到小屋里。晚上他又用同样的办法毒死了父亲。第二天,柴强买来了塑料布把父母的尸体包裹起来,用铁丝扎紧,把房门锁死,窗户上还钉了窗帘。一切收拾完了,他就赶到外地给村里打电话,说父母发生了车祸。杀死父母之后,柴强从家里面找出了几千块钱,并且立即决定动身返回到传销组织当中。就在这个时候,他给他的头目打了一个电话,可是电话那头传过来的说法让柴强自己都无法相信。头目说由于传销不赚钱,他已经不想再干这一行了。

这下柴强傻了,一时间没了主意,他只好先呆在家里。接下来的两个月里,他非常害怕,经常做噩梦。此时的他才终于明白了传

销组织到底是一个什么样的组织,是它害他失去了这个世上最疼爱自己的人。

刘卫国(化名),东北某大学毕业生。毕业前,他接到一黄姓同学的电话,邀他到南方去。到了那边以后,他才发现原来自己的同学是被挟持在了非法传销组织的手中,而他自己也是被骗来的。那些传销者还逼迫刘卫国加入他们一项3000元瑞士手表的传销活动当中。刘卫国誓死不从,遭到他们的一顿痛打。后来,那些传销者看刘卫国怎么都不肯加入,气急败坏之下,他们开车把刘卫国扔到了30多公里外的一个医院附近的马路边,而且把他随身携带的身份证、毕业证、学位证、银行卡也都不由分说的抢走了。后来被好心人送到医院抢救的刘卫国回忆当时的情况说:"这伙传销团伙开始威胁我,既然来了就要做,不做就要承担下场。我刚去了以后马上就明白他们是搞传销的了。那里搞传销的大多数是宁夏人,他们五六个人围着我拼命地演说,甚至又唱又跳,劝我加入传销,被我多次拒绝以后。他们渐渐没了耐心,就把我右手的3个手指给割了下来。"看着自己已经残废了的右手,刘卫国坚定的声音也难免有些哽咽,"虽然骗我进魔窟的是我的同学,但是我不怪他,我知道他身陷其中身不由己。我只希望今后不要有更多的同学遇到这样的遭遇,不要有其他的同学被自己的同学欺骗了。"

在传销——这只魔爪伸向大学校园的时候,它不仅抓走了大学生们基本的生活保障经费,更抓走了他们的良知。痛失手指的遭遇给了我们一个不能够忽视的事实:在传销组织种种美好谎言的背后隐藏的是他们无所不用其极的狠辣手段,当引诱不成的时候,他们对大学生的迫害是丝毫都没有手软。诚然,他们虚构出的蓝图十分的辉煌美好,即便眼前诱惑重重,我们的信念应该更加的坚定不移,诚信,孝心,安全,生命,一个都不能少。

二、是什么使青春陷落

为什么传销组织要把侵蚀的目标主要锁定在大学校园?是什么使越来越多的拥有着花样年华、前途无量的大学生们在那一念之差之间选择了歧途?就让我们从一个个真实的故事中探询一下究竟是什么让青春陷落的。

(一) "一夜暴富"的金钱诱饵

李娟(化名)是西南某高校大二的学生,2004年3月,她被同学骗到了沿海某城市加入了一家化妆品传销组织。2004年6月,公安机关捣毁了那家非法传销窝点,李娟也被解救回家。回家后,她在日记里写道:"容忍心有多大,网络就可以做多大!加入这个行业首先是为了提高我的能力,其次是为了钱,因为有了能力便可以赚到更多的钱。帮我缴纳上线款的是二姨,因为她特别相信我,为了报答她,早一天带奶奶出去旅游,早一天让父母过上他们想要的生活,我要尽快走向成功。为了让那些嘲笑我,看不起我家,看不起我父母的那些人看看,我也一定要成功。"

杨月伟(化名),东北某大学计算机系的学生,2004年2月底因在报纸上看到一则电子商务招聘信息,被诱骗从事网络传销。杨月伟在他仅有的几篇日记中写道:"这则招聘广告简直太适合我了,除了可以实习一下所学的计算机知识外,还能赚点钱让在农村的父母不必再为我的学费四处找亲戚借钱。我不会再给他们增添负担了!"

于光(化名),是南方农学院某大专班的学生,他也在日记中述说自己被骗的原因和骗人的目的,"我无法自己把握毕业后的事业走向,与其毕业就失业,还不如能抓一个发财机会就狠狠抓住再说,也好为将来进行一些原始积累,这样起码心里会觉得踏实一点。"

由此可见，利益的驱动是使许多大学生被骗入传销组织的一个重要诱因。如今有很多人都是想靠着传销发财来改变自己的生活的，就连那些身处象牙塔中的大学生们也不例外。受骗学生大多数来自农村，且大多家庭处于贫困状态。这些学生社会接触面不广，心地单纯，很容易放松警惕，轻信传销组织者。而且他们受骗加入后，传销分子不断地给他们进行了"洗脑"，迫使他们接受传销能发大财的谬论，并灌输给他们传销合法、对社会有益的思想。就这样，大批学生在不明真相或受胁迫的情况下缴纳入门费，开始骗亲人、骗朋友，形成了一拨一拨的恶性循环。这些一夜暴富的心理渴求、扭曲的心态和成功观、形势严峻的就业压力等构成了促使大学生们纷纷加入非法传销组织的内在动因，与此同时，这些内在动因又从客观上使传销组织拉拢腐蚀学生成为了可能。

（二）软硬兼施的"洗脑"控制

22岁的亚楠（化名）是西北某大学四年级学生。她又是怎么被困传销魔窟的呢？事情还得从2003年2月说起。当时的亚楠面临毕业，正在四处找工作，一个叫的张辉的人打电话给她，说自己已经在沿海某城市找到了一份不错的工作，建议她也来这里试试。张辉在电话中说他所在的建筑公司正在招人，而园艺专业出身的亚楠正好可以应聘这里的园艺设计师。

张辉是2年前亚楠在火车认识的，当时他在北京上大学，两人很快就成了朋友，并且一直通过电话保持交往。这次听张辉讲那里有工作机会，亚楠就有点动心了。因为在此之前，她已经多次参加招聘会，但结果都不理想。于是2003年2月16日，亚楠就坐火车来到了张辉所在的城市。

先熟悉熟悉环境。于是张辉就带着亚楠在当地玩了两天，直到第三天才带她去面试。面试时，考官告诉亚楠，你的工作需要变动，不是园艺设计师，是从事市场营销。同时，面试老师还说，得到这份工作的前提是交纳3800元购买他们的产品，然后再去向其他人推销这个产品，每推销成功一次，就可以获得570元的提成。随后他还大谈特谈这个行业有发展前景,有先进的运行机制。

听到这里,亚楠恍然大悟,张辉给自己介绍的工作其实就是从事非法传销,而自己就是张辉发展的"下线"。亚楠当即就提出不干要求马上离开,但是遭到了拒绝。碍于身边守着两名人高马大的男生,亚楠只好先和他们回到住处。亚楠终于明白,这里就是传销组织的一个窝点,住在一起的有10多个人,都是传销组织的成员,张辉已经在半年前加入了传销组织,他的上线叫闫芳,是这个窝点的小头目,其他人都叫她"家长"。

从那以后,闫芳就每天安排不同的人和亚楠聊天,一方面是做亚楠的思想工作,动员她交纳3800元加入传销组织,另一方面也是控制亚楠的活动范围,不让她离开自己的视线。那些日子里,传销组织成员轮流劝亚楠改变思想,还不让她和自己家人联系。他们告诉她,如果加入组织,最快9个月时间,最慢两年零3个月时间,就可以改掉自己的很多缺点,还可以挣到140万~180万元。

除了口头劝说之外,张辉和闫芳还带着亚楠到其他的窝点参加传销组织的培训。亚楠渐渐发现,传销组织培训的一个主要内容就是教大家如何打电话邀请自己的亲戚朋友过来参加。电话邀请是传销组织发展成员的主要手段,因此在他们的教材中对打电话时的语气、内容、通话时间都有详细的说明。比如说,打电话时语气应兴奋神秘,使人一听就有一种你发现了宝藏的感觉,电话长度不超过3~5分钟,遇到一时难以回答的问题就将电话挂断,给对方造成中途掉线的感觉。

张辉说,电话邀请最关键的一点就是要针对不同的人说不同的话,像对待亚楠这样的大学应届毕业生,就要抓住他们急于找工作的心理,告诉他们这里有工作机会,自己当初也是这样被闫卫芳"发展"进来的。张辉的理论是,你想买一件衣服,标价是5000元钱。如果当时你正好没有工作,那肯定不会买它,但是如果给你一份工作的话,你肯定会毫不犹豫地买下衣服。

为了能让亚楠尽早融入到传销组织的氛围当中交纳3800元

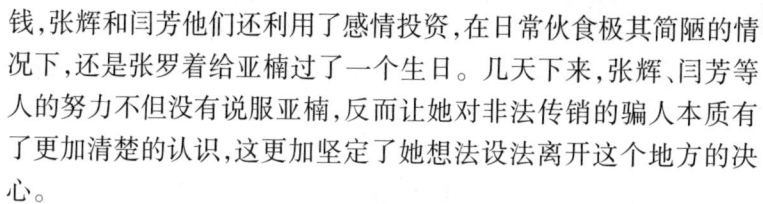

钱,张辉和闫芳他们还利用了感情投资,在日常伙食极其简陋的情况下,还是张罗着给亚楠过了一个生日。几天下来,张辉、闫芳等人的努力不但没有说服亚楠,反而让她对非法传销的骗人本质有了更加清楚的认识,这更加坚定了她想法设法离开这个地方的决心。

看到亚楠如此地顽固不化,闫芳就命令其他人拿走了亚楠的手机和证件,还不让她出门一步,使亚楠彻底和外界失去了联系。房门不能出,电话不能打,连吃饭睡觉都有人陪着,亚楠在这里简直度日如年。

2003年3月,当地公安机关根据线索捣毁了闫芳他们的传销窝点,亚楠因此获救,此时的她,已经被张辉闫芳等人控制自由将近20天。

亚楠本身是不愿意加入传销组织的,但传销链强大的控制力却令她失去自由长达20天。他们正是利用这种软硬兼施的手段,一而再再而三的逼迫了许多大学生加入他们的非法组织。这些便构成了使大学生深陷魔窟而难以自拔的一个外在动因。一旦有大学生被骗入传销链条中,他们的身份证、现金、通讯工具等等就都被收上去,阻止他们与外界的联系,使他们孤立无援,让他们有恐惧和孤独的感觉。与此同时,传销公司还天天对他们进行"洗脑",利用他们此时的脆弱,趁机向他们灌输传销的错误理念,让他们不得不相信那些天花乱坠的说法。

(三)"成功舞台"的心理诱惑

29岁唐剑(化名)是华中某大学土木工程系2000级学生,2002年他被骗加入"欧丽曼"传销组织后,迅速发展了200多名大学生下线,成为"经理",获利2万多元。在谈到他加入传销的过程时,唐剑回说:"我能上大学太不容易了!连续考了3年才考上大学。我是一个农村孩子,家里特别穷,父母所有希望都寄托在我身上。当拿着父亲东借西凑的5000元到学校报到时,我就发誓:要做出一番事业,让家里过上好日子。到了学校,因为家里穷,加上自己又复读了这么多次,年龄比周围的同学都大好多,使我心里特别的自卑。班里,学校里的各种活动我也从不主动参加,总是默默地看着别人。"

大三下学期,一个高中同学打来电话,请我到让他们学校帮忙布置展销会。当天晚上,我被带到了"欧丽曼"传销的基层组织——"家庭",简陋的房间里住着六七个大学生。虽然睡在地铺上,高中同学却对我说:"条件有点简陋,今晚你就克服一下,明天你听一堂课,你就会发现自己的浅薄,看我们生活得多么充实。"虽然对同学的话半信半疑,但看到周围都是和自己年龄相仿的各地大学生,我就放松了警惕,也不知道已经住进了传销的"窝点"。谁会想到同学也会骗同学呢?

第二天一早,大家就在房间里接受公司的"培训","家长"大讲当前的经济形势,年轻人的抱负和理想,说"直销"是"经济全球化的必然趋势,是一项伟大的事业"等等。大家还叫我上台演讲,谈自己的人生和理想。第一次看到这么多人对我热烈鼓掌,自己有一种很大的满足感,觉得自己的能力得到了别人的尊重。传销洗脑真厉害,唐剑说,它有让人不知不觉中就相信那套歪理邪说的本事。从头到尾,"欧丽曼"都打着直销的幌子,从不说是国家禁止的传销。接受培训期间,他们营造出一种大学生团结互助、艰苦创业的氛围,让我觉得是进入社会前的实践。在家庭里面生活很有规律,早上起床后集体晨练,然后上课,就像部队一样整齐划一。家庭里面没有报纸,没有电视,不准随意外出,完全接受不到外面的信息,除了上课接受培训,就是不断有人来跟你交流,透露某同学已经通过"直销"成为百万富翁等发财信息。大家每天吃的是发霉的米,睡地铺,还到菜市场去拣烂菜叶回来吃,说用这种特殊的方式可以放下大学生的架子,磨砺我们的意志。

"刚开始我也怀疑过这些有违常理的举动,但很快就丧失了辨别能力。在那种封闭的环境中,每天耳边都充斥'艰苦创业''抓住机会'等字眼,谎言重复一千遍就成了真理,何况重复谎言

的都是和我一样的大学生呢?"

"经过7天的培训,我完全认同了'欧丽曼'的理念,觉得自己演讲、交际和生活能力得到提高了,充满了'天降大任于斯人'的自信。和我一样,不少大学里从不自觉学习的学生,来到'家庭'后竟像中邪一样,几天时间便可记完一本厚厚的笔记。"

"传销让我骗亲人、骗同学。第一次骗人是一件非常痛苦的事,而'欧丽曼'逼我骗的第一个人就是我的父亲。想加入'欧丽曼'要买3300多元的产品,这对于我来说是一个天文数字。想了三天三夜,我也不敢向父亲开口。'家庭'成员就不断来劝我,说什么干大事就要下狠心,而骗父亲是善意的欺骗——现在的投入是为了将来赚大钱让父母过上好日子。'上线'还不断讲一些成功的故事,比如湖北某大学女生向父母要钱加入'欧丽曼'后,一年赚了100多万元,把父母接到深圳住上别墅。我担心什么,他们就对症下药,轮番上阵来打消我的顾虑。"

在他们的威逼利诱下,我最终骗了父亲:以学校要求买电脑的名义向父亲要钱。听说是学习需要,父亲咬牙把牛卖了,凑齐3000多元。当收到汇款的时候,我哭了整整一晚上——这是在出卖父亲的感情呀!"家庭"成员却安慰我说,都是这样过来的,过了亲情关就离成功不远了。

在加入"欧丽曼"后,我就一门心思地发展"下线",盼望着成为传销"经理""总代理"级的有钱人。我想到的第一个"下线"就是在农村的弟弟。我骗他说在我这给他找了一个工作,弟弟发现上当后,和我打了一架,骂我连亲人也骗,没有人性。我心里也非常难过,但一想起"发财"的梦想,我很快又开始在同学中发展"下线"。看着一个个大学生被骗进"欧丽曼",我也曾怀疑过这种行为是否合法,但是走上了这条路人就像中了邪,什么亲情、友情都不顾了。2003年底,由于公安打击得厉害,在"上线"的安排下,我来到外地发展,没想到最终落入了法网。

心理因素是使唐剑沦落入传销组织的一个主要原因。有很多

陷入传销组织的大学生都是像唐剑这样性格比较内向,不爱说话,朋友少,容易相信别人的。在学校里,他们羞于和别人交流,更加没有自信参加学校的各种活动,所以他们往往被周围的人忽视,也因此使他们大多很没有成就感。而传销组织正是抓住了这些弱点,提供给他们"证明自己的舞台",帮助他们重拾自信,让他们找到了成功的幻觉。于是,他们心中的天平就在真理与违法之间"义无反顾"的倒向了传销组织的那一边。

(四)"迷失"背后的教育危机

大学生沦落传销事件引起了社会普遍的忧虑,一些大学教育工作者和教育专家进一步指出,从传销事件暴露出的学生身上不完善的社会判断能力和自我认知能力看,大学增加有针对性的素质教育势在必行!

教育部法制办公室主任孙霄兵就曾经指出:"针对当前社会环境的变化,大学教育部门应重点培养学生的法律意识、道德意识和自律精神,学校要加强法制教育、道德教育,使学生在价值取向多元化的社会,筑起坚固的精神防线,抵御各种非法组织、腐朽思想观念、经济利益的诱惑。"

大学目前松散的管理也在一定程度上造成了传销悲剧。有的大学生为了传销旷课数月,甚至办休学手续,而很多学校对此一无所知。高校普遍实行学分制后,课堂内外的活动从原来的"以班为单位"组织管理变成现在的"同班不同学"。学生们各选各的课、各上各的课,学习和生活的自主性、自由度增加,学生之间、师生之间交流、沟通、联系相对减少,校园的凝聚力和亲和力减弱,一些学生被参与传销的同乡、朋友拉下水,就是最初被传销组织所谓"亲情管理"诱惑,以为能找到心灵的慰藉,太原某高校的一位老师说,这几年高校不断扩招,在校学生人数剧增,学生管理成为一大难题。由于不少学生在校外租房独住,虽然学校每个年级都设有辅导员,但很难顾及每一名同学。有的学生身陷传销组织,很长时间见不到人影,周围人也不会觉得奇怪,学校管理部门更是难以

发现。

东北某大学的一位负责人也表示,现在不少学校实行学分制,大家各选各的课,一个宿舍、一个班的同学可能各有各的课堂,谁也搞不清其他同学在做什么。对于一些公共"大课",少则几十人,多则数百人一起上课,任课老师一时很难弄清楚谁缺课、谁旷课。如何加强对学生的日常管理确实已成为摆在各高校面前的一个共性课题。高校学生管理必须得到加强!北京科技大学学生处处长赵锋说,"高校的教育工作者和管理者,应当尽量了解学生思想动向,重视离校学生的去向,及时发现学生问题并尽快解决,避免学生在一些错误的迷局中越陷越深。"

三、将反传销进行到底

反传销是一项浩大的工程,也是一项重大的举措,世界各国都在同非法传销组织进行着激烈而持久的斗争,不论过程多么漫长,不管道路多么崎岖,大家都有一个共同的坚定的信念,那就是——将反传销进行到底。

(一)反传销的战场上不仅仅是我们

1. 传销组织在国外　美国在20世纪60年代出现了一些不法商人利用网络营销方式来实现金字塔阴谋的案例。1964年在美国加州成立的"假日魔力公司",规定参加者要先买一定数额的商品,当参加者拉新人入伙时,除了可以把上述购买的商品交给新手赚取差价外,还可向新手收取介绍费。该公司营业额靠此方法魔力般地大幅度增加。1964年11月(即公司成立的第一个月),其营业额为1.6万美元;1965年7月时则为52万美元。从全年营业额看,1966年为1100万美元,1967年为3000万美元,1968年为1900万美元,以后几年均在1000万美元以上。假日魔力公司引起了许多公司从事这种金字塔销售,到70年代,这些金字塔式的公司都出现了问题,吃亏上当者纷纷向司法检举,控告这些公司,美国联邦贸易委员会也采取了一系列打击活动,很多金字塔公司被该委员会控告并停止营业。

日本的金字塔活动是1965年日本内村建一在熊本市成立的"天下一家会"。该会以"投资2080元,吸收四名子会员,即可获得102.4万元"为口号。到1970年底该会会员已经达到了43万人,并且在日本发展到了多家分会。在全盛时期时,"天下一家会"的正式会员已经高达180万人,所吸收到的资金也高达日币300亿元。1972年开始,有被骗会员向当地官方控告该会的欺骗本质。到1979年,日本正式立法对"天下一家会"这种金字塔欺诈行为予以打击,同年,"天下一家会"宣布解散。

2. 直销法规面面观 目前世界存在直销的国家中,大部分都有直销法规。总的来看,各国的直销法规大概有两种形式。一是专门的直销法,即为直销专门设立的法律。如韩国的《直销法》,马来西亚的《直销法》,日本的《无限连锁链防治法》。二是直销法律条文,即在某一商业法律中设立有关直销法律条文。如加拿大的《竞争法》中设有"多层次传销"的法律条文,英国的《公平贸易法》中设有反"金字塔"法律条文。

美国是直销的发源地,但美国没有全国性的专门直销法律。它的直销公司主要受两种法规约束,一是美国联邦贸易委员会法规,二是美国各州直销法律。美国联邦贸易委员会法规是全国性的法规,是全国直销公司都要遵守的。美国联邦贸易委员会法规虽然是全国性的法规,但它内容不多,比较简单,不够系统。美国各州法规则制定得详细,系统,涉及范围广泛。美国州法主要集中在两个方面,第一,是反金字塔法,美国50个州(除了佛蒙特州,威斯康星州)都有反金字塔法。第二,是美国大部分州都有的冷静法。州冷静法与联邦贸易委员会冷静法规相似,基本内容都是消费者有权在三天之内退货而不受任何补偿性罚款。美国联邦贸易委员会规定:除了固定商店地点之外,发生在任何地方的25美

元以上的交易中,消费者有权退货并收取金额退款。退货时间限定是,消费者必须在购货之日起3日之内通知销售者。

亚洲直销发展主要集中在亚洲东南部地区。日本、韩国、马来西亚、泰国、新加坡、中国台湾和香港地区都是"世界直销联邦"成员。亚洲的直销法规参差不齐,有的国家制定有专门的直销法规,像日本、韩国、马来西亚。有的地区有局部直销法律条文,像中国台湾地区在其《公平交易法》中就设有直销法规条文。比较世界各国的直销法,韩国的《直销法》可以说是目前世界上最系统的直销法,该法共有六章,包括:总则,直销,通信销售,多层次传销,补充,处罚,总计50条。

欧洲国家的直销相当普遍,欧洲国家一般也都有直销法,但欧洲国家大多是直销法律条文,被包含在其他法律中。例如法国、奥地利在《消费者权益保护法》中设立直销法律条文,英国、比利时在《公平贸易法》中设立直销法律条文,德国在《竞争法》中设立直销法律条文等等。欧洲直销法主要焦点与美国相似,集中在两个问题上,一是冷静法规,二是反金字塔法规。欧洲国家的冷静法普遍规定冷静退货时限是7天,奥地利、法国、德国、英国、意大利、比利时、荷兰、葡萄牙、西班牙、瑞士都是7天冷静期。只有个别国家如匈牙利,规定了8天退货的冷静期。虽然欧洲各国在冷静期时间上是基本一致的,但其冷静法的具体内容却有所差异。例如,德国规定:消费者自签订合同之日起7天内可以退货,但法规有两个附加条件,一是如果消费者邀请了直销商访问销售,则不实行冷静法的7日退货;二是如果销售商品价格在80马克以下,也不实行冷静法的7日退货。同时,英国、奥地利、葡萄牙与德国的规定有所相似,也都有附带条件,规定:凡未经消费者选用就访问销售者允许消费者7天退货。另外,也有一些欧洲国家的冷静法规中仅规定7天退货而没有有关邀请的附带条件。

除了国家正式法律法规之外,很多直销协会也有直销约法,以进行行业自律。拥有41个会员国的"世界直销联盟"制定有《世

界直销商德约法》,每个会员国要遵守它,正如"世界直销联盟"秘书长华建敏尼尔·奥芬1995年2月28日在北京接受采访时所说:"协会的下属会员国必须申明遵循商德约法,尽管它不是法律,但能否遵循它是加入世界直销联盟的必备条件。"

(二)让我们的青春自由飞翔

近几年来,随着传销组织在大学校园里的肆意发展,我国的反传销活动也搞的轰轰烈烈,取得了许多重要的成就。从去年9月至今年10月,全国各地共查处传销案件2797起,取缔传销窝点1.1万个,遣散传销人员20多万人次,移交公安机关案件248件。

与此同时,全国工商机关还组织了打击传销和变相传销专项行动,查处了广东茂名和湖北武汉违法组织传销案、江苏无锡德国王牌88传销案等一批大案要案,还会同有关部门共同打击、防范欺骗在校学生参与传销和变相传销的违法活动。

2004年3月,来自武汉大学、华中师范大学的3名大学生向有关部门反映,湖北省至少有400名在校大学生在重庆参与传销,无法自拔。后他们深入重庆卧底暗访,配合公安部会同湖北省公安厅、重庆市公安局,一举捣毁了重庆渝北地区大学生参与"欧丽曼"传销的窝点,数百名湖北大学生3月22日全部被解救回。

长久以来,我们付出的努力和已经取得的成效是不可忽视的。不少高校的校规中都明确规定了在校学生不许经商的内容以减少同学们可能接触到传销人员的途径,老师们也一直在做有关方面的思想教育,以期加强对学生就业观念、成功观念和自我防护意识教育。2004年9月11日来自华南理工大学、暨南大学、华南农业大学、广州中医药大学、华南师范大学、广东教育学院、广州大学等高校的学生代表1000多人聚集在华南农业大学学生活动中心,共同参与由团省委、省工商局、省教育厅、省公安厅、省学联联合主办的广东省大学生"拒绝传销,从我做起"宣誓签名活动。当天,中山大学,广东外语外贸大学,广东商学院等高校也同时开展了宣誓签名活动,全省共有万名大学生参与其中。

四、敢问路在何方

在我们为取得的成就欢呼雀跃的同时,还应该注意到仍然存在的不足。为了让青春能够自由飞翔,我们更应该努力不懈,将反传销进行到底。

(一) 学习先进经验 健全预警机制

我们可以学习国际上的一些先进经验和有效措施,健全我们的预警监管机制,打击非法传销活动。

在规范直销经济行为,打击非法传销的斗争中,国外很多国家都通过建立和使用严密的预警监管机制而取得了巨大的成效。

不少国家在入会费方面都做了严格的规定,从而防止非法传销活动的开展。美国联邦贸易委员会规定:直销公司对新加入直销商的入会费,在加入后的六个月内不能超过 500 美元。英国也有相关规定:新加入者支付的入会费,在 7 天之内超过 75 英镑为非法,无论这 75 英镑是买产品、工具还是买其他服务。入会费是招一个人参加直销公司开始支付的费用或称为参加直销公司做直销商的资格费用。金字塔必须以参加者支付的大笔资金为目的,公司才能获得暴利。所以严格控制直销公司入会费征收的标准是限制金字塔行为即非法传销行为的一个强有力的措施。

禁止上线直销商因发展下线传销商而获得奖金,这也是各国防止非法传销活动的一个措施。允许直销商通过发展下线获取奖金,很明显是引诱直销商尽量多的"拉人头",因为他不用销售商品,只要尽量多的拉人入伙,就能获得暴利。美国各州都严禁直销公司对直销商发展下线支付任何奖励,上线只能通过下线销售额获得奖励。马来西亚也规定凡是直销执照申请人的直销经营计划中,不是根据产品和服务的销售数量赚取利润,而是通过引诱下线加入来获取利润的一律不批准其申请。这样就可以防止那些直销

*＊＊＊＊＊＊＊＊

公司在不劳而获的巨大诱惑面前走入歧途,从事非法的传销活动。

多数非法传销公司都是在对外宣传时,夸大他们的收入如何高、赚钱如何容易,通过夸大收入骗人入伙的。针对此现象加拿大就有规定:直销公司或直销商在对外做宣传时,对其直销网中直销商的收入描述要公正、合理、适中。这样就可以预先采取措施规范直销公司的广告宣传,禁止其夸大自己能带来的巨额利润,也能够防止人群盲目追逐暴力泡影,参加非法传销组织。

为了防止直销公司从事非法传销活动,各国还纷纷制定相关规定,减少直销商的存活负担(即由直销公司为快速积累巨额资金而给下属直销商强加的一个较大产品的购买额)问题。加拿大的多层次传销法规定,如果直销公司故意把一个在商业上是不合理的数量的产品卖给参与者,那么该行为属于金字塔行为。另外,一些国家还通过允许直销商退货从而使非法传销公司的手段不攻自破。美国许多州都规定直销商有向直销公司退货的权力,并且直销商获得的退货价格不能低于原价的90%,条件使这些商品能够由公司再销出去。

这种种防范措施在很大程度上防止这些国家非法传销活动的发展扩大,在世界反金字塔活动中发挥出了重要作用。由此可以看出,有效的预警监管机制既可以防止人们被非法传销组织所欺骗,盲目参与其中,也减少了直销公司逐步转变为非法传销组织并且从事非法传销活动的可能。我们要打击非法传销活动,健全预警监管机制必不可少。

(二)强化法制宣传 加大执法力度

种种事实表明要加大对非法传销的打击力度,我们必须进一步完善法律规范,加大执法力度。

自1998年我国政府正式取缔传销后,变相传销和地下传销从来没有停止过,近年更呈现抬头趋势。目前,打击传销的方法过于简单,单纯驱散明显不能"治本",立法刻不容缓。

"你认为你们是在搞传销吗?"

"我认为我们是在做直销。"

这个对话发生在重庆某大学学生李民（化名）和警方人员之间。这种认识在"欧丽曼"传销团伙的数千名大学生中有一定普遍性。

新的《禁止传销条例》已于 2005 年 11 月 1 日起正式实施。从此，一场为直销市场开道的全国范围的打击传销行动在全国各地展开。国家工商总局公平交易局打传处负责人吴雁表示，目前国家工商总局积极制定各种计划和方案，全国各地各级工商局将进行联动，在全国范围内掀起一场整治、规范直销市场、打击非法传销的清理整治行动。我们要不断强化法制宣传，让更多的人知法，懂法，才能打破非法传销组织的骗人把戏，更好的净化我们的社会。

对于开放直销业是否也意味着允许传销的存在，有关负责人称，国务院在颁布条例的同时还颁布了《禁止传销条例》，其目的就是在开放并规范直销的同时，一如既往地严厉打击传销。根据直销管理条例规定，直销企业支付给直销员的报酬只能按照直销员本人直接向最终消费者销售产品的收入计算（实际上禁止了团队计酬），并对提取报酬的比例作了严格的限制。这就从计酬制度上对直销和传销作了区分。凡是符合本条例规定的直销经营都是合法的，将受到法律的保护；传销则是非法的，有关部门将按照《禁止传销条例》的有关规定，对这种非法行为进行坚决的打击。

（三）注重高校教育　减少学生迷途

不断加强对高校大学生的教育更是我们打击非法传销不容忽视的重要手段。

许多参加传销组织的大学生都是对传销组织那一夜暴富的神话产生了浓厚兴趣，急于让自身和父母脱贫。还有许多大学生被传销组织提出的平等、互爱等虚拟的东西所迷惑。人都有一种被社会承认、被他人关爱的需求。在学校里，部分大学生的这种需求被忽视了，他们缺乏亲情、友情的互动。在传销活动中，大家组成

"家庭",一起睡地铺,一起捡菜叶,一起分享感受,从而对传销集体产生心理依赖。与此同时,盲目的从众心理也是一个重要的诱因,你讲得再荒唐,几个人在一起谈就不觉得荒唐;大家一起失败,痛苦变成了大家的;如果大家都被欺骗,反而不觉得被欺骗。在群体暗示中,文化水平高的人更容易受到暗示,这是由于他们的求知欲和好奇心更为强烈的缘故。

面对越来越多的学生被非法传销组织所蒙骗的事实,如何保护涉世未深而且单纯易骗的莘莘学子不受侵害,让学生们逃离"经济邪教"的精神控制,踏踏实实地完成学业,已经成为摆在学校、家庭和社会面前的迫切问题。业内人士呼吁,工商、公安等部门加大打击力度的同时,各高校应加强教育和管理,增强学生的自我防范意识和洁身自好能力,才能尽快彻底斩断伸向学生的传销黑手。

"夫君子以诚待人,人必以诚待之"。诚信,这个中华民族代代传承的美德,要靠每一个人的不懈努力才能永远的流传下去。我们当代的大学生,既拥有广泛的知识,而且具备较高的素质,是全面发展的新型人才。所以我们更具有责任和义务摒弃传销魔鬼对我们心灵的侵蚀和道德的冲击,让诚信的光辉发扬光大。诚然,"打击传销,坚持诚信"的道路并不平坦,狡诈险恶的非法传销组织早已设下了诸多陷阱与阻碍,妄图使我们退缩和沉沦。但是,无论是"二八原则"也好,"三棒法则"也罢,毕竟都是一种欺骗的手段,终究都有它无法掩藏的嘴脸,相信只要我们在面对非法传销组织设下的重重诱惑和种种障碍时,能够保持一个冷静的头脑和一颗清醒的心,那么我们就一定能够将传销魔鬼赶出校园。就让我们一起努力,净化这培育英才的摇篮,攀上通向成功的云梯,共同登上那科学领域的最高殿堂,放飞我们美好的青春!

人没有了真诚,生活便没有了分量。让我们在真诚中舒展心灵的畏惧,在真诚中领略世界的风采。留住真诚,生命便有了生命的依托,留住真诚,你我便有了心灵的共鸣。树不直,无以成栋梁。

让我们在彼此的信任中开启合作的大门,让我们在彼此的信任中放飞心中的喜悦。留住信用,我们的眼睛成了忘记的"监视仪",留住信用,我们的耳朵成了背约的"除尘器"。人间的纷繁芜杂,留住信用给自己,我们才能日不怕雨淋,夜不怕露打。留住真诚,留住信任。诚信没有重量,却可以让人有鸿毛之轻,可以让人有泰山之重;诚信没有标价,却可以让人的灵魂贬值,可以让人的灵魂高贵;诚信没有体积,却可以让人的心胸狭隘,目光短浅,也可以让人的心胸宽广,高瞻远瞩;诚信没有色彩,却可以让人的心情灰暗、苍白,也可以让人的情绪高昂、愉快!

人,以诚为本,以信为天。没有一蹴而就的业绩,没有一成不变的江山。没有任何人可以顶着荣誉的光环过一辈子。荣誉是短暂的,它只是人生旅途上一小段美丽的风景,它再美丽,也只是一小段人生;但诚信是培植人生靓丽风景的种子,你一直耕耘,就一直美丽,你将诚信的种子洒满大地,你的人生将会美丽到天长地久。

参 考 文 献

1. 郭敬明. 梦里花落知多少. 中新网,2004.12
2. 刘万永. 相互署名引发连环案. 文摘报,2004;5
3. 田德新. 美国高校的学术自由与学术诚信. 外语教学,2003;3
4. 朱永新. 诚信启示录. 北京:高等教育出版社,2004;7
5. 时卫干. 对国家助学贷款的调查报. 河北经贸大学学报,2001;04;21-26
6. 熊桂林. 高校贫困生现象刍议. 洛阳师范学院学报,2001;04;92-93
7. 王丽萍,刘润芬. 高校学生助学贷款制度的实施与探讨. 高等农业教育,1999;02;42-44
8. 董刚. 论高校"助学工程"实施中的信用道德教育. 重庆师专学报,2001;03;90-92
9. 黄映,王幼芳,杜琳. 强化学生信用意识 推进助学贷款发展. 宁波教育学院学报,2001;03;16-18
10. 刘庆禄. 谁来为大学生"助学贷款"担保. 瞭望,2002;05;22-24
11. 杜慧芳,王祥兴,沈玮,等. 助学贷款新观察. 思想、理论、教育,2000;z1;41-42
12. 冯刚. 大学,梦起飞的地方. 北京:清华大学出版社,2003;2
13. 钟红山. 构筑网络诚信. 商业时代,20030;9
14. 胡顺涛,姜晓川,胡建军. 充分利用网络资源开拓高校思想政治教育新局面——当代大学生思想政治教育进网络的调查分析. 青年探索,2001;04
15. 辛慧. 小议黑客. 中国检验检疫,2005-06
16. 刘俊. 从恋网浪子到戒网专家. 西安晚报,2005-9-17 七版